中國學術思想

研究輯刊

二 編

林 慶 彰 主編

第 11 冊

陸賈思想之研究

蔡 忠 道 著

王充自然思想研究

陳 麗 桂 著

花木蘭文化出版社

國家圖書館出版品預行編目資料

陸賈思想之研究　蔡忠道　著／王充自然思想研究　陳麗桂
著 — 初版 — 台北縣永和市：花木蘭文化出版社，2008〔民
97〕
目 2+150 面／序 2+ 目 2+74 面面；19×26 公分
（中國學術思想研究輯刊 二編：第 11 冊）
ISBN：978-986-6528-12-5（精裝）
1.（漢）陸賈　2.（漢）王充　3.學術思想　4.秦漢哲學
122.11　　　　　　　　　　　　　　　　　　97016476

ISBN - 978-986-6528-12-5

9 789866 528125

中國學術思想研究輯刊
二　編　第十一冊　　　　　　ISBN：978-986-6528-12-5

陸賈思想之研究
王充自然思想研究

作　　者	蔡忠道／陳麗桂
主　　編	林慶彰
總 編 輯	杜潔祥
出　　版	花木蘭文化出版社
發 行 所	花木蘭文化出版社
發 行 人	高小娟
聯絡地址	台北縣永和市中正路五九五號七樓之三
	電話：02-2923-1455／傳眞：02-2923-1452
網　　址	http://www.huamulan.tw 信箱 sut81518@ms59.hinet.net
印　　刷	普羅文化出版廣告事業
封面設計	劉開工作室
初　　版	2008 年 9 月
定　　價	二編 28 冊（精裝）新台幣 46,000 元

陸賈思想之研究

蔡忠道　著

作者簡介

蔡忠道，1965 年生，嘉義大學中文系教授，高雄師範大學國文系博士。曾任嘉義大學中文系系主任、輔英科技大學共同科講師、副教授、嘉義師院副教授、嘉義大學副教授。研究專長：魏晉玄學、史記學、先秦儒道。著有《魏晉處世思想之研究》、《魏晉儒道互補之研究》，參與編撰《標點符號詞典》、《現代漢語縮略語詞典》、《國語》課本（南一書局）等專書，發表單篇論文二十餘篇。

提　要

　　儒學自戰國末期即備受排斥，其後又遭秦火之厄，文化慧命幾絕。漢初陸賈稱說《詩》、《書》，著《新語》，開啟儒學復興的先聲。然司馬遷視陸賈為辯士，《四庫提要》復疑《新語》偽作，陸賈的思想遂少人問津，迨及民國，研究者日多，在考證方面有胡適、羅根澤、余嘉錫諸學者；在思想方面，有錢穆、徐復觀、黃錦鋐、王更生諸先先，闡釋思想，表彰貢獻，陸賈才益受重視。本文擬承繼前輩研究成果，嘗試進一步理解陸氏在思想史上的地位。

　　全文共分五章，第一章緒論：概述研究動機、目的、方法等。第二章生平與著述：根據史料，陳述陸賈生平、志行；考證其著述，並臚列版本、評定良窳。對《新語》真偽的爭辯，亦一一分析，並歸納出較可信的說法。第三章陸賈思想的時代背景：詳述秦漢之際的學術思潮，透過時代背景的分析，掌握陸賈思想的特質。第四章陸賈的思想：從《新語》歸納陸賈對當代思潮的反省及其政治思想。第六章結論：根據各章論述，參酌歷代對陸賈的評論，說明陸賈在思想史上適當的地位。

　　陸賈的著作除了《新語》、《楚漢春秋》外，還包括三篇賦、《南越行紀》，他也有「兵權謀家」的著作，但書名不詳。《楚漢春秋》是記載秦末到漢初一部重要史書，司馬遷寫《史記》時多所採擇，二書的異同，正足顯示《楚漢春秋》的價值。陸賈的賦已全部亡佚，但在《漢書‧藝文志》中，陸賈與屈原、荀卿鼎足而三，同為漢賦的開創者。陸賈的思想，由於沾染時代風氣，融合各家思想，不似先秦諸子純粹，也沒有兩漢經學家壁壘分明的門戶之見，而是站在求治的立場，以儒家為主，兼容他家，展現解決當代問題的強烈企圖心，這種思想傾也為漢代思想家繼承，成為漢代思想的主要特徵之一。

目
次

第一章 緒 論

　　學術的研究要精且博，貴在時時提出新的見解，個人的興趣偏重於學術史的探討，在中國哲學史的發展上，先秦是百家爭鳴的黃金時期，學說燦然大備。在一般人的印象中，漢代總是脫離不了繁瑣的經學、迷信的讖諱等負面的評價，似乎師法、荒誕就足以概括漢代學術。但，另一方面，漢代的文治、武功以及工藝、科技方面的成就，卻又是我們津津樂道的，只是荒誕、封閉的思想界如何能蘊育偉大的文化？是否漢代思想就如此不值一顧？唯有深入了解的人才有資格批評，因此，本文選擇漢初的啓蒙思想家——陸賈作爲研究的對象，希望透過對陸賈思想的研究，進一步了解漢代思想的眞面目。

　　陸賈，漢初的思想家，《新語》是其代表著作，內容則以政治思想爲主。最早對陸賈作廣泛、深入研究者，是梁榮茂《陸賈新語研究》（民國56年台大碩士論文），另外，賀凌虛、錢穆、徐復觀諸位前賢也有單篇論文，對陸賈思想的研究作提綱絜領的說明。後繼者如王更生、魏元珪、張金鑑、薛春章等則有更深入探討。但其著作於陸賈的思想僅略及數語，並無深入的探索；徐、賀諸人的著作，則偏重思想的深究，對《新語》的眞僞也有所補充，但缺乏全面的剖析。故不揣淺陋，以前賢的研究成果爲基礎，再全面的整理、深入探究陸賈的思想。

　　近年來，兩岸文化交流頻仍，大陸學者的著作取得便利，有些研究成果極具參考價值，筆者就手邊的資料加以研判，去其意識型態的教條，斟酌引用。

　　陸賈的著作雖然不止於《新語》，但今存只有《新語》最完整，因此，有關陸賈的直接資料，只有《新語》、以及《史記》、《漢書》的本傳，另外，

後人引述《新語》的資料，也是重要的參考資料。在寫作的過程中，首先熟讀這些資料，然後擴大閱讀範圍，包括《史記》、《漢書》有關的傳記、書、志、表，後人研究漢初思想的文章，都詳加閱讀，並將資料一一作卡片分類，進而草擬大綱，再依章節的需要，找尋所需的資料，如，有關陸賈的政治思想研究、漢代思想史、中國政治思想史的專書，詳細檢索，分析、整理資料，在不斷的閱讀中，大綱隨之修正，待各綱要的內容充實、概念蘊釀成熟之後，即著手撰寫。在撰寫過程中，若有未完善處、或發現新的觀點，則再蒐集、閱讀資料，加以補充修正，期能呈現陸賈思想的眞面貌，並彰顯陸賈在漢代思想史的地位。

本文計分五章，首章緒論，概述研究動機，研究方法、資料處理與預期結果。

第二章陸賈的生平與著述。第一節生平：陸賈的生卒年，因資料限制，只依前人成說，歸納出較合理的活動時期，其生平事蹟，則參考《史記》、《漢書》的記載，取其重要者加以介紹，以彰顯陸賈的智慧與人格。第二節陸賈的著作：從《史記》的記載、《漢書・藝文志》的著錄、後人的徵引，考證陸賈的著作有《新語》十三篇、《南越行紀》、以及有關兵權謀家的著作、論薄葬、瑞應的語論（以上諸書，班固合爲《陸賈》二十三篇，著錄於《漢書・藝文志》儒家類）。還有《楚漢春秋》九篇、賦三篇。陸賈的著作，完整流傳的，只有《新語》十二篇，版本有十多種之多，本文分別一一介紹，並評其優劣。《新語》的流傳過程，足以顯示其受重視的程度與在當代的價值，對今本《新語》的眞僞也有關鍵性的影響，因此，根據歷代史志、私家書目的記載、後人對《新語》的評斷等資料，概略描述《新語》在各代的流傳情形。《楚漢春秋》在兩宋之際亡佚，清洪頤煊、茆泮林雖然輯佚，卻已十不存一。但仍可從《史記》徵引《楚漢春秋》的資料得知，《楚漢春秋》是一部雜記式的史書，記載秦漢之際史事的唯一資料，陸賈以當代見證者的觀點記載的史實，極具價值。而與《史記》相異之處，有許多是可與《史記》互相發明。《楚漢春秋》雖亡於兩宋之際，輯佚的工作直到清代才完成，其內容雖已殘缺不全，仍可略窺《楚漢春秋》面目，因此，本文對《楚漢春秋》的輯佚略加介紹。並逐條考證其是非，且與《史記》的記載相互比較（此見附錄二）以彰顯其價值。陸賈作賦三篇，在魏晉之際全部亡佚。雖不得目睹內容，從班固將陸賈的賦統領司馬遷、揚雄諸家作品，而與屈原賦、荀卿賦鼎足而三，足見陸

賈是漢賦一派宗師。而陸賈賦的風格，也可從《新語》以及司馬遷、揚雄的
作品中略窺一二，最可貴的是，除了雄辯式的文字外，更具有政治家面折直
諫的精神貫注其中，與漢代後來僅止閎富靡麗的賦，大異其趣。第三節，今
本《新語》的真偽：關於《新語》的真偽，自南宋黃震開始，不斷有人提出
質疑，也有許多人提出辯駁，本節以黃震、《四庫提要》、以及近人孫次舟、
張西堂、蘇誠鑒等人的質疑為主，一一加以陳述，並引證前賢的意見釐清諸
人的疑慮，時或加上筆者的見解略加補充，認為今本《新語》在流傳過程中
雖有訛奪，基本上仍是陸賈著作的原貌。

　　第三章陸賈學術思想背景，敘述秦到漢初的學術概況。第一節諸子百家的
混融，說明諸子之學到了漢代傾向混同、融合的趨勢。第二節大一統的思潮，
闡明漢代在大一統的帝國建立後，思想上求統一的必然結果。第三節為儒者的
崇儒自覺：儒者自春秋即遭絀，但仍傳續經典、啟迪民心，使道統不絕如縷。
儒者在漢初也能辛苦經營，或提供長治久安的計謀，或制定禮儀宏規，為儒學
的復興奠定堅實的基礎。第四節述黃老思想盛行：漢初是黃老思想當道之時，
整個朝廷都為黃老思想籠罩。黃老的無為因循使得漢代國力蓄積，達到空前的
盛況，但也產生了一些問題。黃老思想的內容，本節也略加敘述。第五節敘述
法家思想的潛藏：秦以法家思想治國，僅二世而亡，漢繼秦立，君臣同聲批判
法家，但法家思想已與專制政體結合，漢承秦制，法家精神依然存在。因此，
法家思想潛藏於黃老思想與各家言論中，並未銷聲匿跡。第六節述陰陽家思想
瀰漫：陰陽、五行的觀念緣起甚早，但二者的聯繫並用則自鄒衍始，鄒衍的學
說在當時為顯學，但不為士人所深切了解，而流衍為方士之說、災異之言，其
風自戰國末年到秦、漢，影響遍及朝廷與民間。

　　以上各思想趨勢，都可在陸賈的思想中找到印證，所以在陳述陸賈思想之前，先將其有關的外緣問題釐清，則陸賈思想的成長環境既明，對其思想的梳理與評價，方不致為天馬行空，一無依傍。

　　第四章敘述陸賈的思想：以《新語》為主要資料，分析陸賈的思想。第一節述對當代思潮的反省。

　　一、總結秦亡的教訓：陸賈親身經歷秦朝的速亡與漢代的建立，對秦亡
　　　　的原因提出三點深刻的觀察：極武尚刑、驕奢靡麗、任用讒佞。不
　　　　但啟發了當朝的君臣，也是漢儒反省秦亡的開端，陸賈更以此為基
　　　　礎，開展長治久安的治術。

二、對方士、神仙思想的批評：陸賈站在求治的立場，批評方士們惑亂君主、耗財擾民；神仙思想則是消極的避世，無益於治道，由此凸顯陸賈入世積極的精神。

三、對縱橫家的批評：陸賈雖不免有策士之風，但對爲己之利，曲意承歡的縱橫家，則屬聲譴責，相對的，陸賈對「直道而行」的君子大加讚揚。

第二節述陸賈思想中重要觀念解析：從《新語》及相關資料，歸納分析其重要而特出的觀點。

一、道：陸賈所謂「道」有天道、地道、人道；地道依附天道而立；天則有意志的天、自然的天，自然的天道配合地道長養化育萬物，意志的天則配合其天人感應的思想。人道承天道而有，王道則依人道而起；因此，天道靠人道的體現，人道須依天道而行，聖人治民的王道也是順逐萬物情性而長養之。陸賈雖有天人感應的思想，但認爲其主動權在人，因此，人道是陸賈論道的主體。

二、氣：陸賈認爲萬物是由陰陽二氣相感相應而成，萬物的生命是氣化的生命，宇宙是氣化的宇宙，因此，不但個人的養生、修身不離氣的調養，氣也是溝通人我、天人的橋樑。

三、歷史進化論：陸賈以歷代聖王的創制發明，說明人類歷史的演進與文明的進化。他將歷史概分爲先聖、中聖，後聖三階段，先聖使人民擺脫茹毛飲血的野蠻，安頓人民的基本生活需求；中聖則進一步推行禮義教化，後聖則更深入思考禮義爲人性的根源，整理五經、明定六藝，爲人倫敦化立下萬世宏規。

第三節陸賈的政治思想：《新語》是應高祖求治的要求而寫，主要的內涵即爲政治思想。陸賈的思想受時代風氣的影響而雜有儒、道、陰陽、法各家，但以儒、道爲主，輔以法、陰陽的觀念。

一、尚無爲：陸賈認爲無爲是道術的最高境界，也是治術的最高原則，這固然是針對時代而發，有明顯的道家色彩，然細察其無爲的具體內容：不擾民、輕稅薄斂、勵行節約，無非要國君行仁政，因此，陸賈無爲的具體內涵是：行仁義的德化政治與不擾民的清靜因循的創造性組合。

二、行仁義：仁義是陸賈歸納歷史、總結秦亡教訓而得出的治道，是其

政治思想的樞紐。仁義不止是治道的關鍵，也是人倫的基礎、五經六藝的根本思想、行為的最高準則，因此，舉凡一切成敗禍福，都是以行仁義為關鍵，人的價值也端視其是否行仁義。

三、倡德治：德治思想是儒家政治思想的精髓，也是主張仁義的必然趨向，陸賈主張德治，一方面懲於暴秦速亡，一方面是對德政必先得民的深切體認。陸賈從修身、教化、尚賢闡述其德治思想，於此，可見陸賈鮮明儒家色彩。

四、輔法治：陸賈雖批評法家，但未完全摒棄，對法治的功能、權勢的重要力加肯定，然而，法治的功能僅限於輔佐德治，權勢只是為確保君主的權位，以利推行仁政，絕不同於法家的唯法而治、絕對尊君。

五、一政治：大一統的帝國建立之後，政治一統是必然的要求，人民剛脫離暴政，除了要求法律寬和、政治清明外，更盼望統治者在制定、執行政令時，能夠明確劃一、貫徹始終。陸賈就從這兩面闡明其一政治的思想。而他在強調一政治的同時，也主張君臣相對的關係。

六、論古今：陸賈承荀子思想，重今而不廢古，對輕今的思想提出批評，他也認為古今之道一也，而作法則可因時代不同而有差異。

七、通天人：陸賈批評方士謬言、神仙妄說、卻也保有天人感應的思想，不過，天示災異只是呼應人們的作為，主宰、主動權仍在人身上，這與方士的說法迥然不同。

對陸賈思想的爭議性有二，一是陸賈是屬於道家，或是儒家。一是今本《新語》是否陸賈原著。要解決第一個問題，首先必須了解漢初思想的概況，其次，將陸賈的思想深入的分析，如此，就能彰顯陸賈思想的趨向。至於今本《新語》是否漢初原貌，則須透過對《新語》流傳過程的掌握，這方面前人已有很好的研究基礎，本文將本此基礎，作深入的討論。

陸賈在漢初思想史的地位，在台灣並未獲得應有的重視，勞思光《中國哲學史》、韋政通《中國思想史》都未將陸賈列入，蕭公權《中國政治思想史》也未討論陸賈的政治，黃錦鋐《秦漢思想研究》、徐復觀《兩漢思想史》、賀凌虛《中國古代政治思想論集》都針對陸賈的思想與貢獻作深入的研究，並給予適切的地位，本文承前賢研究成果，希望透過對陸賈思想的深入探討，給陸賈一個恰如其分的評價。

第二章　陸賈的生平與著述

第一節　生　平

陸賈是秦末漢初的儒生，被後代許多學者評爲重振儒學的先聲。〔註1〕但記載他生平的資料只有《史記》、《漢書》兩篇合傳（《史記·酈生陸賈列傳》卷九十七、《漢書·酈陸朱劉叔孫通列傳》卷四十三），《漢書》的傳又多采錄自《史記》，而其他零散的資料也多根據上述二書，因此，關於陸賈生平的詳實資料實在有限，有些學者遂以「無可考」視之（〈陸賈思想研究〉，賀凌虛著，《中國古代政治思想論集》頁 91～92）本節僅以史傳資料爲主，其他資料爲輔，爲陸賈的生平作較系統的考述。

一、陸賈的生卒年與家世

陸賈，楚人。關於陸賈的生卒年，所有資料都無記載，只有《史記·酈生陸賈列傳》司馬貞《索隱》有間接的資料：

> 《陳留風俗傳》：「陸氏，春秋時陸渾國之後，晉侯伐之，故陸渾子奔楚，賈其後。」又《陸氏譜》云：「齊宣公友子達，食采於陸，達生發，發生皋，適楚，賈其孫也。」

近人梁榮茂根據此項資料推測，陸賈的生年約爲西元前 255～240 年之間（〈漢

〔註1〕 例如《四庫提要》稱陸賈爲「醇儒」，徐復觀先生則認爲陸賈爲漢代的啓蒙思想家，（《漢代思想史》卷二，頁 85）。黃錦鋐先生則認爲陸賈是西漢孔學的先驅（《秦漢思想研究》頁 74）。

初儒生陸賈的生平與著述〉，梁榮茂著，《孔孟月刊》六卷六期，頁 21）。梁氏的考證雖有小疵，〔註2〕結果大致可信。至於其卒年，《史記》、《漢書》的本傳都說陸賈「以壽終」，則其年齡應在七十歲以上。而文帝元年（西元前 179 年），陸賈第二次出使南越，是史書載其最終事蹟，這時已是陸賈晚年。據此，梁氏認爲陸賈卒年爲西元前 175～160 年，即文帝五年～後元四年。這種說法也是大部分學者的共識，例如：李威熊認爲陸賈卒於文帝四年，即西元前 176 年（《董仲舒與西漢學術》頁 203），大陸學者多認爲陸賈生於西元前 240 年，卒於西元前 170 年（秦王政七年～漢文帝十年）。〔註3〕因此，本文採梁氏的說法。

二、陸賈的重要事蹟

陸賈爲高祖近臣，年紀與高祖相近（高祖壽六十二，西元前 256～195），因有辯才，常充當說客，到各國遊說。根據《史記》、《漢書》的記載，陸賈曾遊說項羽，也出使過南越，前者失敗，後者成功。

（一）遊說項王

漢高祖四年（西元 203 年），楚漢相爭之際，兩軍僵持於滎陽附近，漢高祖帶領的軍隊兵多糧足，項羽的軍隊兵少糧乏，然霸王餘威猶存，劉邦乃派陸賈遊說項王，請他歸還太公，結果失敗。後來再派侯公遊說，項羽不但把劉邦的父母妻子送回，並約定以鴻溝爲界，二分天下。（《史記·項羽本紀》卷七）。由於遊說成敗懸殊，侯公被高祖封爲平國君，陸賈則終身不得列入功臣之列。〔註4〕

（二）出使南越

陸賈出使南越共有兩次，一次是在高祖十一年（西元前 196 年），一是在文帝元年（西元前 179 年）。漢高祖雖在楚漢相爭中獲得最後勝利，但，在位

〔註2〕唯梁榮茂於該文考證中，將周貞定王（西元前 468～441 年）誤爲周定王（西元前 606～586 年），而把齊宣公即位的年代定爲西元前 593，於是，認爲《史記·六國年表》有誤。因此，誤認司馬貞所引《陳留風俗傳》「晉侯伐之」與《陸氏譜》「齊宣公支子遠，食采於陸」兩者相距只有十九年。筆者以爲，司馬貞引《陳留風俗傳》旨在說明陸賈的遠祖，《陸氏譜》則在說明陸賈的生年。
〔註3〕例如《中國哲學史上》頁 192，北京大學哲學系中國哲學史教研室編寫、《中國哲學發展史——秦漢》頁 144，任繼愈主編。
〔註4〕王利器認爲陸賈未能列入功臣名次的原因有二：一是漢初功臣都以軍功，陸賈則無軍功。二即是陸賈說項王失利。見《新語校注》〈前言〉頁 3。

期間（五年～十二年），因為諸王謀反，及匈奴擾邊，以致年年爭戰。〔註 5〕
高祖對於外族，本想採取強硬的武力攻擊，平城之困後，漸趨緩和，加以境
內諸王謀反之事接連不斷，於是，不得不採和睦的外交政策，乃有劉敬與匈
奴的和親之約（七年）、並派陸賈出使南越。

　　南越王趙佗，原是河北眞定人，秦時爲龍川令，秦末群雄並起，南海尉
任囂將職務交付趙佗，並要他毀馳道，自立爲王，以求自保。秦亡後，趙佗
擊并桂林、象郡，自立爲南越武王。（《史記·南越列傳》卷一百十三）高祖
平定天下後，在十一年派陸賈出使南越，立它爲南越王，互通使節，奠定漢
朝南境的安寧。陸賈雖達成了任務，過程卻頗曲折艱辛。史載：

　　　　陸生至，尉他魋結箕踞見陸生。陸生因進說他曰：「足下中國中，親
　　　　戚、昆弟、墳墓在眞定。今足下反天性，弃冠帶，欲以區區之越，與
　　　　天子抗衡、爲敵國，禍且及身矣。且夫秦失其政，諸侯豪傑並起，唯
　　　　漢王先入關，據咸陽，項羽倍約，自立爲西楚霸王，諸侯皆屬，可謂
　　　　至彊。然漢王起巴、蜀，鞭笞天下，劫略諸侯，遂誅項羽，滅之，五
　　　　年之間，海內平定，此非人力，天之所建也。天子聞君王王南越，不
　　　　助天下誅暴逆，將相欲移兵而誅王，天子憐百姓新勞苦，故且休之。
　　　　遺臣授君王印，剖符通使。君主宜郊迎，北面稱臣，迺欲以新造未集
　　　　之越，屈彊於此。漢誠聞之，掘燒王先人冢，夷滅宗族，使一偏將將
　　　　十萬眾臨越，則越殺王降漢，如反覆手耳。」於是尉他迺蹶然起坐，
　　　　謝陸生曰：「居蠻夷中久，殊失禮義。」因問陸生曰：「我孰與蕭何、
　　　　曹參、韓信賢？」陸生曰：「王似賢。」復曰：「我孰與皇帝賢？」陸
　　　　生曰：「皇帝起豐沛，討暴秦，誅彊楚，爲天下興利除害，繼五帝三
　　　　皇之業，統理中國。中國之人以億計，地方萬里，居天下之膏腴，人
　　　　眾車轝，萬物殷富，政由一家，自天地剖泮，未始有也。今王眾不過
　　　　數十萬，皆蠻夷，崎嶇山海閒，譬若漢一郡，王何乃比於漢？」尉他

<hr />

〔註 5〕據《史記·高祖本紀》卷八，高祖五年燕王臧荼反、利幾反，高祖都親自率
　　　　軍平反。六年，有人告楚王韓信謀反，用陳平計擒之。七年，匈奴略邊，韓
　　　　王信謀反，高祖率兵平反，被困平城。八年，韓王信亂事平定。趙相貫高等
　　　　謀弒高祖。十年，陳豨反，高祖親自平定。十一年，韓信、彭越反，被夷誅
　　　　三族；淮南王黥布反，高祖親自平定。十二年，盧綰反，周勃平定之。本文
　　　　所引《史記》皆以瀧川龜太郎《史記會注考證》爲底本，後續再引用，僅標
　　　　出篇名、卷數。

大笑曰：「吾不起中國，故王此。使我居中國，何渠不若漢？」迺大
說陸生，留與飲數月。曰：「越中無足與語，至生來，令我日聞所不
聞。」賜陸生橐中裝直千金，他送亦千金。陸生卒拜尉他爲越王，令
稱臣，奉漢約。（《史記・酈生陸賈列傳》卷九十七）

陸賈對南越王，曉以親情大義，震以大漢天威，使得驕傲自大的趙佗口服心
服，伏首稱臣。面對倨傲的尉佗，陸賈先動之以情，並且警告他，和漢朝對
抗的結果，是自取滅亡。因爲，漢朝並非沒有能力發動戰爭，只是不願勞民
傷財。況且，南越的國力與漢朝相比，簡直有天壤之別，一旦發動戰爭，則
人民必殺佗降漢，因此，漢王主動要賜佗爲王，是天賜良機，趙佗這才幡然
醒悟，親迎陸賈。此時，越王仍有些不服而欲自比漢朝君臣，陸賈的回答也
充分展現其圓融無礙的外交辭令，使趙佗滿足虛榮心又不失漢朝國威，終使
趙佗折服，而圓滿達成使命。

陸賈的言辭或不免有矯情之處，而有戰國策士的遺風，〔註6〕但其分析情
勢切合事實，不過分誇張，絕無縱橫家只爲私利，扭曲事實的作風。而且，
在趙佗稱臣之後，挽留陸賈居越數月，這段期間，陸賈勢必給予他相當多的
治國意見，因此，趙佗發出「越中無足與語，至生來，令我日聞所不聞」的
慨嘆，這更與縱橫家的汲汲營營，爲利而來、利達則止的作風不同。

陸賈出使南越的成功，是漢初外交上的一大勝利，從此，漢朝也才眞正
的成爲統一的帝國。陸賈因此而受封爲太中大夫。〔註7〕終高祖之世，漢越間
相安無事。

高祖死後，呂后專權，不准南越的鐵器賣入國內，趙佗認爲呂后毀棄高
祖立下的盟約，在呂后五年（西元前 183 年）又自尊爲南越武帝。並且發兵
攻打長沙郡的邊境數縣，掠奪物資而去。呂后派降慮侯周竈率兵討伐，卻因
天氣溼熱，士兵們水土不服而失敗。趙佗更進一步籠絡鄰近的閩越、西甌、
駱等國，擴張自己的勢力範圍，乘黃屋、稱帝制，南方割據的情勢又形成，
終呂后之世，始終無法解決。

文帝即位，亟思改變與南越的關係，主動採取友善的措施：在趙佗眞定

〔註6〕〈秦漢的知識份子〉，許倬雲著《求古編》頁 468。許倬雲分析秦漢之際的知
　　　識份子中，如酈食其、陸賈、叔孫通等都不脫戰國策士的遺習。

〔註7〕陸賈兩次出使南越，一次因功封爲太中大夫，一次以太中大夫名義出使。這
　　　是陸賈首次入仕籍，此後再也沒有加封。

的祖墳設常祠官，按時祭祀，並召見其堂兄弟，封官賞賜，禮遇有加。至於使越的人選，透過陳平的推薦，找到已辭去官職的陸賈，〔註8〕拜為為太中大夫，出使南越。（《史記・南越列傳》卷一百十三）

　　陸賈再度出使南越，由於和越王是故交，以及漢朝主動的友善舉動，幾乎不廢吹灰之力就達成任務，史載：

　　　　迺召賈以為太中大夫，往使，因讓佗自立為帝，曾無一介之使報者。陸賈至南越，王甚恐，為書謝，稱曰：「蠻夷大長，老夫臣佗，前日高后隔異南越，竊疑長沙王讒臣，又遙聞高后盡誅佗宗族，掘燒先人家，以故自弃，犯長沙邊境。且南方卑溼，蠻夷中閒。其東，閩越千人眾，號稱王；其西，甌、駱、裸國亦稱王。老臣妄竊帝號，聊以自娛，豈敢以聞天王哉？」乃頓其謝，願長為藩臣奉貢職。於是乃下令國中曰：「吾兩雄不俱立，兩賢不並世。皇帝，賢天子也。自今以後，去帝制、黃屋、左纛。」（《史記・南越列傳》卷一百十三）

夜郎自大的趙佗面對文帝的規撫、陸賈以退為進的指責，雖將責任推給長沙王、呂后，仍得再度接受招安。雖然，對內憍竊如故，但對漢朝則稱臣奉貢，如諸侯禮。一直到武帝即位，南越都維持了安定的局勢。

　　陸賈兩次出使南越，鎮撫南境，都是圓滿達成使命，這使得漢初修養生息、厚植國力的政策得以貫徹，人民免於征戰離亂之苦，更提振漢朝聲威，對國家貢獻極大。

（三）啟迪文治

　　高祖以一介平民，提三尺之劍，逐鹿中原，憑藉的是武力與謀臣，因而，對言必稱《詩》、《書》，道禮、樂的儒著非常不屑，甚至用溺儒冠來侮辱儒生（《史記・酈生陸賈列傳》卷九十七）。整個大環境對儒者相當不利，因此，即使為「漢家儒宗」（《史記・劉敬叔孫通列傳》卷九十七）的叔孫通，為了討好高祖，也不穿儒服而改穿楚製短衣。陸賈卻清楚地瞭解，爭奪天下需要武力、奇謀，治理天下則必須靠《詩》、《書》、禮樂的教化，因此，在天下底定之際，陸賈常逆高祖所好，在他面前稱說《詩》、《書》中的道理。當然，結果是招來高祖的一陣奚落，陸賈卻也藉此傳達他文治的理想，扭轉高祖的偏見。史載兩人精彩的對話如下：

〔註8〕陸賈在呂后當政期間，辭去太中大夫，過著優游自在的閒居生活。詳細敘述見後。

> 陸生時時前稱《詩》、《書》。高帝罵之曰：「迺公居馬上得之，安事
> 《詩》、《書》？」陸生曰：「居馬上得之，寧可以馬上治之乎？且湯
> 武逆取而順守之，文武並用，長久之術也。昔者，吳王夫差、智伯
> 極武而亡，秦任刑法不變，卒滅趙氏。鄉使秦已并天下，行仁義、
> 法先聖，陛下安得而有之？」高帝不懌，而有慙色。迺謂陸生曰：「試
> 為我著秦所以失天下，吾所以得之者何？及古今成敗之國。」陸生
> 迺麤述存亡之徵，凡著十二篇，每奏一篇，高帝未嘗不稱善，左右
> 呼萬歲，號其書曰《新語》。（《史記·酈生陸賈列傳》卷九十七）

高祖一統天下，志得意滿，雖知重用叔孫通起朝儀，也只為滿足皇帝尊貴與
權威的虛榮。對於長治久安之計，並沒有深刻的思考。陸賈洞燭當世要務，
治國須文武並用，才是長久之術，因此提出「行仁義、法先聖」的主張，以
免蹈亡秦的覆轍。高祖聽了，雖內心不悅，卻不免為之動容，於是，促成了
陸賈寫下十二篇精闢的政論，即《新語》一書。

　　高祖經過了陸賈的啟導之後，逐漸體認文治的重要，其具體的表現則是
重視儒家，祭祀孔子是其中一端，史載：

> （十一年）十一月，行自淮南，還，過魯，以太牢祀子孔子。（《漢
> 書·高帝紀》卷一）

高祖在位期間，連封禪之禮都不曾舉行，卻在晚年祭祀孔子，這與早年罵儒
生、溺儒冠相比，簡直不可同日而語。其中消息也值得注意。更有甚者，高
祖有列於儒家的著作：《高祖傳》十三篇著錄在《漢書·藝文志》儒家類，這
是一部記載高祖的詔策、與大臣論述古書精義的著作，內容近於儒家。書雖
亡佚，我們仍然可以見到高祖晚年好儒的記載：

> 吾遭亂世，當秦禁學，自喜，謂讀書無益。洎踐祚以來，時方省書，
> 使人知作者之意，追思昔所行，多不是。（《古文苑·漢高祖手敕太
> 子》卷十）

高祖晚年後悔不讀書，昔日妄作荒誕，並以此戒太子，可見其切身的深刻感
受。宋人章樵便認為是受陸賈影響〔註9〕綜觀漢高祖近臣，多是武將，且出身
民間，能對高祖發生影響的文臣，張良、陳平都擅權謀，蕭何則制定法令，
張蒼定律曆，叔孫通制朝儀，只有陸賈以《詩》、《書》、仁義之道勸說高祖，

〔註9〕《古文苑》章樵注：「帝不事《詩》、《書》、及陸賈奏《新語》，未嘗不稱善，
　　　正與此敕同意。」

旗幟鮮明，故可以斷定高祖逐漸重儒、好讀典籍是受陸賈的影響。

（四）計殺諸呂

高祖死後，惠帝即位，政權卻逐漸落入呂后手中，〔註10〕惠帝在位七年而卒，呂后大權在握，公開臨朝稱制，並且大肆加封諸呂為王侯，〔註11〕鞏固權位。這不但違背了高祖「非劉氏而王，天下共擊之」的約定，更危害漢朝基業。朝中大臣，在呂后欲王諸呂、擴張權力時，除了王陵外，都迫於情勢而採取默許、甚至贊成的態度（《史記·呂后本紀》卷九）。然而，右丞相陳平雖然在朝廷上公開贊成封諸呂，對這樣的情勢卻深以為憂，但是他終究勢單力孤，又沒有掌握兵權，不敢貿然行動；為了免禍，深居簡出，苦思對策。陸賈時已辭去太中大夫的官職，賦閒在家，卻深知國家大局與陳平心事，於是，前往拜訪陳平，並獻上交驩太尉周勃的計策，其言曰：

> 天下安，注意相；天下危，注意將。將相調和，則士務附；士務附，天下雖有變，即權不分，為社稷計，在兩君掌握耳。臣常欲謂太尉絳侯，絳侯與我戲，易吾言。君何不交驩太尉，深相結。（《史記·酈生陸賈列傳》卷九十七）

原來，在拜訪陳平之前，陸賈已經試圖說明周勃，但周勃的個性質樸少文、不喜儒生，〔註12〕與陳平對立、且不信任陸賈，〔註13〕因此，陸賈徒勞無功。但，當時呂氏掌握軍權，〔註14〕要剷除其勢力，必須借重太尉的力量，陸賈遊說周勃不成，轉而遊說陳平，陳平聽從陸賈的計策，主動示好結交周勃，

〔註10〕　《史記》並無〈惠帝本紀〉，而有〈呂后本紀〉。而且，據〈呂后本紀〉載，惠帝在元年趙王如意被殺，戚夫人被折磨成人彘後，即不管政事，此時大權即已逐漸旁落。

〔註11〕　《漢書·外戚傳》卷九十七：「立周呂侯子台為呂王，台弟產為梁王，建城侯釋之子祿為趙王，台子適為燕王。又封諸呂凡六人皆為列侯。」

〔註12〕　《史記·絳侯周勃世家》卷五十七：「勃不好文學，每召諸生說士，東鄉坐而責之，趣為我語，其椎少文如此。」

〔註13〕　據《史記·陳丞相世家》卷五十六載，陳平在楚漢相爭期間，投奔劉邦麾下，逐漸受重用。周勃、灌嬰等人就進讒言毀謗陳平。究其原因，絳、灌等人屬「淮泗集團」，是劉邦起義時的基本幹部；陳平則是中途加入者。兩個集團在劉邦面前難免爭功而有摩擦。關於此問題，可參〈兩漢的幾個政治集團〉，傅樂成，《漢唐史論集》頁 3；〈試論漢初功臣列侯及昭宣以後諸將軍之政治地位〉，廖伯源，《文史研究論集》頁114～123。

〔註14〕　《史記·呂后本紀》卷九，呂氏在死前，將長安附近的軍隊交個呂祿、呂產，以鞏固權位。

並派陸賈為親善大使，帶著厚禮向周勃祝壽，從此，兩人盡棄前嫌，深相結交。陸賈更進一步，透過陳平的支持，在公卿間廣結善緣，尋求支持，促進了漢廷內部的團結，漢朝能在呂后死後，迅速剷除呂氏勢力，迎立文帝即位，陸賈之功實不可沒。陸士衡「定天下、安社稷」的贊語（《文選·漢高祖功臣頌》卷四十七），實非溢美。

（五）優游晚年

陸賈對漢朝的貢獻至多，官位卻始終為太中大夫，即使計誅呂氏，迎文帝即位後，有功者如陳平、周勃等都受到封賞，幕後英雄陸賈卻有功而不受其惠。文帝元年，出使南越成功，也不見晉爵加封，但陸賈並不為意，可見其功成不居的大度。〔註15〕

陸賈洞燭事理，進退有度。呂后掌權後，對高祖舊臣，尤其立戰功、有謀略、口才捷利者多所忌諱，陸賈見情勢不可為，就辭去太中大夫的官職，在好畤購買良田，並將南越王趙佗送他的千金分贈五個兒子，讓他們自力更生，自己則「安車駟馬，從歌舞，鼓琴瑟，侍者十人」優游於公卿之間，並與兒子們約定，到了誰家，誰就得供應酒食，每一家最多打擾十天，死在那一家，寶劍、車騎、侍從都屬於他，為的是怕打擾兒子太久，惹人厭惡。足見陸賈通達人情且懂得享受生活。後來，再度出來斡旋周勃、陳平，參與除呂興劉之事，並且奉文帝之命，再度出使越南，為漢朝立下功勞，卻不接受封賞，終老天年。這種風範，直可媲美范蠡、張良，令人無限景仰。

第二節　陸賈的著作

陸賈的著述，據《漢書·藝文志》的著錄，有儒家類的《陸賈》二十三篇、春秋類的《楚漢春秋》九篇，以及詩賦類的《陸賈賦》三篇。分別論述如下：

一、《陸賈》二十三篇

（一）《陸賈》二十三篇考訂

據《史記·酈生陸賈傳》、《漢書·酈陸朱劉叔孫通列傳》的記載，陸賈

〔註15〕《史記·陳丞相世家》卷五十六，高祖欲封陳平為戶牖侯，陳平不忘本而推舉魏無知的功勞，可見其為人態度。結交周勃既然是陸賈的計策，陳平當會在文帝面前薦舉，文帝也當欲封賈，賈或因年高而辭之，故不得封。

著有《新語》十二篇，《漢書・藝文志》卻沒有著錄該書，只有《陸賈》二十三篇，可見《新語》十二篇包含其中，另外十一篇則是陸賈的其他著作。〔註16〕考《漢書・藝文志》兵權謀家，著錄十三家，二百五十九篇，〔註17〕囊括了兵法中的一流人物，如孫武、孫臏、吳起、韓信。班固的本注中，有一段補充：「省《伊尹》、《太公》、《管子》、《孫卿子》、《鶡冠子》、《蘇子》、《蒯通》、《陸賈》、《淮南王》，二百五十九種。出《司馬法》入禮也。」王先謙《漢書補注》引陶憲曾的意見說：

> 「省《伊尹》、《太公》、《管子》、《孫卿子》、《鶡冠子》、《蘇子》、《蒯通》、《陸賈》、《淮南子》，二百五十九篇，重也。」蓋《七略》中，伊尹以下九家，其全書收入儒、道、縱橫、雜各家，又擇其中之言兵權謀者重入於此，共得二百五十九篇。班氏存其專家各書，而於此則省之。故所亦止二百五十九篇也。《司馬法》，《七略》本入此，班出，入之禮家。是入禮，專指《司馬法》而言。

考《漢書・藝文志》儒家類中有《孫卿子》三十三篇、《陸賈》二十三篇，道家類有《伊公》五十一篇、《太公》二百三十七篇（包括謀八十一篇、言七十一篇、兵八十五篇）、《管子》八十六篇、《鶡冠子》一篇，縱橫家類有《蘇子》二十一篇、《蒯子》五篇，雜家類有《淮南內》二十一篇、《淮南外》三十三篇。與陶、王二人立論脗合。關於《司馬法》，班固認爲是商湯、周武王的遺法，〔註18〕因此將《軍禮司馬法》百五十五篇編入禮類。

　　據上述，可以推測，《陸賈》二十三篇之中，除了《新語》十二篇之外，還有兵家的著作若干篇。其內容不外乎「以正守國，以奇用兵，先計而後戰，兼形勢、包陰陽、用技巧者也。」（《漢書・藝文志》卷三十論兵權謀家）是

〔註16〕　《四庫提要》儒家類〈新語提要〉、羅根澤〈讀陸賈新語〉、嚴可均《鐵橋漫稿・新語序》卷五，都認爲《陸賈》一書「蓋兼他所論述計之」。案：《四庫提要》將二十三篇誤爲二十七篇。又，《漢書・藝文志》儒家類的著述，多仿先秦，以人名稱呼書名。如《賈山》八篇、《賈誼》五十八篇、《董仲舒》百二十二篇……等。

〔註17〕　據〈藝文志〉著錄者數之，應爲二百七十二篇。包括《孫子兵法》八十二篇、齊《孫子》八十九篇、《公孫軹》二十七篇、《吳起》四十八篇、《范蠡》二篇、《大夫種》三篇、《李子》十篇、《錘》一篇、《兵春秋》三篇、《龐煖》二篇、《兒良》一篇、《廣武君》一篇、《韓信》三篇。

〔註18〕　《漢書》卷三十〈藝文志〉兵家：「湯、武受命，以師克亂濟百姓，動之以仁義，行之以禮讓，司馬法是其遺事也。」

著重先計後戰，守正道，用奇計的兵家思想。

陸賈言災異的記載，則分別見於《西京雜記》卷三、《太平廣記》卷一三五引殷芸《小說》，是樊噲問有關天子受命瑞應的事，陸賈持肯定的看法，[註19]並將天命，瑞應賦予道德的依憑。在《新語》中，陸賈雖批評神仙出世的思想，對災異瑞應卻言之鑿鑿（《新語·明誠》第十一），不過，陸賈一方面肯定天人感應，一方面卻將人事的主動權賦予人（見第四章第三節），與《西京雜記》所引的一致，因此，這段記載極可能從《陸賈》二十三篇摘錄出來的。余嘉錫《四庫提要辨證·新語》云：

> 《西京雜記》乃葛洪雜抄諸書爲之。……此所記陸賈之語，以意度
> 之，必出於《陸賈》二十三篇之中，蓋就《論衡》所引觀之，知賈喜
> 論性命鬼神之事，此條之論瑞應，與其書之宗旨體裁，正復相合也。

考《論衡》引陸賈語論，共有四處，[註20]有言性命、薄葬者，陸賈的思想中既有天人相應的觀念，因此，這幾段文字應是陸賈的。

《南越行紀》一書，今已亡佚，不過在晉嵇含《南方草木狀》中，仍有徵引。[註21]陸賈出使南越兩次，一在高祖十一年，一在文帝元年，此書的著作應可信。姚振宗《隋書經籍志考證》曰：

> 《南京雜記》載陸賈答樊將軍噲問瑞應一事，今不見於是書。又晉

[註19] 二書的記載大致相同，今錄《西京雜記》所載：「樊將軍問陸賈曰：『自古人君皆云受命於天，云有瑞應，豈是有乎？』賈應之曰：『有之。夫目瞤得酒食，燈火花得錢財，乾鵲噪而行人至，蜘蛛集而百事喜。小既有徵，大亦宣然。故目瞤則咒之，火花則拜之，乾鵲噪則餧之，蜘蛛集則放之，況天下大寶。人君重位，非天命以得之哉？瑞者，寶也、信也，天以寶爲信，應人之德，故曰瑞應。無天命、無寶信，不可以力取也。』

[註20] 〈本性〉第十三：「陸賈曰：『天地生人也，以禮義之性。人能察己所以受命則順，順之謂道。』」〈書虛〉第十六：「陸賈曰：『離婁之明，不能察帷薄之內；師曠之聰，不能聞百里之外。』」〈薄葬〉第六十七，「聖賢之業，皆以薄葬省用爲務。然而世尚厚葬，有奢泰失之者，儒家論不明，墨家議之非故也。……陸賈依儒家而說，故其立語不肯明處。」又，「陸賈之論，兩無所處」又，「孔子非不明死生之實，其意不分別者，亦陸賈之語指也」此三篇的引文，皆不見於今本《新語》，蓋在《陸賈》二十三篇之中。而〈率性〉第八：「傳曰：『堯舜之民，可比屋而封；桀紂之民，可比屋而誅』」則引《新語·無爲》第四。

[註21] 晉嵇含《南方草木狀》卷上：「耶悉茗花、茉莉花，皆胡人自西國移植於南海……陸賈《南越行紀》曰：『南越之境，五穀無味，百花不香，此二花特芳香者，緣自胡國移至，不隨水土而變，與夫橘北爲枳異矣。彼之女子，以綵統穿花心以爲首領。』」又卷下：「陸賈《南越行紀》曰：『羅浮山頂有胡楊、梅、山桃，遶其際海，人時登採拾，止於得上飽噉，不得持下。』」

> 嵇含《南方草木狀》引陸賈《南越行紀》兩事。陸大夫于高帝、教
> 文時兩使南越，宜有行記，當皆在《漢志》二十三篇中。

根據姚、余的考證，《陸賈》二十三篇除了《新語》以外，至少還包括陸賈有關兵權謀家的思想、論天命瑞應的思想，及以《南越行紀》一書。

除了上述三種著作以外，《論衡》也有引陸賈的話，都不見今本《新語》。這些論性命鬼神的話，也是出於《陸賈》二十三篇中。嚴可均《鐵橋漫稿‧新語序》卷五曰：

> 《論衡》〈本性〉篇引陸賈曰……，今十二篇無此文。《論衡》但云陸賈，不云《新語》，或當在《漢志》之二十三篇之中。

余嘉錫《四庫提要辨證‧新語》亦云：

> 《論衡》〈書虛〉篇引陸賈曰……其文亦不見於今文。又〈薄葬〉篇云……今《新語》無論鬼神之語，此亦引陸賈他著述也。

余氏所謂「陸賈他著述」，就是《陸賈》二十三篇。

綜合上述，《漢志》所錄《陸賈》二十三篇，除了《新語》十二篇以外，其他十一篇中，至少包括了《論衡》所引陸賈論性命、薄葬的文字、《南越行紀》、《西京雜記》所引陸賈論天命瑞應的文字、以及兵家權謀的思想。但是，今只有《新語》十二篇流傳，其餘都已散佚。因此，以下僅就《新語》的版本、流傳加以論述，其餘則存而不論。

（二）《新語》的版本

《新語》今見的版本有十幾種，以下謹以全文、節錄本、校注本的順序加以介紹。

1. 明弘治壬戌莆陽李廷梧刊本

《新語》二卷，分卷上、卷下，每卷六篇，共十二篇。每半葉十行，每行十七字。題漢中大夫陸賈撰。卷前都有目錄，書前有國史脩撰郎華亭錢福〈新刊新語序〉，書後有吳郡都穆後記。弘治壬戌（十五年，1502）年刊刻。商務印書館四部叢刊（據民國八年上海涵芬樓景印明弘治刊本）景印（民國68年）、藝文印書館四庫善本叢書景印（民國66年）。中華書局四庫備要本（據民國25年上海中華書局四庫備要本）據明刻本排印本。

2. 明隆慶元年沉律刊百家類纂本

《新語》一卷，十二篇。半葉十行，每行二十二個字。穆宗隆慶元年

（1567）含山縣儒學刊百家類纂本。題儒家類、陸賈新語。前有〈陸賈新語題辭〉。

此版本只有〈至德〉末省去「魯莊公一年之中，以三時興築作之後」一段。其餘皆不缺。而且刊刻時代較早，較具參考價值，故列入本文。

此版本沒有將〈辨惑〉篇的文字錯入〈愼微〉中，明清版本中，除了子彙本之外，其餘各本都有錯簡，而百家類纂本又在子彙本之前，所以更有價值。

3. 明萬曆周子義輯子彙本

《陸子》一卷、十二篇。題「漢中大夫陸賈撰」。共二十六葉。每半葉十行，每行二十一字。萬曆四～五年（1577～1578）刻。〔註22〕前有一篇序文，摘錄《史記・酈生陸賈列傳》而成。善本書藏於故宮博物院（以下簡稱故宮）、中央圖書館（以下簡稱中圖）、中央研究院傅斯年圖書館（以下簡稱中研院）。商務印書館的萬有文庫薈要（民國 54 年）、藝文印書館百部叢書集成（民國 57 年）都景印子彙本・商務國學基本叢書四百種則是排印本。

4. 明餘姚胡維新刊兩京遺編本

《新語》二卷，分上卷、下卷，各六篇，共十二篇，題漢中大夫陸賈撰。共三十四葉，每半葉九行，每行十七字。萬曆十年（1582）本刊刻。

善本書藏於故宮、中圖、中研院。商務印書館景印（據上海涵芳樓景印明萬曆刻本。二十六年初版，民國 58 年臺一版）。

5. 明范欽校訂，范大沖刊刻天一閣本

《新語》二卷。卷數、篇數同兩京遺編本。題漢中大夫陸賈撰。明兵部侍郎范欽訂男大沖校刻。每半葉九行，每行十八字。萬曆十九年（1591）刊刻。前有范大沖〈陸賈新語序〉一文。

善本書藏於中圖、中研院。湖北先正遺書景印（民國 12 年）。中國子學名著集成據湖北先正遺書景印，前有〈新語提要〉一篇。日本寶曆十二年（1763）刊本。蘭亭井上重訂，須原屋市兵衛梓。延享五年（1748）飜刻，寶曆十二年再版。

6. 明新安程榮校漢魏叢書本

《新語》二卷。卷數、篇數同兩京遺編本。題漢楚人陸賈著、明新安程

〔註22〕葉一、五、六、十五、十六、二十一、二十二、二十五、二十六爲萬曆四年刊刻，其餘爲萬曆五年刊刻。

榮校。每半葉九行，每行二十一字。萬曆二十年（1592）刊刻。上卷前有全書目錄，書前有錢福序，書後有都穆後記。

善本書藏於故宮、中圖、中研院。新興書局景印（民國48年）。

7. 明竟陵鍾惺評點祕書九種本

《新語》二卷，分卷上、卷下、各六篇，共十二篇。每半葉九行，每行二十五個字。共三十葉。明天啓五年（1625）金閶擁萬堂抄本，祕書九種之一。

善本書藏在故宮、中圖。前有陸雲龍〈新語并詞〉，書前有全書目錄。題漢楚人陸賈著，明竟陵鍾惺評。鍾惺的評點相當精闢，尤其是各篇後的總評，或總結文意，或稱羨陸賈為人，或凸顯其貢獻，最能引人深思。

8. 清汝上王謨輯增訂漢魏叢書本

《新語》二卷，卷數、篇數同弘治本。每半葉九行、每行二十字。題漢楚人陸賈著，新淦周世焯校。前有錢福〈新刊新語序〉、全書目錄、王謨〈新語總評〉。

台北大化書局據清乾隆五十六年（1791）金谿王氏刻八十六種本景印，台北文文書局據上海廣益書局排印本景印（民國65年）。前述體制據大化書局景印本，文文書局景印本則在書後有王謨識語。

9. 四庫全書本

《新語》二卷。卷數、篇數同弘治本。每半葉八行，每行二十一字。乾隆四十六年（1781）據內府藏本抄本，題漢陸賈撰。前有紀昀〈新語提要〉。

10. 湖北崇文書局刊本

《新語》二卷。分卷上、卷下，各六篇，共十二篇。半葉十二行，每行二十四字。光緒元年（1875）湖北崇文書局刊子書百家本。題漢楚人陸賈撰。前有全書目錄。

以上是十種《新語》的全本。

11. 唐委徵、蕭德言撰群書治要本

《新語治要》一卷。在《群書治要》卷十。貞觀五年（631）刊刻。節錄《新語》十七節原文，沒有注、也沒有標題。首題《新語》，陸賈。十七節原文，〈輔政〉一節、〈無為〉三節、〈辨惑〉二節、〈資質〉二節、〈至德〉四節、〈本行〉一節、〈明誡〉三節、〈思務〉一節。按照篇章的先後順序排列。其

中文句與今本《新語》多有不同，可資以校勘，且可補今本《新語》已缺漏之文字，所以，節錄文字雖然不多，卻彌足珍貴。然而，其節錄原文者，常在一段中節首、尾數句，中間加以省略，因此，資料運用上需特別留意。

12. 意林，唐‧馬總撰

《新語》在《意林》卷二。首題陸賈《新語》二卷，太中大夫陸賈。刊刻於貞元二年（786）。節錄《新語》原文八節，每節頂多五句，最少兩句，無注。計〈道基〉一節、〈術事〉一節、〈輔政〉二節、〈無爲〉一節、〈辨惑〉一節、〈至德〉一節、〈本行〉一節。篇幅雖少，也極具價值。節錄方式與《群書治要》相同，中間有略省。這種方式，至明代仍然因襲不變。

13. 明陳深評諸子品節本

《陸子品節》一卷在諸子品節三十六卷，共計十篇，〈道基〉、〈本行〉兩篇不錄。節錄〈無爲〉、〈辨惑〉、〈至德〉、〈懷慮〉、〈術事〉、〈輔政〉、〈思務〉、〈愼微〉、〈本行〉九篇，全錄〈資質〉一篇。半葉九行，每行十二字，共十五葉。明萬曆十八年（1590）錢敬塘原刊，萬曆十九年（1591）重刊。有精闢的眉批，但校注的文字多屬臆改。而且節錄的方式，或省一句，或省一段，卻不加註明，容易產生誤導。

14. 明歸有光、文孟震評諸子彙函本

《雲陽子》一卷，在諸子彙函卷十四，共計五篇，節錄〈至德〉、〈懷慮〉、〈術事〉、〈輔政〉、〈明誡〉。每半葉九字，每行十八字，共五葉。明天啓五年（1625）達吉堂刊諸子彙函本。改名《雲陽子》，不知原因何在？全書有眉批可供參考，書後並且引黃東發、王鳳洲、蘇紫溪、楊升庵的評，極具價值。臆改、節錄的缺點同百家類纂本。

15. 明陸可教、李廷機評諸子玄言評苑本

〈陸子玄言評苑〉一卷在諸子玄言評苑卷九，計十篇。節錄文字與明萬曆十八年錢敬塘刊諸子品節本，可參考前述。每半葉九行，每行二十字，共十四葉。明鄭廣厚光裕堂刊諸子玄言評苑本。此版本超越諸子品節本的地方，在於它是以集評的方式代替了一人的評點，收錄了宋明儒者，如眞德秀、洪邁、王世貞、錢福、呂祖謙等，非常有價值。

16. 清武進李寶淦纂諸子文粹本

《新語文粹》卷一（在諸子文粹卷十），十一篇，除〈懷慮〉以外，皆加

以節錄。節錄的方式，只是抄錄、句讀，沒有任何眉批。每半葉十一行、每行二十七字，共七葉。民國六年上海商務印書館排印本。

以上六種爲《新語》的節錄本。

17. 盧文弨校注本，清・盧文弨撰。

今已亡佚。據清丁丙輯《善本書藏書志》，可略知其梗概：其書卷十五首題《新語》二卷，明刊本，盧抱經校，漢楚人陸賈著。並云：

> 右《新語》爲〈道基〉、〈術事〉、〈輔政〉、〈無爲〉、〈辨惑〉、〈慎微〉、
> 〈資質〉、〈至德〉、〈懷慮〉、〈本行〉、〈明誡〉、〈思務〉凡十二篇。
> 前有弘治任戌華錢福序、〈新語總評〉。抱經先生以程榮本校正。如
> 〈道基〉篇「分苞燒殖」殖改埴。〈術事〉篇「取其致要」致改至、
> 「疋夫」改匹夫、「或訛爾心」或改式。〈輔政〉篇「巧者近亡」亡
> 改仁、「過賢君者刑」過改遇。〈辨惑〉篇「秦王不能自信其自」自
> 改目、「異河而出」河改門。〈資執〉第七執改質。

18. 嚴可均校本，清・嚴可均著

書己亡佚。今可見者，只有一篇〈新語敍〉（在《鐵橋漫稿》卷五）。在序中，嚴可均自云其校注的過程，他說：

> 其詞皆協韻，流傳久遠，轉寫多訛。今據明各本，以《群書治要》
> 之八篇及《文選》注、《意林》等書改正刪補，疑者闕之。間有管見
> 一二，輒附案語。

嚴氏參考的明本，據其自述，至少有李廷梧刊本、姜思復刊本、兩京遺編本、子彙本、程榮校漢魏叢書本、何鏜輯廣漢魏叢書本。又能參照《文選》注、唐代的《群書治要》、《意林》，校注的成果應當較盧文弨校本佳。

19. 宋翔鳳校本，清・宋翔鳳著

其書今見，刊刻於道光七年（1827），咸豐三年（1853）再補刊戴彥升的序文。分上、下二卷，共十二篇。每半葉十一行，每行二十一字。前有目錄、戴彥升〈陸子語新序〉、宋翔鳳的序文。其所根據的底本，是漢魏叢書本，參考的版本有姜思復本、子彙本、胡維新本（即兩京遺編本）、《群書治要》等。參考的版本雖不及嚴不均，然其校對嚴謹，頗有見解。近人王利器撰《新語校注》即以宋氏校本爲主。

20. 諸子平議補錄卷十四・清俞樾著

校注《新語》二十三條。〈道基〉八條、〈術事〉三條、〈輔政〉四條、〈辨惑〉二條、〈愼微〉二條、〈資質〉一條、〈懷慮〉一條、〈本行〉一條、〈明誠〉一條。

21. 札迻卷七，清‧孫詒讓著

在宋翔鳳校刊本，俞樾《讀書餘錄》校對的基礎上（即前引《諸子平議補錄》），再校對《新語》八條：〈道基〉二條、〈術事〉一條、〈辨惑〉一條、〈至德〉一條、〈懷慮〉二條、〈本行〉一條。

22. 唐晏校本，唐晏撰

此書今存大陸。民國六年潮陽鄭國勳刊龍谿精舍叢書本。根據胡適的考證，此書以子彙本爲底本（因此本在〈辨惑〉第五、〈愼微〉第六沒有錯簡），校以范氏天一閣本、李廷梧弘治本、程榮漢魏叢書本。胡適認爲唐晏校本是當時《新語》最好的版本。（〈陸賈新語考〉）書後有唐晏〈陸子新語校注跋〉，對《新語》的考證有精闢的見解。

23. 傅增湘校本，傅增湘撰

此書今存大陸。王利器《新語校注》徵引頗多。

24. 王利器校注本，王利器撰

此書收入北京中華書局新編諸子集成中（1983 年出版），台北明文書局於民國七十六年加以印行。此書以宋翔鳳校本爲底本，校以李廷梧刻本、程榮刻漢魏叢書本、兩京遺編本、天一閣本、清王謨刻漢魏叢書本、唐晏校本、傅增湘校本，又明人選刻之諸子衷、諸子彙函、諸子拔萃、漢魏別解、百子金丹等，也頗有采獲。參考資料之多，超越前人，且除了校對之外，並加以注解，體例完整、篇帙浩繁，前言考證陸賈著作甚精詳，末附《新語》佚文、《楚漢春秋》佚文、書錄、《史記》《漢書》〈陸賈傳〉合注，都極具參考價值。也是截至目前爲止，有關《新語》的最佳校注本。〔註23〕

〔註23〕民國以來，臺港地區有關《新語》校注的著作，民國五十三年，梁榮茂《陸賈新語研究》（台中碩士論文）第四章《新語》校文，用了將近一百頁的篇幅校訂《新語》，梁氏以四部叢刊《新語》爲底本（此即弘治本），再據《群書治要》、《意林》、《文選》注、《太平御覽》所引，又參校子彙本、程榮漢魏叢書本、何鏜漢魏叢書本、王謨增訂漢魏叢書本、天一閣本、俞樾《諸子平議補錄》、孫詒讓《札迻》等書。左松超〈陸賈新語校記〉（發表於香港浸會學院學報十一期，民國七十三年出版），左氏以子彙本爲底本，再參校四部叢刊弘治本、范氏天一閣本，兩京遺編本、程榮刊漢魏叢書本、日本寶曆十二年

（三）《新語》的流傳

　　陸賈著《新語》十二篇，《史記》、《漢書》都有記載，《漢書·藝文志》
卷二十著錄陸賈其他著作，合成《陸賈》二十三篇。東漢王充也見到《新語》，
《論衡·案書篇》第八十三云：

　　　　《新語》，陸賈所造。……皆言君臣政治得失，言可采行，美觀事足，

　　　　鴻知所言，參貳經傳，雖古聖之語，不能過增。陸賈之言，未見遺闕。

從王充對《新語》內容的熟悉程度，極力的推崇，他應當見過全本《新語》。

　　至魏晉南北朝，《新語》一書仍廣為流傳，十二篇合成二卷。《晉書·陸
機傳》卷五十四載陸喜自敘曰：

　　　　劉向省《新語》而作《新序》，桓譚詠《新序》而作《新論》。

此所謂《新語》當然是漢初陸賈所撰。《文心雕龍·諸子》卷四云：

　　　　若夫陸賈《新語》、賈誼《新書》、揚雄《法言》、劉向《說苑》、王

　　　　符《潛夫》、崔寔《政論》、仲長《昌言》、杜夷《幽求》，或敘經典，

　　　　或明政術。

劉勰將《新語》列在漢儒著作首位。南朝梁阮孝緒《七錄》也明載說：

　　　　新語二卷，陸賈撰也。（《史記·酈生陸賈列傳》卷九十七，張守節

　　　　《正義》引）。

《新語》二卷、十二篇在魏晉南北朝尚未亡佚，殆無疑義。

　　隋、唐的史書也都著錄《新語》。《隋書·經籍志》卷三十四云：

　　　　新語二卷，陸賈撰。

《舊唐書·經籍志》卷四十七、《新唐書·藝文志》卷五十九皆同。顏師古注
《漢書》亦云：

　　　　其書今見存。（《漢書·陸賈傳》卷四十三注）

顏師古仍得見《新語》全本。魏徵、蕭德言撰《群書治要》，也抄錄《新語》中
〈輔政〉、〈無為〉、〈辨惑〉、〈資質〉、〈至德〉、〈本行〉、〈明誡〉、〈思務〉共八
篇、十七段原文。馬總《意林》也抄錄《新語》中〈道基〉、〈術事〉、〈輔政〉、
〈無為〉、〈辨惑〉、〈至德〉、〈本行〉七篇、八段原文。值得注意的是，《意林》

　　刊本，再以《群書治要》、《太平御覽》等類書所引校補。梁、左二人用力甚
深，也獲得相當的成果。然皆僅於校訂，並沒有詳細的注釋。大陸學者李鼎
芳《新語會校注》，以弘治本為底本，參校各本，并加簡單注釋，但筆者未經
見此書，不敢妄斷。

明言「陸賈新語二卷」。考《群書治要》、《意林》的成書性質、比較二者引錄《新語》篇章的異同，不難發現，二者是抄錄性質的類書，而合二書觀察，《新語》十二篇，只有〈慎微〉、〈懷慮〉兩篇未被徵引，可見《新語》至唐仍未亡佚。

到了宋代，《新語》由儒家類變雜家類。《宋史·藝文志》卷二〇五，雜家類載：

> 陸賈《新語》二卷。

《崇文總目》也將《新語》二卷列入雜家類，鄭樵《通志》則將《新語》二卷列入儒術類（卷六十六），對《新語》重視程度似已不如唐，更遑論兩漢、六朝。《新語》也有部份散佚，南宋王應麟云：

> （《新語》）今存〈道基〉、〈術事〉、〈輔政〉、〈無爲〉、〈資質〉、〈至德〉、〈懷慮〉七篇。（《漢書藝文志考證》）

王應麟見到的《新語》僅存七篇，但稍後的黃震卻能說出《新語》十二篇的各篇大意，他說：

> 《新語》十二篇，漢太中大夫陸賈所撰。一曰〈道基〉，言天地既位而列聖制作之功。次曰〈術事〉，言帝王之功當思之於身。舜棄黃金、禹捐珠玉，道取其至要。三曰〈輔政〉，言用賢。四曰〈無爲〉，言舜、周。五曰〈辨惑〉，言不苟合。六曰〈慎微〉，言謹内行。七曰〈資質〉，言質美者在遇合。八曰〈至德〉，言善治者不尚形。九曰〈懷慮〉，言立功當專一。十曰〈本行〉，言立行本仁義。十一曰〈明試〉（案：當作「誠」），言君臣當謹言行。十二曰〈思務〉，言聞見當務執守。（《黃氏日抄》卷五十六）

黃震見過《新語》全本，且與今本《相同》。由此可知，南宋有兩種《新語》版本流傳，一是王氏所見七篇本，一是黃氏所見全本。《新語》的流傳並未斷絕。

明代以後，私家刻書興盛，《新語》版本多達十多種（參前述《新語》的版本介紹），或是全本、或是節錄本。《新語》流傳日益普及，但全書字句脫落，不易閱讀，於是，陸續有人著手校訂，如范欽、程榮等，清代以後，學者加以全面的校訂、整理，《新語》逐漸恢復原來的面目。

二、《楚漢春秋》

（一）《楚漢春秋》考訂

《漢書·藝文志》春秋類著錄曰：

《楚漢春秋》九篇，陸賈所記。

《隋書‧經籍志》卷三十四、《新唐書‧藝文志》卷五十八亦著錄《楚漢春秋》
九卷，但歸入雜史類。《舊唐書‧經籍志》卷四十六則著錄《楚漢春秋》二十
卷，當為誤記，或析其卷帙而成二十卷。

《楚漢春秋》的內容，班彪曰：

漢興，定天下，太中大夫陸賈記錄時功，作《楚漢春秋》（《漢書‧
班彪傳》卷四十）。

《隋書‧經籍志》卷三十四亦曰：

陸賈作《楚漢春秋》，以述誅鋤秦、項之事。

〈史記集解序〉司馬貞《索隱》曰：

（《楚漢春秋》）漢太中大夫、楚人陸賈所撰。記項氏與漢高祖初起
及說惠、文間事。

據上述可知，《楚漢春秋》應是陸賈晚年才完成。記載從秦末至漢文帝初年，
將近三、四十年的史事，是保留漢初史實的珍貴史料。

陸賈以見證人的身份，記載同時代的人、事、物，而成《楚漢春秋》，其
價值自是非凡。尤其，《楚漢春秋》是記載秦末至漢初的唯一史書，因此，司
馬遷寫《史記》，必定參考《楚漢春秋》。班固曰：

漢興，代秦定天下，有《楚漢春秋》，故司馬遷據《左氏》、《國語》，
采《世本》、《戰國策》、述《楚漢春秋》，接其後事，訖于大漢，其
言秦、漢詳矣。（《漢書‧司馬遷傳》卷六十二贊語）

司馬遷撰《史記》，有關秦、漢之際的事，必參照《楚漢春秋》所述，及其所
見史料而成。〔註24〕因此，唐劉知幾曰：

劉氏初興，書唯陸賈而已。子長述楚、漢之事，專據此書。譬夫行
不由徑、出不由戶，未之由也。（《史通‧雜說上》第七）

馬遷《史記》，採《世本》、《戰國策》、《楚漢春秋》……能取信一時，
擅名千載。（《史通‧採撰》第十五）

《楚漢春秋》的價值，實可以媲美《左傳》、《戰國策》、《史記》，所以班彪稱
讚其為殷鑑古今的不朽著作，他說：

〔註24〕除了徵引之《史通》、《漢書‧司馬遷傳》卷六十二，《文心‧史傳》第十六、
唐司馬貞〈史記索隱序〉、張守節〈史記正義序〉，宋王應麟《玉海》卷四十
七等，都明確的地指出《史記》參考《楚漢春秋》。

百家之書，猶可法也，若《左氏》、《國語》、《世本》、《戰國策》、《楚
漢春秋》、《太史公書》，今之所以知古，後之所由觀前，聖人之耳目
也。（《漢書‧班彪傳》卷四十）

《楚漢春秋》不僅是實錄，而是震古鑠金的歷史鉅著。

《楚漢春秋》的詳細內容，因其書已亡佚，無法確知。關於其體制爲編
年或紀傳體，《史通》有詳細的說明，劉知幾說：

儒者之說春秋也，以事繫日，以日繫月，言春以包夏，舉秋以兼冬，
年有四時，故舉措以爲所記之名也。苟如是，則晏子、虞氏、呂氏、
陸賈，其書篇第，本無年月，而亦謂之春秋，蓋有異於此者也。（《史
通‧六家》第一）

《楚漢春秋》雖名爲春秋，但與孔子《春秋》以編年記事不同，所以，《楚漢
春秋》和《晏子春秋》、《虞式春秋》、《呂氏春秋》一樣，雖號爲春秋，卻非
編年記事。然而，其中又不同，《楚漢春秋》雖非編年體，卻是史書，與《呂
氏春秋》爲子書不同。劉氏曰：

呂、陸二氏，各著一書，唯次篇章，不繫時月，此乃子書、雜記，
而皆號春秋。（《史通‧題目》第十一）

《呂氏春秋》爲子書，《楚漢春秋》則爲雜記式的史書，劉氏命之爲「偏記」，
他說：

夫皇王受命，有始有卒，作者著述，詳略難均。有權記當時，不終
一代，若陸賈《楚漢春秋》……此之謂偏記者也。……大抵偏記小
錄之書，皆記即日當時之事，求諸國史，最爲實錄。（同上）

《楚漢春秋》既非編年體，也非紀傳體，而是陸賈雜記當時所見所聞，因載
錄秦、漢之際與漢初的史實，保存許多珍貴的史料，而被史遷採用，備受班
彪推崇。

史公在採用《楚漢春秋》的資料時，並非一昧引述，而是加以採擇、修
正。劉知幾云：

觀遷之所載，往往與舊不同。如酈生之初謁沛公，高祖之長歌鴻鵠，
非唯文句有別，遂乃事理皆殊。又韓王名信都，而輒去「都」留「信」，
用使稱其名姓，全與淮陰不別。（《史通‧雜說上》第七）

《楚漢春秋》、《史記》的記載常有出入，而且不僅在字句上，甚至事情的前
因後果都會有差距。後人校注《史記》、《漢書》時，或加以辨證，或存疑。

洪邁《容齋三筆》卷二云：

> 《楚漢春秋》陸賈所作，皆書當時事，而所語多與史不合，師古蓋
> 屢辨之矣。

經過顏師古、瀧川龜太郎等人的考證，《楚漢春秋》確實有許多記載失實的地方，但是，從裴駰《史記集解》、司馬貞《史記索隱》、張守節《史記正義》屢次徵引《楚漢春秋》來看，《楚漢春秋》確實具有不可磨滅的價值。況且，有些不同之處，不見得是《史》、《漢》正確，而《楚漢春秋》錯誤，記載的不同有時是時代上的限制。例如，《史記‧高祖功臣侯年表》卷十八，關於各侯王的名字，《楚漢春秋》的記載常與《史記》、《漢書》不同。司馬貞提出說明，他說：

> 《史記》與《漢表》同，而《楚漢春秋》則不同者，陸賈記事在高
> 祖、惠帝時，《漢書》是後定功臣等列，及陳平受呂后命而定，或已
> 改邑號，故人名亦別。高祖初定，唯十八侯，呂后令陳平終竟以下
> 列侯第錄，凡一百四十三人也。（《史記‧高祖功臣侯年表》卷十八，
> 司馬貞索隱）

至於其他不同處及後人的考證，可參閱附錄二。

（二）《楚漢春秋》的流傳與輯佚

《楚漢春秋》九卷，著錄於《漢書‧藝文志》卷三十、《隋書‧經籍志》卷三十四、《舊唐書‧經籍志》卷四十六、《新唐書‧藝文志》卷五十八，而司馬貞《史記索隱》、張守節《史記正義》、顏師古《漢書注》、李善《文選注》、虞世南《北堂詩鈔》都徵引，因此，唐時尚存。《太平御覽》亦引，則宋守初尚未亡（參《經義考》卷二七五，清朱彝尊）。《宋史‧藝文志》、《崇文總目》、《郡齋讀書志》、《直齋書錄解題》都無著錄。洪邁《容齋三筆》卷二云：

> 《楚漢春秋》一書，今不復見。

《楚漢春秋》在南宋已不復見。蓋亡於兩宋之際。

《楚漢春秋》的輯佚本，今見者有三，都是清代人，分別為洪頤煊輯本、茆泮林輯本、黃奭輯本。

1. 清臨海洪頤煊輯本

《楚漢春秋》一卷，在《經典集林》卷十。清臨海洪頤煊輯，承德孫彤

校訂。

台北藝文印書館《百部叢書集成》收錄此版本。洪氏輯本與茆氏輯本的內容相同，但排列順序有別，資料的考辨上，洪氏較詳細、豐富；字句上的訛誤，二者都不能免，資料出處，二者也都未盡其全。

2. 清高郵茆泮林輯本

《楚漢春秋》一卷。道光二年（1822）茆泮林輯。光緒十二年（1887）朱記榮校刊、閔萃祥覆校。

書前有茆泮林序（道光二年）、閔萃祥序（光緒十二年）各一篇。又有〈楚漢春秋敘錄〉，輯《漢書》、《後漢書》等書有關《楚漢春秋》的記載，是極有價值的資料。此書輯佚的資料由「項燕爲王翦所殺」至「趙中大夫曰：『吾聞越王句踐素甲三千』」爲止，依照時代先後順序排列，每條都有一小標題，如「項燕爲王翦所殺」一條，標題爲「項燕」，趙中大夫一條標題即爲「趙中大夫」，每條下以小字標舉出處、或考訂異同。書末有朱記榮〈楚漢春秋考證〉，考證高祖鴻鵠歌與《楚漢春秋》的流傳。

《筆記小說大觀》二十四篇、《叢書集成新編》一一二冊（民國 74 年）都景印此版本。

3. 清黃奭輯本

《楚漢春秋》一卷。見《黃氏逸書考》。《善書集成三編》據民國二十三年江都朱氏刊本景印。全書內容與茆泮林輯佚本相同。《清史》、《清史稿》都著錄此書。

三、《陸賈賦》三篇

《漢書・藝文志》〈詩賦略〉著錄曰：

《陸賈賦》三篇。

這三篇賦都已佚。亡佚的時間可能在魏晉。〔註25〕

陸賈的賦雖然已亡佚，班固著錄漢賦時，將賦分爲四大類，一是雜賦，其他三類則爲別由《屈原賦》、《陸賈賦》、《荀卿賦》爲首，可見，陸賈的賦數量雖不多，卻是漢賦初期的宗師（《賦學》頁 32，張正體、張婷婷著），而

〔註25〕隋、唐以後的史志都未著錄，劉勰在《文心・詮賦》第八中推崇陸賈賦的關鍵地位，卻沒有對其賦的風格加以評分。

這個時期，在漢賦發展的歷史來看，是承先啓後的重要階段，陸賈在漢賦的發展上，實有舉足輕重的地位。王充就給予陸賈作品極高的評價，他說：

> 漢世文章之徒，陸賈、司馬遷、劉子政、揚子雲，其材能若奇，其稱不由人。（《論衡・書解第八十二》）

將陸賈的文章（案：指所有著作，包括賦）。與史公、劉向、揚雄的著作並列爲垂名流光的作品，陸賈爲漢初賦家宗師，洵非虛美，劉勰也推崇陸賈在漢賦發展上啓導的貢獻，劉氏云：

> 賦也者，受命於詩人，而拓宇於楚辭也。於是荀況〈禮〉、〈智〉、宋玉〈風〉、〈釣〉爰錫名號，與詩畫境，六義附庸，蔚爲大國，……秦世不文，頗有雜賦，漢初詞人，循流而作，陸賈扣其端，賈誼振其緒。（《文心・詮賦》第八）

陸賈承屈原、荀卿的遺緒而開漢賦端緒，所以能與之分庭抗禮，成爲一派宗師。

《漢書・藝文志》卷三十在《陸賈賦》之下，著錄二十家，較著名的有枚皋、嚴助、朱買臣、司馬遷、揚雄等，〔註 26〕包括陸賈二十一家、二百七十四篇賦，只有揚雄賦尚存，司馬遷有〈悲士不遇賦〉（《藝文類聚》卷三十引），其他都已亡佚（《漢書藝文志注釋彙編》頁 170～173，陳慶國編）。

劉勰對陸賈賦的風格有簡單的說明，他說：

> 漢室陸賈，首案奇采，賦〈孟春〉而進《新語》，其辯之富矣。（《文心・才略》第四十七）

陸賈賦雖已亡佚，其中有一篇當爲〈孟春賦〉。其文采華麗，筆力雄聘。劉師培也持這種看法，劉氏曰：

> 《班志》敘詩賦爲五種，賦析四類區析之。故班無明文，校讎之家亦鮮討論。今觀主客賦十二家皆爲總集，萃眾爲一編，故姓氏宋標，餘均別集。其區爲三類者，蓋屈平以下二十家，均緣情記興之作也，體兼比興，情爲裏而物爲表。陸賈以下二十一家，均聘詞之作也，聚事徵材，句詭而詞肆。荀卿以下二十五家均指物類情之作也，侔

〔註 26〕枚皋賦百二十篇、朱建賦二篇、常侍郎莊忽奇賦十一篇、嚴助賦三十五篇、朱買臣賦三篇、劉辟彊賦八篇、司馬遷賦八篇、郎中臣嬰齊賦十篇、臣說賦九篇、臣吾賦十八篇、遼東太守蘇季興賦一篇、蕭望之賦四篇、河東太守徐明賦三篇、給事黃門侍郎李息賦九篇、淮陽憲王賦二篇、揚雄賦十二篇、待詔馮商賦九篇、博士弟子杜參賦二篇、車郎張豐賦三篇、驃騎將軍朱宇賦三篇。

色揣稱，品物畢圖，捨文而從質。此古賦區類之大略也。班志所析，
蓋本二劉。(《左盦集》卷八)

將雜賦與其他三類分開觀察，可以發現其他三類有明顯的風格，屈原賦一類
作品當然價值最高，荀卿賦一類的作品也自成特色，〔註27〕而陸賈賦一類的
作品，包含許多漢賦大家，並且緊接屈原賦之後，除了縱橫家氣息之外，應
有其他特色。

司馬遷在《屈原賈生列傳》卷八十四說：

屈原既死之後，楚有宋玉、唐勒、景差之徒者，皆好辭而以賦見稱，

然皆祖屈原之從容辭令，終莫敢直諫。

史公以爲屈原的賦有兩大特色，一是「從容辭令」，一是「直諫」，宋玉、景
差等人只繼承了「從容辭令」，「直諫」的精神卻乏人延續。這種直諫的精神，
應是司馬遷作賦時所宗尙的。〔註28〕劉勰曰：

仲舒專儒，子長純史，而麗縟成文，亦詩人之告哀焉。(《文心・才
略》第四十七)

史遷的賦除了文辭豐贍之外，更具深遠的寓意與憂患，憂讒畏譏之意不言而
喻。

揚雄賦除了講究形式華美之，也有諷諫之意。《漢書・揚雄傳》卷八十七：

雄以爲賦者將以風之，必推類而言。極麗靡之辭，閎侈鉅衍，競於
使人不能加也。既乃歸之於正，則覽者已過矣。

華美的形式是爲了寄託諷喻的深意，其辭賦也表現了這種精神。劉勰云：

子雲屬意，辭義最深。觀其涯度幽遠，搜選詭麗，而竭才以鑽思，
故能理贍而辭堅矣。(《文心・才略》第四十七)

豐富深遠的義理與優美的文采、奇麗的用字同爲揚雄賦的特色。

除了史公、揚雄之外，嚴助、朱買臣之徒雖以《楚辭》而受賞識，其面
折大臣，不畏權勢的直諫精神(《史記・酷史列傳》卷一百二十二、《漢書・
嚴助朱買臣傳》卷六十四)正是屈原遺緒。司馬遷稱屈原「入則與王圖議國
事，以出號令；出則接遇賓客、應對諸侯。」(《史記・屈原賈生列傳》卷八
十四)，與陸賈在漢初成功的出使南越相符。而《新語》多韻語《如〈道基〉

〔註27〕《司馬遷所見書考・自序》頁20～21，金德建著。唯金氏以爲荀卿賦是秦代
的作品，作者爲荀卿，見解新穎，然缺乏強有力的證據。
〔註28〕同前註。頁20。

第一、〈術事〉第二、〈輔政第三〉、〈資質〉第七》，文辭典贍，旁徵博引，陸賈勸劉邦不可「馬上治之」的直率的作風，都反應了陸賈賦的風格除了雄辯式的文字外，更具有政治家面折直諫的精神。因為具備了這種精神，陸賈的賦才足以與屈原、荀卿的作品分庭抗禮。

第三節　今本《新語》的真偽

陸賈著《新語》十二篇，這是無人懷疑的。但今本《新語》是否為陸賈為原著，則有學者提出疑義，例如：黃震、張西堂、孫次舟等，針對這些疑義也有許多學者加以辨證。如：嚴可均、唐晏、余嘉錫等。梁榮茂在《陸賈新語研究》（民國 53 年台大碩士論文）中，曾加以整理補充，可謂詳備。然梁氏大作距今已將四十多年，近來兩岸學者對《新語》的真偽問題，有了新的見解，也可再補充梁氏的意見，因此，本文擬就搜集資料加以釐析。以下陳述歷來懷疑《新語》係後人偽作的意見，並一一辨證。

一、黃震以為《新語》非陸賈原著

首先懷疑《新語》非陸賈原著的是南宋黃震。黃震對陸賈有極高的評價，他認為陸賈是「以道事君」的模範，是漢初的醇儒（《黃氏日抄》卷四十六、四十七）。他也見過全本《新語》（見本章第二節），但卻認為《新語》「非陸賈之本真」。

（一）文　體

黃震懷疑的第一個理由是文體。他說：

> （《新語》）其文煩細，不類陸賈豪傑士所語。賈本以《詩》、《書》革漢高帝馬上之習，每陳前代行事，帝輒稱善。恐不如此書組織以為文。（《黃氏日抄》卷五十六）

近人孫以舟根據黃震的說法，再加以推衍，孫氏云：

> 陸賈作《新語》，係奉高帝之命，度其為書，當為奏議之體，作臣下對君之詞。而現行《新語》既非奏議體，又非臣下對君語氣，只汎論得失，侈言成敗，其文體與劉子《新論》相似（〈論陸賈新語的真偽〉，《古史辨》第六冊，頁 119）

近人蘇誠鑒也有類似的看法，蘇氏曰：

從著書體例上看,《史記》本傳說:「陸生乃粗述存亡之徵。」可見其內容當以歷代「存亡之徵」為主,是述史論事之作;但今本《新語》則基本上是一種「道術」著作,類同先秦諸子,尤酷似《呂氏春秋》。(〈陸賈新語的真偽及其思想傾向〉)

關於《新語》文體,錢穆先生有異於前述三者的看法,他說:

陸賈,楚人,《新語》文體,上承荀卿,下開淮南,頗尚辭藻。(〈讀陸賈新語〉,錢穆著《中國學術思想論叢(三)》,頁 1)

觀今本《新語》,敘事簡明,議論雄奇,文字華美,頗具荀卿遺風,黃氏所謂煩細,不知所論為何?若指其文字華美而言,則陸賈本是漢賦大家,文章華美其來有自,甚至用韻都相同講究,徐復觀先生說:

《新語》十二篇本為陸賈適應劉邦的水準所寫的。陸賈為了引起劉邦的興趣,而他又是能作賦的人,所以便出之以韻語。而於用韻過於牽強的地方。便改為不用韻的散文,這是可以推想得到的。所以十二篇中,有許多地方並未用韻。(〈漢初的啟蒙思想家——陸賈〉,徐復觀著《兩漢思想史》卷二,頁 92)

駢、散夾雜,確是《新語》文字的特色,例如〈資質〉:「蟲蝎不能穿,水溼不能傷,在高柔軟,入地堅彊。」穿、軟、傷、彊隔句押韻。又「然生於大都之廣地,近於大匠之名工,材器制斷,規短度量,堅者補巧,短者續長,大者治罇,小者治觴,飾以丹漆,斲以明光,上備大牢,春秋禮庠,襃以文采,立禮矜莊,冠帶正容,對酒行觴,卿士列位,布陳宮堂,望之者目眩,近之者鼻方。」一連二十句都隔句押韻,講究的程度不下於漢賦,由此可見陸賈不愧為漢賦一派宗師。難得的是,文字雖華麗,文意卻相當淺白。《新語》一書中,多是敘事論理的散行文字,氣勢磅礴,黃震「煩細」的指責,不知何據?

至於孫、蘇二氏以《新語》非奏議體、無「述史論事」也是「想當然耳」。考《史記》本傳所載,高祖要陸賈退而著書立論,並非當面一問一答,當然可以著書的方式,諄諄善誘,自成體系,不一定得以奏議的方式。且陸賈在《新語》中,歷述古代成敗的事實,進而探討背後的原因,作為立論的基礎,此點也為蘇氏所承認。為何又說《新語》無「述史論事」?令人費解。

(二)今本《新語》沒有回應高祖的要求

這是黃震懷疑的另一個理由,黃氏云:

若賈本旨謂天下可以馬上得，不可以馬上治之意，十二篇咸無焉。

近人金德建據《史記》本傳所載，認為今本《新語》非司馬遷所見的版本，金氏曰：

> 今本《新語》裏完全沒有談到所謂「秦所以失天下」的原因何在，也絲毫看不到有什麼稱頌「漢所以得天下」的「存亡之徵」的道理或者事迹的記載。今本《新語》，只不過是空衍一番道理議論而已，和《史記》的話涇渭分明。（《司馬遷所見書考》頁317～318）

考高祖對陸賈的要求有三，「秦所以失天下」、「吾所以得之」、「古今成敗之國」；總結而言，就是歷代「存亡之徵」。《新語》對秦代任刑法而亡三致其詞（參第四章第一節），金氏卻說不見論述。而對歷代的聖主，如堯、舜、禹、湯、文、武等的成功，亡國之君如桀、紂、秦二世，無道之居如魯桓公、楚靈王、晉厲公、齊莊公都詳細陳述史實，探究原因，可謂用心良苦。至於《新語》沒有歌頌高祖得天下的功勳，這原不是陸賈的本意，陸賈為革除高帝馬上之習而著《新語》，總結歷史經驗與教訓，無非是要高祖時時警剔自己，效法前賢「逆取順守」的治術，謀求長治久安之道，如果，陸賈要歌頌高祖功勳，則又何必大費周章？陸賈深具識見，盡量避免助長高祖驕縱的習氣，歷述古來「存亡之徵」，其中己隱含對高祖的殷切期許，事實上也回應了高祖的第二個要求。在漢王朝建立之初，君臣沉迷於勝利的喜悅之際，陸賈高瞻遠矚地提出「長久之道」，具有振聾啟瞶的震撼與警醒，無怪乎「高祖稱善、左右皆呼萬歲」。

　　另外，有一相關的質疑，就是《新語》一書中對當代嚴厲的批評。首先提出的也是黃震，他說：

> （《新語》）第五篇（案〈辨惑〉）云：「今上無明正聖主，下無貞正諸侯，鉏姦臣賊子之黨。」考其上文，雖為魯定公而發，豈所宜言於大漢方隆之日乎？（《黃氏日抄》卷五十六）

考《新語》書中，這種對當代公開的指斥有三處，除了黃震所舉〈辨惑〉第五以外，〈術事〉第二、〈思務〉第十二也有類似的文字。〈術事〉第二責當代賢者不受重用，其言曰：

> 故良馬非獨騏驥，利劍非惟干將，美女非獨西施，忠臣非獨呂望。今有馬而無王良之御，有劍而無砥礪之功，有女而無芳澤之飾，有士而不遭文王，道術蓄積而不舒，美玉韞匵而深藏。

〈思務〉第十二則痛責當時世風敗壞，陸賈說：

孔子曰：「行夏之時，乘殷之輅，服周之冕，樂則韶舞，放鄭聲，遠佞人。」□□□道而行之於世，雖非堯、舜之徒，則亦堯舜也。今之為君者則不然，治不以五帝之術，則曰今之世不可以道德治也。為臣者不思稷、契，則曰今之民不可以仁義正也。為子者不執曾、閔之質，朝夕不休，而曰家人不和也。學者不操回、賜之精，晝夜不懈，而曰世所不行也。自人君至於庶人，未有法聖道而為賢者也。

對當代的批評都相當嚴厲。無怪乎孫次舟認為『秦所以失天下，漢之所以得天下，與古成敗之國。』而陸賈乃斥今之為君者耶？」（〈論陸賈新語的真偽〉，《古史辨》第六冊，頁119）蘇誠鑒也認為，陸賈不可能將劉邦的問題置若罔聞，卻反唇相譏，高祖縱使寬容大度，也無法忍受這種斥責。（〈陸賈新語的真偽及其思想傾向〉）

從陸賈的行事與《史記》本傳的記載，我們肯定《新語》的著作絕非歌頌高祖，而是寓含勉勵高祖的深意，而陸賈與高祖「馬上治之」、「馬上得之」的一段對話，陸賈直斥高祖，不假詞色，高祖雖然面露不懌，卻仍要陸賈著書，見書內容之後，讚嘆不已。高祖前後心境的轉變，足見其大度有容，也可見《新語》的內容並非歌功頌德之作，而是反省歷史針貶時弊之言。《史記·張丞相列傳》卷九十六載周昌：

周昌者，沛人也。……昌為人彊力敢直言，自蕭、曹等皆卑下之，昌嘗燕時入奏事，高帝方擁戚姬，昌還走，高帝逐得，騎周昌項，問曰：「我何如主也？」昌仰曰：「陛下即桀紂之主也。」於是上笑之。然尤憚周昌。

與周昌「桀、紂之主」的指責相較，陸賈的斥責顯然客氣許多，高祖當然能接受，孫氏的懷疑實無損於《新語》的真實（《陸賈新語研究》頁78～79，梁榮茂著）。

黃震所謂「大漢方隆之日」的社會，真實狀況如何？《漢書·高惠高后文功臣表》卷十六載：

（高祖）五年，東克項羽，即皇帝位，八載而天下迺平。始論功而定封，訖十二年，侯者百四十有三人。時大城名都民人散亡，戶口可得而數，裁什二三，是以大侯不過萬家，小者五六百戶。

又，《漢書·食貨志》卷三十四載：

漢興，接秦之敝，諸侯並起，民失作業而大饑饉，凡米石五千，人

　　　　相食，死者過米。高祖乃令民得賣子就食蜀漢。天下即定，民亡蓋

　　　　藏，自天子不能具醇駟，而將相或乘牛車。

漢朝初定天下時，社會殘破不堪、民不聊生，百廢待舉，甚至發生人吃人的
慘據，絕非太平盛世。而當時的社會風氣腐敗苟安，不下秦代。賈誼就痛加
撻伐，他說：

　　　　曩之爲秦者，今轉而爲漢矣。然其遺風餘俗，猶尚未改。今世以侈

　　　　靡相競而上亡制度，棄禮誼，捐廉恥日甚，可謂月異而歲不同矣。(《漢

　　　　書賈誼傳》卷四十八)

賈誼對社會弊端的貶斥、在上者不重視禮義的痛責，恰與陸賈的直言批評相
互呼應。

　　　陸賈對當時陰陽災異盛行的學風，也痛加譴責。陸氏曰：

　　　　世人不學《詩》、《書》、存仁義，尊聖人之道，極經藝之深。乃論不

　　　　驗之語，學不然之事，圖天地之形，說災變之異，乖先王之法，異

　　　　聖人之意，惑學者之心，移眾人之志。(〈懷慮〉第十一)

陸賈對當代的批評，不僅有其時代背景，也與其「以道事君」的性格一致，
沒有矛盾的地方。

二、《四庫提要》論定今本《新語》是後人僞作

　　　《新語》的眞僞所以受到討論，《四庫提要》的論述是重要的關鍵，以下
分論其觀點，並加以辨析。

（一）《史記》參考《新語》

　　　基本上，《四庫提要》的作者懷疑今本《新語》是後來僞作，他的理由之
一是《史記》參考《新語》，而今本《新語》不見《史記》所引的文字。《提
要》謂：

　　　　《漢書‧司馬遷傳》稱遷取《戰國策》、《楚漢春秋》、陸賈《新語》

　　　　作《史記》，《楚漢春秋》，張守節《正義》猶引之，今佚不可考。

　　　　《戰國策》取九十三事，皆與今本合，惟是書(《新語》)之文悉不

　　　　見於《史記》。

這種說法承自宋高似孫《子略》，〔註29〕考《漢書‧司馬遷傳》並無「陸賈《新

〔註29〕《子略》卷三載：「班固稱太史公取《戰國策》、《楚漢春秋》、陸賈《新語》

語》」，因此，《提要》的說法是莫須有的。關於此點，前賢辨證已詳。〔註30〕此不贅述。

（二）《論衡》引陸賈之言，今本《新語》無

《提要》謂：

> 王充《論衡・本性》篇引陸賈曰：「天地生人也以禮義之性，人能察己所以受命則順，順謂之道。」今本亦無此文。

《論衡》引用陸賈的話，除了〈本性〉第十三以外，〈書虛〉第十六篇曰：「離婁之明，不能察帷薄之內；師曠之聰，不能聞百里之外。」〈薄葬〉第六十七篇引用陸賈論薄葬而非墨議的見解，都不見於今本《新語》。但這並不代表《新語》是偽書。《漢書・藝文志》卷三十著錄《陸賈》二十三篇，《提要》也認為這二十三篇「兼他所論計之」，包含《新語》十二篇及陸賈其他著作，這些著作包括兵權謀家之言、《南越行紀》等（參前節《陸賈》二十三篇）。而且《論衡》所引是「陸賈曰」，而非「《新語》曰」，因此，《論衡》所引是陸賈其他著作，而非《新語》，《提要》的理由當然不能成立。〔註31〕

（三）《新語》引《穀梁傳》

這是《新語》最受爭議的地方，也由《提要》首先提出。《提要》曰：

> 《穀梁傳》至漢武帝時始出，而〈道基〉篇末乃引《穀梁傳》曰，時代尤相抵牾。其殆後人依託，非賈原本歟？

張西堂〈陸賈新語辨偽〉根據《提要》，提出疑問，他說：

> 據今《新語》考之，賈從《公羊》義者，〈輔政〉、〈無為〉、〈至德〉、〈懷慮〉、〈明誡〉諸篇，均述《公羊》誼，（用劉師培〈春秋三傳先後考〉語）云：「書轒絕骨肉之親，棄大夫之位。」（《公羊》作轒，《穀梁》作專）尤破《穀梁》「專之去合乎《春秋》」之說。其不明引《公羊》，而轉徵引《穀梁》，其可疑一也。且如崔鱣甫說，韋賢、夏侯勝、蕭望之、劉向皆習《穀梁》而晚於賈，所引《公羊傳》文，而不及《穀梁》一字；賈生於前，反得徵引，果又何耶？其可疑二。

作《史記》。三者書，一經太史公采擇，後之人遂以為天下奇書，予惑焉。」

〔註30〕清周中孚《鄭堂札記》卷一、胡適〈陸賈新語考〉、余嘉錫《四庫提要辨證・新語》。以上諸說，梁氏《陸賈新語研究》已詳加整理說明。參該文頁49～51。

〔註31〕清嚴可均《鐵橋漫稿・新語序》卷五、梁氏《陸賈新語研究》頁52都持這種看法。

（見張著〈穀梁眞僞考〉，在《古史辨》第四冊，頁 214）

孫次舟〈論陸賈新語的眞僞〉中，對《提要》以《穀梁》論《新語》僞作一
證也深信不疑，並加以補充說明，孫氏云：

> 現行《新語》之屬僞記，《四庫提要》所見要爲卓識。而其《穀梁傳》
> 一證尤爲質確。……考《公羊》、《穀梁》之說《春秋》，皆口頭流傳，
> 未有著書。今之二傳乃傳其學者所記，顯其先師，而《穀梁》之著竹
> 帛又在《公羊》後。……《公羊》至漢景帝時始著竹帛，今陸賈於高
> 帝初年作《新語》，乃克徵引《穀梁傳》，豈非怪事乎？且不惟〈道基〉
> 篇引之，〈至德〉篇末論魯莊公事曰「故《春秋》穀」其下文缺，當
> 亦引《春秋穀梁傳》也。他如〈辨惑〉篇論魯定公與齊侯會頰谷事，
> 〈至德〉篇論魯莊公以三時興築作之役，並與《穀梁傳》相合。夫《穀
> 梁傳》至漢景帝始有其書，高帝時並無其目，設現行《新語》果爲陸
> 賈原書，烏得徵引之乎？（《古史辨》第六冊頁 116～118）

以上三者的說法，都認爲《穀梁》著於竹帛，晚至景帝年間，陸賈應未見。《新
語》卻引《穀梁》，可見其爲僞作。

考《穀梁》在漢初的承傳，係經浮丘伯、魯申公、瑕丘江公。《漢書·儒
林傳》卷八十八載：

> 申公，魯人也。少與楚元王交，俱事齊人浮丘伯受《詩》。漢興，高
> 祖過魯，申公以弟子從師入見于魯南宮。（案：師即指浮丘伯）呂太
> 后時，浮丘伯在長安，楚元王遣子郢與申公俱卒學。

又，

> 申公卒以《詩》、《春秋》授，而瑕丘江公盡能傳之。

又，

> 瑕丘江公受《穀梁春秋》及《詩》於魯申公，傳子至孫爲博士。武
> 帝時，江公與董仲舒並，仲舒通五經，能持論、善屬文，江公吶於
> 口，上使與仲舒議，不如仲舒，而丞相公孫弘本爲公羊學，比輯其
> 議，卒用董生，於是上因尊公羊家。

《穀梁傳》著於竹帛雖然甚晚，其流傳則自子夏以降，綿延不絕（詳細傳承
見〈穀梁傳傳授源流考〉，王熙元著，《孔孟學報》二十八期。）流傳的方式，
在成書前是靠口頭流傳，〔註32〕因此，《荀子》中多處引用《穀梁》，〔註33〕

〔註32〕《史記·十二諸侯年表》卷十四：「孔子……論史記、舊聞，興於魯而次《春

可見《穀梁傳》於戰國晚期已有流傳。秦、漢之際,雖遭秦火、戰禍的影響,仍能不絕如縷,浮丘伯即傳《穀梁傳》者,陸賈約與浮丘伯同時,也是熟習《穀梁傳》的學者,兩人或許曾經相互論難。〔註34〕因此陸賈引述《穀梁》傳是可以理解的。況且,穀梁傳在流傳的過程,多所遺失,〔註35〕《新語‧道基》所引為《穀梁傳》,不見於今本者,正是《穀梁傳》散佚的珍貴資料,不可小覷,而陸賈為漢初傳《穀梁》傳的學者,新語所引為《穀梁》舊傳所載。〔註36〕

　　至於張西堂所引崔軌甫的的說法,其實另有其時代背景。據《漢書‧儒林傳》,武帝重《公羊》,《公羊》大盛,《穀梁》浸微,劉向等人只得引用當時顯學,而不及《穀梁》(參考梁榮茂《陸賈新語研究》頁54~55)。

　　《新語》引《穀梁傳》,前賢多以為僅於四處,據筆者的考訂,應為八處(參附錄一)。除了引《穀梁》外,也有徵引《公羊》、《左傳》,不過,份量不及《穀

秋》,上記隱,下至哀之獲麟,約其辭文,去其煩重,以制義法。王道備、人事浹,七十子之徒口授其傳指,為有所刺譏、褒諱、挹損之文辭。」《漢書》卷三十〈藝文志〉:「《春秋》所貶損大人,當世君臣,有威權勢力,其事實皆形於傳,是以隱其書而不宣,所以免時難也。及末世口說流行,故有《公羊》、《穀梁》、《鄒》、《夾》之傳,四家之中,《公羊》、《穀梁》立於學官,鄒氏無師,夾氏未有書。」

〔註33〕參惠棟《九經古義‧穀梁古義》卷十五。劉師培《群經大義相通論‧穀梁荀子相通考》。

〔註34〕余嘉錫《四庫提要辨證‧新語》認為,從二人時代相同,且呂后時申公在長安,陸賈也活躍於公卿之間,陸賈或曾向浮丘伯請益。更甚者,《新語‧資質》:「鮑邱。」鮑丘即浮丘伯(金嘉錫《四庫提要辨證‧新語》、王利器《新語校注》頁112~113。)陸賈讚揚其德行,或是浮丘伯的弟子。

〔註35〕《漢書‧藝文志》卷三十:「穀梁傳十一卷。」《元和姓纂》引尸子云:「穀梁俶傳春秋十五卷。」(卷十,一屋)。桓譚《新論》:「左氏傳世後百餘年,魯穀梁赤為《春秋》,殘略多所遺失。」(《太平御覽》卷六一〇引)嚴可均《鐵橋漫稿‧新語序》卷五:「又《穀梁傳》孝武始立學,非陸賈所預見。今此〈道基〉篇引《穀梁傳》曰:『仁者以治親,義者以利尊。』乃是穀梁舊傳,故今傳無此文。因知瑕丘江公所受于魯申公者,其本復經改造,非穀梁赤之舊也。」唐晏〈陸子新語校注跋〉:「陸氏著此書,去秦焚書纔六年耳,其所讀者,未焚之《穀梁傳》,至武帝則再出矣,故所引者,今本無之也。」嚴、唐二氏進一步推論《穀梁》成書於秦以前,徐復觀先生認為《穀梁》成書在戰國中期以後。(《中國經學史的基礎》頁182;《兩漢思想史》卷三,頁251~252)。不論《穀梁》成書於何時,《穀梁》、《公羊》孰先孰後,陸賈的經學是秦代的經學,非漢代的經學。

〔註36〕唐晏《兩漢三國學案》,將陸賈列為漢初第一位《穀梁》大師。王熙元〈穀梁傳傳授源流考〉也認為,陸賈和浮丘伯都是漢初傳《穀梁》著。

梁》多。因此，評定陸賈為漢初的《穀梁》大師時，應注意的是，陸賈的經學是秦代的經學，並無漢儒門戶之見，因此兼通三傳，而最重《穀梁》。〔註37〕一如陸賈引《詩》，也是魯詩、毛詩兼采，不囿於一說（詳見附錄一）。

三、黃、紀之後學者的補充

（一）《新語》用字

《新語》的用字，或以為不合於漢初，張西堂〈陸賈新語辨偽〉首先提出質疑，張氏曰：

> 賈書〈本行〉篇曰：「案紀圖錄，以知性命，表定六藝，以□□□。」「表定六藝」非賈所為，此本董君事，賈不當云此。（《古史辨》第四冊，頁 214）

此點實屬謬誤，因為〈本行〉第十篇此段文字，上承「夫子陳、蔡之厄」、「夫子當於道」而言，指的是孔子，不是陸賈自謂（《偽書通考》頁 756，張心澂著）孫次舟則以「五經」的稱呼後起，而《新語》卻逕稱「五經」，因此疑其偽。孫氏曰：

> 孔子刪定六經之說，最初見於《史記》〈孔子世家〉。至以《詩》、《書》、《禮》、《樂》、《易》、《春秋》稱六經者，最早見於《莊子‧天下篇》。……孔子六經在炎漢以前，並無他稱。炎劉定鼎，名稱始繁。或曰六藝……或曰六籍……或曰六學……或曰六術……漢代復有五經之稱，乃至武帝始有，漢初無是也。蓋自秦皇楚書，篇籍消亡，至武帝廣求《詩》、《書》、六藝差全，惟缺樂經，故有五經之目焉。《漢書》〈武帝本記〉曰：「建元五年，置五經博士。」五經之目，此為最朔。王應麟《困學紀聞》曰：「……樂經既亡而有五經，自武帝立博士始也。」足證五經之稱，始自五帝。現行《新語》〈道基〉篇曰：「於是後聖乃定五經，明六藝。」〈術事〉篇曰：「校修五經之本末，道德之真偽。」凡兩言五經。考陸賈之作《新語》在高帝六年，是時六經之存亡皆

〔註37〕劉師培《左盦集‧春秋三傳先後考》卷二：「周季漢初之儒，凡治《春秋》，均三傳並治，非惟荀卿之書可徵也。觀陸賈《新語》〈道基〉篇，明引《穀梁》，而〈輔政〉、〈無為〉、〈至德〉、〈懷慮〉、〈明誠〉諸篇均述《公羊》誼（案：有誤，詳參本文附錄），為《繁露》所本。若〈辨惑〉一篇甄引孔子論嘉樂諸言，則又悉本《左傳》、毛公說詩，亦三傳互引。」

不可知，若承前之稱，只有六經，並無五經也，《新語》之偽託，此
亦其皎然者矣。(〈論陸賈新語的眞僞〉，《古史辨》第六冊，頁 121)
《新語》中常經、藝合稱，如〈道基〉第一：「聖人防亂以經藝」、〈懷慮〉第
九：「極經藝之深」。六藝、六經、五經在文獻上從未並列，將兩者並列始於
《新語》。以意推之，以禮、樂爲主，則稱六藝，去樂而以《詩》、《書》爲主，
則稱五經。由此可知，樂原無文字，本可不稱經，所謂《樂經》亡失之說，
乃因經、藝兩名互相混淆，而五經一名，由五經博士之出現而成定稱。(〈漢
初的啓蒙思想家──陸賈〉，除復觀者《兩漢思想史》卷二，頁 107) 因此，
五經的名稱，雖至武帝立五經博士方成定稱，然五經的事實卻早已成立。陸
賈直稱「五經」，是站在文獻立場，據實而論，稱「六藝」則不抹煞儒家《詩》、
《書》、《禮》、《樂》的傳統，樂雖無經，並且自孔子以後，思想家中，除承
傳、發揮樂的理論外，也無實踐者，但傳統不可抹煞而已。

再則，陸賈「五經」的稱呼，絕不是他自創，而是承自秦代，因爲陸賈
所受的經學是秦代而非漢朝。而「六經」的稱呼，只是傳統中的習慣性稱法，
並非漢代普通稱法。(以上參考徐復觀《中國經學史的基礎》(參該書頁 49～
50) 由此，庶幾可解孫氏的疑惑。

除了張、孫二氏外，蘇誠鑒因爲《新語》沒有避諱「邦」字(如：〈術事〉
第二：「以蓄爲邦」、〈輔政〉第三：「邦危民亡」)，由此判定《新語》偽作(〈陸
賈新語的眞僞及其思想傾向〉)。考《新語》「邦」字，唯有上述兩處，〈術事〉
第二是引《詩・小雅、南山》，極可能在陸賈時有避諱，後人改回原文。〈輔
政〉第三「邦危民亡」據《群書治要》當作「國危民失」(據宋翔鳳《新語校
注》)，這也可明顯看出陸賈避諱的痕跡。因此，蘇氏的說法不能成立。

對於《新語》的用語，是否屬於漢初，唐晏、錢穆分別提出論證。唐氏
曰：

戰國之世，言盛則齊桓，言滅則智伯，若太公則尤盛矣。(王利器《新
語校注》，〈道基〉第一，頁 27 引唐氏說法)

又，

喬，松，謂赤松、王喬，秦漢閒多稱之，神仙之傳也。(同上，〈思
務〉第十二頁 165)

又，

以孔子、孟並列，戰國之習慣耳。(同上，頁 174)

唐氏認為《新語》的用語、所舉的事例，都是戰國、秦漢間的習慣用語。錢穆也有相同的見解，錢氏曰：

〈術事篇〉又云：「書不必起仲尼之門。」書孔子為仲尼，其風亦盛於晚周。如《中庸》、《孝經》皆其證〔註38〕孟子云：「仲尼之徒無道桓文之事者。」雖亦偶有其例，要之至晚周始成風習，漢儒率多稱孔子，此亦證《新語》當屬漢初。（〈讀陸賈新語〉，《中國學術思想史論叢（三）》頁2）

又，

〈本行篇〉盛倡儒道，然其語多近《荀子》與《大學》，並旁采《老子》。

錢氏從用字、用語上考察，唐氏肯定《新語》出自漢初。用字之疑，庶幾可解。

（二）從《新語》之流傳認定其為偽作

關於《新語》的流傳，前文已辨析頗詳，其流傳間文字縱有散佚，卻從未間斷。然自《四庫提要》認定《新語》偽作於唐以前，歷來學者即以此立論，懷疑今本《新語》，如孫次舟〈論陸賈新語的真偽〉、蘇誠鑑〈陸賈新語的真偽及其思想傾向〉。

上述三者懷疑的集點都集中在《史記》本傳稱《新語》十二篇，《漢書》卻變成《陸賈》二十三篇，到了梁阮孝緒《七錄》又變成《新語》二卷，他們認為名稱、篇章的反覆更動是作偽的緣故。對於《提要》、孫氏的質疑，嚴可均〈新語序〉、余嘉錫《四庫提要辨證・新語》、梁榮茂《陸賈新語研究》已詳加辨析（參本章第二節以及梁氏《陸賈新語研究》頁65～74），蘇氏的見解同於《提要》、孫氏二者而更簡略，故亦不能成立。

《陸賈》二十三篇是《新語》十二篇再加上陸賈的其他著作，據《漢書・藝文志》卷三十的記載，至少多了陸賈有關兵權謀的論述，《提要》以及孫、蘇二氏都未注意此點，孫氏將張守節《史記正義》引阮孝緒《七錄》誤為劉向《別錄》，立論尤為不當。《崇文總目》著錄《新語》於雜家類，《宋史・藝文志》卷二○五亦同，這可以作為宋代《新語》仍存的輔證。而《新語》在魏晉南北朝的流傳，可從《晉書・陸機傳》卷五十四、《文心》、《七錄》的記載

〔註38〕《孝經・開宗明義》第一；《中庸》第二章、第三十章。

獲得肯定。（參考本章第二節）以上幾點，前節皆已詳述，唯前賢辨僞時或未加注意，或略而不詳。因此略誌數語，以強調《新語》在歷代流傳未絕。

（三）有關思想的考察

《新語》一書，班固將它歸入儒家，但書中卻包含了儒家、道家、陰陽家、甚至法家思想，孫次舟、蘇誠鑒即因此而懷疑《新語》僞作。

孫次舟認爲《新語》既是儒家作品，則不應雜有道家思想，否則即僞作。他說：

> 《漢書‧藝文志》列陸賈書於儒家，其序曰：「儒家者流，蓋出於司徒之官。助人君，順陰陽，明教化者也。游文於六經之中，留意於仁義之際，祖述堯舜，憲章文武，宗師仲尼，以重其言。於道爲最高。」班固之以陸賈書列諸儒家者，殆以此矣。然今本《新語》有〈無爲〉一篇。「無爲」者，道家之說也。陸賈書中烏得有此？……夫《新語》，儒書也，而有道家之言，詎不令人眩惑乎？況儒家重「仁義」而道家尚「道德」。……今現行《新語》書，不惟〈無爲〉篇多道家之指，即其他諸篇亦多言道德，不滋令人生疑乎？〈道基〉篇曰：「是以君子握道而治，□德而行，席仁而坐，杖義而彊，虛無寂寞，通動無量。」……況其〈輔政〉篇曰：「故杖聖者帝，杖賢者王，杖仁者霸，杖義者強。」〈術事〉篇曰：「故制事者因其則，服藥者因其良。書不必出仲尼之門，藥不必出扁鵲之方。」是直以「仁義」爲僅足霸強，而仲尼之書亦不必可貴。此與儒家「留意仁義」、「宗師仲尼」之例，大相違例。奚有稱說《詩》、《書》者，而克作此言也？（〈論陸賈新語的眞僞〉，《古史辨》第六冊，頁 119～120）

梁榮茂以陳清泉《諸子百家考》，說明漢初黃老思想盛行，而陸賈晚年優游的生活，也是其道家思想的最佳寫照。又陸賈的無爲思想實蘊含儒家思想，而〈術事〉篇「書不必起仲尼之門」是陸賈衡權思想的表彰，並非陸賈非議、貶抑孔子。（《陸賈新語研究》頁 80～84）梁氏的說法相當正確。黃老「無爲」的政治思想，在飽受戰亂後的漢初相當盛行，且受到主政者的提倡而大行其道，陸賈身在其中，難免受到影響。但，陸賈仍不失爲儒者，因爲《新語》全書「大旨皆崇王道、黜霸術，歸本於修身用人」（《四庫提要》），在漢初黃老學者充斥法家循名責實的思想時，陸賈能在沾染時代風氣後，又注入儒家精神，正足以顯示陸賈爲漢初儒者，孫氏以此懷疑《新語》僞作，實不得陸

賈的用心。又《新語》中一再徵引《論語》(參考附錄一)。論述孔子事蹟，
可見陸賈對孔子的推崇。

　　蘇誠鑑則認為《新語》對災異的批評，是針對西漢末年的學者而言，他
說：

> 今本《新語》對西漢末期的災異說加以非難，認為是「不驗之語」；
> 並指出有人因宣揚災異而觸罪犯法，「不信於刑戮」的情事：「夫世
> 人不學《詩》、《書》，行仁義，聖人之道，極經藝之深，乃論不驗之
> 語，學不然之事，圖天地之形，說災變之異，□□□之法，異聖人
> 之意，惑學者之心，移眾人之志。指天畫地，是非世事，動人以邪
> 變，驚人以奇怪。聽之者若神，視之者如異。然猶不可以濟於厄，
> 而度其身，或觸罪□□□法，不免於宰戮。」按：董仲舒曾「著災
> 異之記」，被縱橫家主父偃告發，罪「當死，詔赦之。」(《史記‧儒
> 林列傳》卷一百二十一。其《災異記》見《漢書‧五行志上》卷二
> 十七)。這說明漢武帝時期災異說還遭到鎮壓，不甚流行。從《新語》
> 所描述的情景推求，當是災異說風靡上下的西漢元、成、哀時期，
> 當時京房、李尋之流，都因此遭到誅戮或流放。……根據這一條材
> 料推測，今本《新語》的出現，當不能早於西漢之季。(〈陸賈新語
> 的真偽及其思想傾向〉)

對〈懷慮〉篇的這段話，錢穆則認為是反應漢初的思想，他說：

> 此一節，可見當時智識界一種流行風範，殆是混合陰陽五行災異怪
> 變之說於縱橫捭闔權謀術事之用，蒯通自稱與安期生遊，即此流也。
> 此後淮南賓客亦多此類。至董仲舒言災異，乃以會通之經術，此乃
> 中央政權大定之後，與漢初撥亂之世不同矣。(〈讀陸賈新語〉，《中
> 國學術思想史論叢 (三)》頁 4)

西漢晚季的讖緯之術，都依附經義而發，陸賈批評的災異之語卻責其摒棄經
義，蘇氏不察，遂將《新語》的著作時代延至東漢。

　　羅根澤則認為，陸賈的政治思想包括主張行義、反對任刑法，與今本
《新語》完全符合，證明今本《新語》是陸賈原著(〈陸賈新語考證〉，《古史
辨》第四冊，頁 201～202)，見解相當正確。

　　由以上分析，今本《新語》並非偽作，所謂《新語》作偽的時代當不必
辨，但仍需略及數語。《提要》根據《新語》的流傳，認為今本《新語》作偽

在唐以前，孫次舟根據《提要》，斷定時代在魏晉南北朝。另外一種說法，是蘇誠鑒根據《新語》引《穀梁傳》、言災異，以及儒、道混合的思想型態，斷定《新語》爲劉向校書時所僞作。兩種說法的立論根據，前面都已辨析，因此，都不成立。

今本《新語》反映了陸賈當代的思潮，大致保存了原有的面目，但從《意林》、《群書治要》、李善《文選注》、《太平御覽》引文的比對中，發現與今本《新語》雖文意一致，字詞卻有出入；許多缺漏的字，雖經後人校注，仍不能恢復原面目。可見，《新語》在流傳過程中，有訛奪的現象，然而，這種訛奪的現象並無損於今本《新語》的眞實。

第三章 陸賈的學術思想背景

綜觀歷代思想，各有不同的風貌，展現各時代苦心孤詣的思想家的思考成果，這些文化結晶不只是思想家個人立身處事的準則，也常成為一代的處世與治國指南，甚至是超時空的真理。思想又是不斷演變發展，並非與政治同步，所以，我們以時代斷限作為思想的斷限固然能凸顯各代特色，卻也常常忽略了思想是跨越時代的漸進發展，以及兩個時代之間的轉變。因此，將目光的焦點轉移到政權更迭之際的思想變遷，在思想史的研究上應有其價值。本章即針對秦漢之際（西元前 221～西元前 141；秦王政 26 年～漢武帝建元元年）的思想變遷加以釐析，希望能在前人的基礎上，更全面的掌握這八十年的思想實況。

第一節　諸子百家混融

自春秋以後，諸子百家並起，創造了輝煌的學術文化，這種百家爭鳴的情況延續到戰國末年仍未稍衰。秦統一天下之後，雖有焚書、坑儒的暴政，但並未焚盡天下書、坑盡天下儒。〔註1〕到了漢初，學術思想承繼先秦遺緒，諸子各家都有發展。

有關漢初的學術景況，司馬遷曰：

〔註 1〕秦始皇下焚書令在三十四年（西元前二一三），坑儒則在三十五年（西元前二一二年）。其焚書的首要目標是六國史記，其次是《詩》、《書》，再其次是百家語。秦焚書之後，《詩》、《書》遂絕，但不及諸子。而焚書的目的在使天下無力批評時政，坑儒的目的則使天下不敢批評時君。參錢穆《兩漢經學今古文評議》，頁 166～171。

> 漢興，蕭何次律令，韓信伸軍法，張蒼為章程，叔孫通定禮儀，則
> 彬彬文學稍進，《詩》、《書》往往間出矣。自曹參薦蓋公，言黃老，
> 而賈生、晁錯明申、商，公孫弘以儒顯，百年之間，天下遺文故事
> 靡不畢集。(《史記·太史公自序》卷130)

先秦各家思想並未銷聲匿跡，而是在漢初繼續活躍於政治舞台，發揮影響力。由此可見，先秦百家爭鳴的盛況，並沒有因秦代的扼殺學術戛然而止，到了漢初仍餘波盪漾。傅斯年先生更進一步指出：

> 周漢諸子是一氣，不能以秦為斷，是一件再明顯沒有的事實。蓋入
> 秦而實行的政策，如焚書；入漢而盛行的風氣，如齊學之陰陽五行、
> 如老子學、如黃帝各論、如神仙、如諸子之淆雜，無不在戰國晚年
> 看到一個端緒。而戰國各種風氣到了漢朝，差不多還都有後世，如
> 儒墨、如名法、如辯士之好尚；乃至縱橫，應該是隨分裂之歇息而
> 止的了，卻反不然，直到武帝朝主父偃尚為縱橫長短之術。蓋諸子
> 學風氣之轉移在漢武帝時，武帝前雖漢家天下已七、八十年，仍是
> 由戰國風流而漸變，武帝之後，乃純入一新局面。(《傅斯年全集·
> 戰國諸子敘論》頁126)

先秦各家思想從秦到漢初的延續，可從《漢書·藝文志》著錄的漢人著作看出：儒家類有《高祖傳》十三篇、《陸賈》二十三篇、《劉敬》三篇、《孝文傳》十一篇、《賈山》八篇、《孔臧》十篇、《賈誼》五十八篇、《河間獻王對上下三雍宮》三篇、《終軍》八篇、《董仲舒》百二十三篇、《兒童》九篇、《公孫弘》十篇、《吾丘壽王》六篇、《虞丘說》一篇、《莊助》四篇……等。道家的著作有《捷子》二篇、《曹羽》二篇、《郎中嬰齊》十二篇。陰陽家的著作有《張蒼》十六篇、《五曹官制》五篇、《公孫渾邪》十五篇。法家的著作有《晁錯》三十一篇，此外，還有蕭何《九章律》(《漢書·刑法志》卷二十三引)、叔孫通《傍章》(《晉書·刑法志》卷三十引)。縱橫家的著作有《蒯子》五篇、《鄒陽》七篇、《主父偃》二十八篇、《徐樂》一篇、《莊助》一篇、《待詔金馬聊蒼》三篇。雜家的著作有《呂氏春秋》二十六篇、《淮南子》五十四篇、《荊軻論》五篇、《博士賢臣對》一篇、《臣說》三篇。農家則有《董安國》十六篇。先秦各家，除了名家、墨家之外，[註2]在秦到漢初都有後續的作品，

〔註 2〕墨家至漢代流為游俠，其思想則為雜家吸收；名家思想則影響漢代吏治，兩
　　　者在漢代思想界都隱而不顯。《漢書·藝文志》沒有著錄漢人有關名、墨的著

而且數量可觀。〔註3〕

　　除了上述作品外，詩賦的作品更是汗牛充棟；兵家的作品也甚多，其他如術數、雜占等作品也是洋洋大觀，學術蓬勃的景象顯而易見。

　　學術的再度蓬勃與當時環境息息相關，秦自一統天下到下令焚書，有九年（西元前 221～213）並未壓制各家思想，焚書到陳涉起兵只有五年（西元前 213～209）的時間，因此，各家學說並未遭全面扼殺。楚漢相爭期間，戰事頻仍，士無定主，〔註4〕大一統的帝國已經瓦解，又回到戰國群雄逐鹿的時代。高祖五年（西元前202）即帝位，採郡縣與封建並行的制度，強大的異姓功臣、桀傲的同姓諸侯與中央王室鼎足而三，當時吳王濞、陳豨，稍後的梁孝武王、淮南王安、河間獻王，都是召集賓客，與戰國養士風氣並無二致。諸子的傳授也因此而得以綿延，勞幹就明白指出這種情況，他說：

> 漢興之後，最初還是諸侯分立的狀態，當時的王國雖然是姓劉的宗室，但他們還是以六國的王自居。所以，縱橫家的游士大行，《戰國策》一書便是戰國及漢初的縱橫家手冊中的一部分。……淮南王安招致賓客方術之士數千人，著《淮南王書》。河間獻王大招經術之士，多得古文舊書，並且自立博士；至於曹參相齊，也招集了不少儒生及黃老之士。所以，當時諸子傳受尚廣。（《秦漢史》頁93）

許倬雲也認為：

> 秦漢之際及漢初，伏匿的學者紛紛復出。……其中少數幸而得到機會參加新興政治勢力之中，也往往以他們縱橫游說的能力，提供實用性的服務。酈食其見信於劉邦，不是以儒術，而是以馮軾說服齊國田榮的功勞。陸賈以客從高祖，善口辯；常為漢出使諸侯，尤以出使越南，說趙佗歸漢，以及晚年調停陳平、周勃以安劉氏二事為畢生事業所在。……漢初聚士，不僅在於朝廷，諸侯王也往往養士。……這種「士」大抵未脫離戰國游士的類型。（《求古編·秦漢知識分子》頁486）

作就是明證。詳參戴君仁《梅園論學集》，頁301～318。

〔註3〕《漢書·藝文志》著錄秦人的著作：儒家有《羊子》四篇、百章。名家有《黃公》四篇、《成公生》五篇。縱橫家有《秦零陵令信》一篇。加上前面所述漢人（僅只於武帝以前）的著作，數量可觀。參錢穆《秦漢史》，頁27～28。

〔註4〕陳平、韓信都曾事項羽，再轉投劉邦。叔孫通更先後為秦廷博士、從項梁、楚懷王、項羽、劉邦。參《史記》卷五十六、九十二、九十九。

秦漢知識分子在寬鬆的、講究實效的政治環境之中，延續縱橫家的傳統，效力君王。而養士風氣的再度盛行，也造就諸子學說發展的良好契機。

漢初百家爭鳴雖是春秋戰國的延續，且其爭鳴的形式、內容也與先秦有相似處，但是，畢竟時代不同而另有特色。其最重要的特徵是「在爭鳴中走向融合」（韓養民《秦漢文化史》頁 68）。而這種各家思想的融合，自戰國末年已經開始，如《荀子》除了儒家思想外，明顯地吸收了道家的天道自然觀（〈天論〉）、陰陽家思想（〈王制〉）；《老子》、《莊子》雖批判儒家的仁義忠信，《莊子‧天下篇》仍以儒家內聖外王的架構評價學術，而老莊正言若反，並非片面地否定仁義，而是反省仁義的流弊，追求合乎人性自然的真仁義。〔註 5〕《韓非子》是法家集大成的著作，也明顯受了道家的影響（〈解老〉、〈喻老〉），《呂氏春秋》更是雜家的代表作。到了漢代，陸賈、賈誼的思想都含括了儒、道、法、陰陽，《淮南子》則以道家爲主，綜合各家，都是趨向雜家化。

這種雜家化的傾向，一方面是各家學說高度發展後，自然產生的交流；一方面也是遷就政治現實。漢代思想的雜家化尤其受後者影響，司馬談〈六家旨要〉曰：

> 夫陰陽、儒、墨、名、法、道德，此務爲治者也。直所從言之異路，
> 有省不省耳。（《史記‧太史公自序》卷 130）

司馬談認爲各家思想都是針對現實、提出對策，基本上是合乎中國思想的發展，然而，先秦各家見解紛紜，各自不同，到了漢代，思想的融合已經是必然趨勢，加上專制政體已經建立，士人爲求主張獲得實現，不可避免的要有些退讓，因此，思想因融合而雜家化遂不可免。司馬談的見解也被班固繼承，而《漢書‧藝文志》就有「雜家」，班固評述曰：

> 雜家者流，蓋出於議官。兼儒、墨，合名、法，知國體之有此，見
> 王治之無不貫，此其所長也。

雜家遷就政治現實，因而思想上傾向融合各家，這正是漢代思想的特色。這種態度與先秦儒家「用之則行，舍之則藏」（《論語‧述而》）不同，蓋外在政治已成一統，士人想施展抱負，需要付出妥協的代價。〔註 6〕

〔註 5〕關於先秦儒道思想的相互影響、滲透，可參見拙著《魏晉儒道互補之研究‧先秦儒道之爭辯與互補析論》，頁 15～35。

〔註 6〕關於漢代知識分子面對專制一統政權的壓力與對應之道，可參徐復觀〈西漢知識分子對專制政治的壓力感〉，收在氏著《兩漢思想史》卷一，頁 281～294。

第二節　大一統思潮

秦漢時期，是中國歷史上一個極爲光輝燦爛的時代，也形成了中國文化的重要典型，不論是政治、經濟、科技、文字各方面都有輝煌的成就與深遠的影響。尤其是政治制度方面，秦、漢是中國典型專制政體的成立時期，〔註7〕在統一的大帝國統治之下，創造了璀燦的文化。

大一統的帝國雖然到了秦朝才建立，大一統的思想則可推溯至戰國中期，孟子答梁襄王「天下惡乎定」，提出「定于一」、「不嗜殺人者能一之」的主張（《孟子・梁惠王》上）。孟子企望以仁義的主張一統天下，雖未能成功，這段對話卻足以顯示當時君臣都企盼天下能歸於一統。戰國末年的荀子、莊子、韓非子則分別從儒家、道家、法家的立場，批判並吸收各家思想，表達思想融合、一統的傾向。〔註8〕《呂氏春秋》也表達同樣的意見：《呂氏春秋》載：

> 一則治，異則亂；一則安，異則危。（〈不二〉）

> 君必有將，所以一之也；國必有君，所以一之也；天下必有天子，
> 所以一之也。（〈執一〉）

呂不韋作《呂氏春秋》，其主要目的就是要綜合各家思想，爲即將實現的大一統政權制度提出新的統治思想。因此，除了在政治上要求統一，更進一步在思想上要求統一。

秦始皇一統天下，結束了戰國混亂的局面，完成軍事上的統一。在思想的統一上，秦採取高壓的手段，企圖實踐韓非「以法爲教」、「以吏爲師」的理想（見《韓非・五蠹》；又見《史記・秦始皇本紀》李斯語），因此，有焚書的政策；李斯建議秦始皇焚書的理由，是要消除士人議政的戰國餘習，因爲這些「道古以害今」、「虛言以亂實」的私學，會議論官方政令，使民眾無所適從，政令因而無法貫徹，君主的權威也無由建立，這與「別黑白而定一尊」的一統帝國相違背。（《史記・秦始皇本紀》卷六）因此，要實現政令一統、民務農戰的法家理想，必要禁絕各家學說。

〔註7〕 此所謂「專制政體」，並沒有貶抑的意味，而是事實的說明。關於此問題，可以參考徐復觀《兩漢思想史》卷一，頁63～162。

〔註8〕 《荀子・非十二子》、〈解蔽〉批評「言之成理，持之有故」的各家思想；《莊子・天下》評論「一曲之士」的各家；《韓非子・五蠹》以「儒以文亂法，俠以武犯禁」論斷儒、墨顯學。三者對各家思想的特色與局限都有清楚的掌握與瞭解，也在批判的同時，或多或少吸收他家思想以充實自身內涵。

　　焚書的政策，往往成爲後代批評始皇暴政的代表，當然秦朝速亡與禁絕各家思想有關，這一政策也非良策，但是，它透顯的思想史意義是：統一的帝國在完成軍事政治上的一統之後，必定會著手思想的統一，其背後的動機就是爲了維持帝王獨尊的權勢，與保證帝國的長治久安。

　　漢朝初立，開啓中國布衣將相的局面，完成一統帝國之後，也面臨了如何鞏固帝國與選擇統治思想的問題。秦朝覆亡的教訓，使得漢代君臣嚴厲批判法家，在文化政策上，也因應情勢，改採寬鬆的態度，如高祖大度，「好謀、能聽」（《漢書‧高帝紀》卷一）、惠帝除挾書律、呂后廢妖言令、河間獻王廣求遺書，都造就了一個較開闊、自由的環境，先秦各家思想因此再得發展，所謂「漢興，然後諸儒始得脩其經藝，講習大射鄉飲之禮」（《史記‧儒林列傳》卷一百二十一），在秦代最受壓抑的儒家都能復甦，何況其他。

　　漢初這種迥絕於秦代獨尊的兼容政策，並非意謂漢初君主不想謀求思想統一，而是政局並非眞正統一，還有壯大的異姓功臣、同姓諸侯，眞正的一統政權還沒有完全建立；而漢初君臣大都出身民間，並沒有學術思想背景，除了秦亡的教訓之外，並無具體的實踐能作爲統治的依據。因此，他們必須在政治實踐中去摸索、認識、確立新的統治思想。漢初君王對思想學術採取兼容並蓄的寬鬆態度，正是他們摸索過程中不刻意否定某家思想，而欲兼各家之長的表徵。

　　在摸索的過程中，各家思想互爭長短，而先秦思想到了漢初，名、墨二家已逐漸式微，始終活躍、綿延而壯大的，只有儒、道、法、陰陽四家，漢初的主流則是儒、道兩家。兩家爲了爭取成爲漢代的統治思想，常有互相論辯、爭鬥的事，所謂「世之學老子者則黜儒學，儒學亦黜老子。」（《史記‧老莊申韓列傳》卷六十三），如景帝時，儒者轅固生與黃生的辯論〔註9〕、與

───────────────

〔註9〕《史記‧儒林列傳》：「清河王太傅轅固生者，齊人也，以治詩，孝景時爲博士，與黃生爭論景帝前。黃生曰：『湯武非受命，乃弒也。』轅固生曰：『不然，夫桀紂虐亂，天下之心皆歸湯武，湯武與天下之心而誅桀紂，桀紂之民不爲之使而歸湯武，湯武不得已而立，非受命爲何？』黃生曰：『冠雖敝必加於首，履雖新必關於足。何者？上下之分也。今桀紂雖失道，然君上也；湯武雖聖，臣下也。夫主有失行，臣下不能正言匡過，以尊天子，反過而誅之，代立踐南，非弒而何也？』轅固生曰：『必若所云，是高帝代秦即天子位，非邪？』於是景帝曰：『食肉不食馬肝，不爲不知味：言學者無言湯武受命，不爲愚。』」這段記載中，轅固生是傳承齊詩的儒者，黃生則是〈太史公自序〉所說：「太史公習道論於黃子」的「黃子」，據瀧川龜太郎的考證，「黃生學黃

竇太后論老子，〔註10〕以及武帝的崇儒運動受到竇太后的阻撓（《漢書‧武帝紀》）……等皆是。而《六家要旨》也代表司馬談以黃老道家評論各家思想；武帝時，淮南王劉安招集賓客編纂的《淮南子》，其自許為「觀天地之象，通古今之事，權事而立制，度形而施宜。原道之心，合三王之風……以統天下、理萬物、應變化、通殊類。非循一跡之路，守一隅之指，拘牽繫之物，而不與勢推移也。故置之尋常而不塞，布之天下而不窕。」（《淮南子‧要略》）兼綜各家思想，用於治道的意圖也相當明顯。

　　總之，漢初朝廷採寬容的文化政策，各家思想得以蓬勃發展，然而，各家思想為求長遠發展、獲得重視，也逐漸吸收各家，而政權統一穩定之後，思想統一是不免的趨勢，思想家也逐漸提出一家為中心，兼納各家的思想，以回應時代的發展。

第三節　儒者的崇儒自覺

　　孔子懷道卻不被重用，儒者見絀，由來已久。春秋戰國時代，以強國勝

老」是一位信仰黃老的道家學者，轅固生與黃生的辯論正是典型的儒道爭論。兩人爭論的焦點是湯、武是否弒君？這個問題在孟子時代已被提出，齊宣王就當面質疑孟子：「湯放桀，武王伐紂」是「臣弒君」，孟子認為，如果國君是賊仁賊義的殘賊之人，他提出「聞誅一夫紂矣，未聞弒君也。」的革命思想。（《孟子‧梁惠王下》）當然，孟子並非主張民眾可任意弒君，當國君有錯時，同姓之卿應該「君有大過則諫，反覆之而不聽，則易位。」（〈萬章下〉）孟子根據民本思想，主張政權的主體在於百姓，政權的轉移以民心的向背為主，而君臣的關係又是相對的平等對待，所以，君主要維持政權必須保有高度的自覺，推行仁政，造福民眾，才能常保政權。轅固生以「天下之心皆歸湯武」來說明湯武受天命而興征伐，是孟子民本思想的承繼，而黃生君尊臣卑的絕對價值則近乎法家的主張。站在政權的挑戰者的角度，儒家的主張可以讓自己師出有名；以統治者的角度而言，黃生的主張更能契合心意。轅固生很聰明的以漢高祖為例，論證自己的主張，景帝只能含糊其詞地制止兩人的爭論，而取得表面上不分勝負的均勢。然而，從「是後學者莫敢名受命放殺者」的記載，儒者仍是屈居下風。

〔註10〕　《史記‧儒林列傳》：「竇太后好老子書，召轅固生問老子書。固曰：『此是家人言耳！』太后怒曰：『安得司空城旦書？』乃使固入圈刺豕。景帝知太后怒，而固直言無罪，乃假固利兵，下圈刺豕，正中其心，一刺，豕應手而倒。太后嘿然，無以復罪，罷之。」竇太后是文帝時的皇后，信奉黃老道家之言，轅固生批評道家為平民修身之術，不能登理國安邦的大雅之堂；竇太后譏刺儒者以經義斷獄，無異於刑政之書，兩人針鋒相對。結果當時已經七十多歲的轅老被罰去刺殺野豬，幾乎喪命。

殺爲務，儒者被視爲迂闊而不受重視。《史記・孟荀列傳》載：

> 孟軻，騶人也，受業子思之門人。道既通，游事齊宣王，宣王不能
> 用；適梁，梁惠王不果所言，則見以爲迂闊而遠於事情。當是之時，
> 秦用商君，富國強兵；楚、魏用吳起，戰勝弱敵；齊威王、宣王用
> 孫子、田忌之徒，而諸侯東面朝齊。天下方務於合縱連橫，以攻伐
> 爲賢，而孟軻乃述唐、虞、三代之德，是以所如者不合。退而與萬
> 章之徒序《詩》、《書》，述仲尼之意，作《孟子》七篇。

司馬遷將孟子不受世用的因素抉發詳析：當代是兵家、權謀、縱橫盛行的時代，孟子高遠的德治理想，當然被短視的霸主視爲迂闊不務實際的主張。除了孔孟之外，荀子也一樣，秦昭王就當荀子的面譏諷儒者「無益於人之國」（《荀子・儒效》）。

但是，先秦儒者雖在政治上遭遇重大挫折，卻能退而整理文獻、著書立說，使儒家道統不絕如縷。司馬遷曰：

> 孔子閔王路廢而邪道興，於是論次《詩》、《書》，修起《禮》、
> 《樂》。……世以混濁，莫能用。是以仲尼干七十餘君無所遇。曰：
> 「苟有用我者，期月而已矣。」西狩獲麟，曰：「吾道窮矣。」故因
> 史記作《春秋》，以當王法，其辭微而旨博，後世學者多錄焉。自孔
> 子卒後，七十子之徒散游諸侯，大者爲師傅卿相，小者友教士大夫，
> 或隱而不見，故子路居衛、子張居陳、澹臺子羽居楚、子夏居西河、
> 子貢終於齊……是時獨魏文侯好學……天下並爭於戰國，儒術既絀
> 焉。然齊、魯之間，學者獨不廢也，於宣、威之際，孟子、荀卿之
> 列，咸遵夫子之業而潤色之，以學顯於當世。（《史記・儒林列傳》）

先秦的儒者雖多不能在現實政治上施展抱負，卻以其豐富的學養爲王者之師，輔佐君王，稱顯當世；或者流傳著述影響後代，樹立了儒者的典範。

秦代焚書的禁令嚴重摧殘了儒家的經典，史載：

> 及至秦之季世，焚《詩》、《書》，阬術士，六藝從此缺焉。（同上）

秦皇大一統，使諸子薈萃於一國。最初，諸子學者並非與朝廷對立，反而是「天下之士，裴然向風。」（賈誼〈過秦論〉）積極參與政治建設。但是，得到的回報卻是焚書、阬殺、謫邊，朝廷根本是要斬絕諸子的學術命脈，以貫徹其思想統一。因此，諸子逐漸遠離，甚至對抗朝廷，例如，陳涉起兵時，孔甲率領魯國儒者，帶著孔氏禮器前往投靠，「以秦焚其業，積怨而發憤於陳

王。」(《史記·儒林列傳》)就是明顯的例子。

　　儒學雖在秦代遭遇浩劫,仍有齊、魯學者的講誦保存而綿延不絕,司馬遷曰:

　　　高皇帝誅項羽,舉兵圍魯,魯中諸儒尚講誦習禮樂,弦歌之音不絕。

　　　豈非聖人之遺化,好禮樂之國哉?(《史記·儒林列傳》)

當初,項羽曾被楚懷王封為魯公,所以,當項羽自刎烏江之後,魯國尚未得知消息而不願投降劉邦,劉邦派大軍圍攻魯國,並告知魯公已經兵敗自殺,魯國遂降。〔註11〕由此可見,魯國的禮義教化深入人心。而《史記·儒林列傳》記載的場景,更令人震撼。蓋在楚漢相爭、全國烽火之際,仍有一部分儒者默默地講誦典籍、傳承禮樂,儒學命脈因此延續,文化慧命也藉此得以保存。另外,秦代的《詩》、《書》博士,如濟南伏生也隱居民間,待時而出。

　　漢朝建立之後,儒者在較寬鬆的學術環境中,雖可以「脩其經藝,講其大射鄉飲之禮。」但是,高祖在位期間(西元前 220～195),幾乎每年都有戰事,〔註12〕政治局勢並未完全穩定,當然無暇於文治。孝惠、呂后在位期間,也是宮廷鬥爭激烈,權力中心並不穩固。再者,在朝的公卿大臣大部分是開國功臣,〔註13〕這些人多出身民間,清人趙翼稱之為「布衣卿相之局」,他說:

　　　漢初諸臣,惟張良出身最貴,韓相之子也。其次則張蒼,秦御史;
　　　叔孫通,秦待詔博士。次則蕭何,沛主吏掾;曹參,獄掾;任敖,
　　　獄史;周苛,泗水卒史;傅寬,魏騎將;申屠嘉,材官。其餘陳平、
　　　王陵、陸賈、酈商、酈食其、夏侯嬰等皆白徒。樊噲則屠狗者,周
　　　勃則織薄曲吹簫給喪事者,灌嬰則販繒者,婁敬則輓車者。一時人

――――――――――

〔註11〕據《史記·項羽本記》:「項王已死,楚地皆降漢,獨魯不下。漢乃引天下兵欲屠之,為其守禮義,為主死節,乃持項王頭視魯,魯父兄乃降。始,楚懷王初封項籍為魯公,及其死,魯最後下,故以魯公禮葬項王穀城。」

〔註12〕據《史記·高祖本紀》記載,高祖元年至五年是楚漢相爭,高祖五年一統中原、分封天下之後,五年,燕王臧荼反、利幾反,高祖都親自率兵平亂。六年,有人告楚王韓信謀反,用陳平之計擒之。七年,匈奴略邊,韓王信暗通匈奴造反,高祖率軍平反,被困平城,幾乎喪命。八年,趙相貫高等謀弒高祖。十年,陳豨反,高祖親自平定。十一年,韓信、彭越陸續造反,被誅三族;淮南王黥布反,高祖率兵平定。十二年,盧綰反,周勃平定之。

〔註13〕高祖時的丞相蕭何、惠帝時的丞相曹參、王陵、陳平、審食其,全是功臣出身。文帝時的丞相也是,甚至到了景帝時,丞相也多是功臣子弟。詳參許倬雲《求古篇·兩漢政權與社會勢力的交互作用》,頁 455。

才皆出其中，致身將相，前此所未有也。(《廿二史箚記》卷二)
劉邦的功臣大致分爲兩類，一是劉邦在淮泗舉義旗的基本幹部，以蕭何、周勃、灌嬰、樊噲等人爲代表，除了蕭、曹之外，都是一介武夫。另一種是劉邦起義後陸續加入的，以韓信、英布、彭越、張耳、陳平爲代表。〔註14〕後者大多陸續遭到剷滅，前者則影響漢初政局數十年。〔註15〕由於在位者多是一介武夫或出身平民，個性質樸而不喜文飾，甚至鄙視儒生，如高祖溺儒冠(《史記‧酈陸列傳》)、不喜歡儒服(《史記‧叔孫通列傳》)；周勃「不好文學，每召諸生，東鄉坐，責之，趣爲我語，其椎少文如此。」(《漢書‧周勃傳》)，在這樣的環境下，儒學當然不受重視。但儒者仍努力不懈，如陸賈直斥高祖不知長久之計，而著《新語》。知時變的叔孫通爲漢朝制定朝儀，雖承秦禮而雜就之，而且被後世批評爲「尊君卑臣」，〔註16〕卻也讓「醉或妄呼、拔劍擊柱」的功臣知所收斂，朝廷禮儀因而建立，叔孫通被封爲太常，百餘弟子被封爲郎。(《史記‧叔孫通列傳》)這是漢朝統治君主首次採用儒家禮樂治國，也開啓後儒用事的先聲(胡適《中國中古思想長編》頁179)。除了陸賈、叔孫通之外，高祖少弟楚元王劉交與魯申公同受詩學於浮丘伯，是荀卿的再傳弟子、詩學名家。(《漢書‧楚元王傳》)

雖然有許多儒者默默努力，〔註17〕大環境仍是「群盜壯士」(叔孫通語)

〔註14〕 參傅樂成《漢唐史論集‧西漢的幾個政治集團》，頁3。

〔註15〕 漢高祖藉功臣之力取得天下，封功臣爲列侯，諸列侯多屬「淮泗集團」，感情本濃，加上共事日久，利益與共，遂形成一股不可忽視的勢力。漢初丞相皆用大功臣，丞相代表列侯功臣集團，也受其支持，因此，漢初丞相極受尊重，功臣集團也成爲漢政權的支柱。高祖至文帝的施政常受他們的影響，最明顯的是被功臣集團選擇登基的文帝。詳參廖伯源〈試論漢初功臣列侯及昭宣以後諸將軍之地位〉，收在《文史研究論集》，頁114～123。

〔註16〕 朱熹評曰：「叔孫通爲綿蕝之儀，其效至於群臣震恐，無敢喧譁失禮者。比之三代燕享群臣氣象，便大不同。蓋只是秦人尊君卑臣之法。」(《朱子語類》卷135)司馬遷對此也有評論：「秦有天下，悉內六國禮儀，采擇其善，雖不合聖制，其尊君抑臣，朝廷濟濟。依古以來，至於高祖，光有四海，叔孫通頗有所增益減損，大抵皆襲秦故。自天子稱號，下至佐僚及宮室官名，少有變故。」(《史記‧禮書》)朱子以三代君臣相待以禮的標準看叔孫通的作爲，認爲叔氏只是以禮樂包裝統治者的權威，令人失望。史遷則站在現實的歷史環境，一方面指出叔孫通制作的禮儀內容多襲秦朝舊制，並無新創之處；另外也肯定此禮儀建立朝儀秩序的貢獻。

〔註17〕 例如儒家傳經者，傳易的有田何，傳尚書的有伏生，傳詩的有魯公、楚元王，傳禮的有高堂生。參《史記‧儒林列傳》卷121、《漢書‧儒林傳》卷88。

的舞台，儒者一展長才的機會並不多，除非能提供實際的服務，如陸賈出使南越，叔孫通制定朝儀，否則，多不受重視。然而，即使受重視的陸賈，對漢朝有「定天下、安社稷」（陸士衡〈漢高祖功臣頌〉，《昭明文選》卷七十四）的貢獻，官也不過太中大夫。

文帝從政不喜多事，「躬修玄默」、「務在寬厚」（《漢書・刑法志》），「好刑名之學」（《史記・儒林列傳》），又「好道家之言，以爲禮繁飾貌，無益於治，躬化謂何耳，故罷去之。」（《史記・禮書》）。因此，西漢大儒賈誼雖提出拯救時弊的具體辦法，希望以儒家的有爲取代黃老的無爲，〔註18〕卻遭到群臣的訕謗而貶爲長沙太傅，〔註19〕抑鬱而終。〔註20〕

景帝從張歐學習刑名之學，且「不任儒者」（《史記・儒林列傳》），重用學申商、刑名的晁錯、郅都、寧成等酷吏（《史記・酷吏列傳》），加上皇太后竇氏好道家言，形成黃老之學的強勢時代，儒學受挫，勢所必然。轅固生與

〔註18〕 賈誼的具體主張包括：（一）眾建諸侯而少其力以解決強大諸侯的割據問題。（二）改變懦弱的和親政策，主動出擊匈奴。（三）改變侈靡浮華的前朝不良風氣。（四）教育太子。（五）尊尚禮儀德教。（六）禮敬大臣。（七）改正朔、易服色。詳參《漢書・賈誼傳》卷48。

〔註19〕 《史記・屈賈列傳》：「孝文帝初即位，謙讓未遑也。諸律令所更定，及列侯悉就國，其說皆自賈生發之。於是天子議以爲賈生任公卿之位，絳、灌、東陽侯、馮敬之屬乃短賈生曰：『雒陽之人，年少初學，專欲擅權紛亂諸事。』於是天子亦疏之，不用其議，乃以賈生爲長沙太傅。」賈誼的挫折在於文帝不能重用他，文帝之所以疏遠賈誼，一是其情性寬厚，不喜更張；一是文帝即位，全賴絳侯周勃與灌嬰之力，功臣集團的意見文帝不能不重視。

〔註20〕 對於賈誼是否獲得重用，司馬遷與班固並不一致。《史記》將賈誼與屈原合傳，並錄其〈弔屈原賦〉、〈鵩鳥賦〉等傷己之不遇的文章，可見史遷認爲賈誼未受重用。而班固在〈賈誼傳〉中，除了錄〈弔屈原賦〉、〈鵩鳥賦〉之外，更節錄了賈誼的〈陳政事疏〉（即〈治安策〉），彰顯其政治主張，並在其論贊曰：「劉向稱『賈誼言三代與秦治亂之意，其論甚美，通達國體，雖古之伊、管未能遠過也。使時見用，功化必盛。爲庸臣所害，甚可痛悼。』追觀孝文玄默躬行以移風俗，誼之所陳略施行矣。及欲改定制度，以漢爲土德，色上黃，數用五，及欲試屬國，施五餌三表以係單于，其術固以疏矣。誼亦天年早終，雖不至公卿，未爲不遇。」顯然班固不完全同意司馬遷與劉向對賈誼出處與才幹的評價，班固肯定賈誼的才能，也清楚其遭貶抑的事實，但是賈誼的主張並非全然可行，不可行的原因或是客觀情勢不容許，或是賈誼的主張無法解決問題。因此，班固一方面強調，賈誼多數的主張在文帝時期，或者景、武之後都陸續成爲漢朝的政策，就這一角度而言，班固評斷賈誼「未爲不遇」。司馬遷對賈誼的不遇是著重在傳主的主觀感受上，班固則以客觀的情勢作爲評定的標準，並將主張的落實期限延長，所以，兩者會出現如此不同的論斷。

黃生、太后的辯論、受辱〔註21〕是最明顯的例子。

　　文、景兩帝雖已設立博士，〔註22〕但都「具官待問，未有進者。」(《史記·儒林列傳》) 黃老、刑名之學盛行，其他諸家都未受重視，儒者也在其中。

　　總之，從漢興，至孝文、景帝年間，因「將相公卿皆軍吏」(《史記·張丞相列傳》)，這些功臣質而少文，不好儒術，高祖也不好儒，文、景二帝則好黃老、刑名之學，儒學在漢初六十年 (西元前 202～141) 是遭到漠視的。郭湛波對這時期的儒學發展有精要的見解，他說：

> 漢初七十餘年，是儒家不得志的時期：以酈生、陸賈之才，猶不免高祖之非禮；以叔孫通之面諛世主，終日僕僕，只以定朝儀而終；以賈誼之學、晁錯之忠，結果一被文帝遷謫、一被景帝腰斬；王臧、趙綰恃魏其、武安之勢，終於自殺；申公以八十餘叟，幸以身免；轅固生以一言之不慎，幾至被辱喪命。實因當時之天下，「道家」之天下也。(《中古思想史》頁67)

當儒學遭絀的時代，仍有一批儒者苦心孤詣、大聲疾呼，甚至冒犯忌諱，面折當權者。這些努力以換來了一些成果，如高祖十二年過魯，以太牢祀孔子 (《漢書·高祖紀》)；惠帝四年除挾書律 (《漢書·惠帝紀》)；呂后元年除三族罪、妖言令 (《漢書·高后紀》)；文帝雖疏遠賈誼，卻重用他為愛子梁懷王太傅 (《史記·屈賈列傳》)，且廢除肉刑、禮敬大臣、立皇太子為諸侯，都逐漸實踐賈誼的主張。儒學的復興，實賴儒者不斷的努力。黃錦鋐曰：

> 有秦一代，用李斯之言，焚百家之書，禁民道古害今，孔子之學，不絕如縷。漢興，高祖雖賤儒者，然不可以馬上治之，因之頗采《詩》、《書》之教。及至惠帝，除挾書之律，孝文廣獻書之路，天下眾書，往往頗出，孔學乃漸興起。……其間搢紳先生、里巷細民、博學深思之士、講《詩》述《禮》之徒，或傳其大，或傳其小；或行仁宏義以為天下先、或舉遺興禮以為朝廷法。公卿大夫士吏，彬彬多學之士矣。故孔學之興，實自漢始。(《秦漢思想研究》頁73)

漢初儒者的崇儒努力，雖不能使君主即時作根本的改革，只能在小地方匡救

〔註21〕參前註9、10。

〔註22〕「博士」一詞始見於《史記·循吏列傳》，戰國魯、魏已有設立，秦代亦有；漢興，至文景時代設諸子博士，五經博士至武帝始成獨尊。參錢穆《兩漢經學今古文評議》，頁165～179。

時弊而已。然而，採用與否的決定權是操縱在帝王手中，因此，責任並不在儒者；況且，他們或著書立說、或提出政策，在當時雖不能產生立即的影響，對日後儒學的全面興起，仍有奠基之功，所以，他們自覺的努力是值得肯定的。

第四節　黃老思想盛行

秦王一統天下，實現了軍事的統一，但是，他不知體諒人民經多年離亂後，企盼休養生息的心情，反而橫征暴斂，勞役繁重，終於導致國祚短暫，二世而亡。

楚漢相爭後，漢朝建立，社會一片殘破，人口散亡，史載：

> 高帝南過曲逆，上其城，望室屋其大，曰：「壯哉縣！吾行天下，獨見洛陽與是耳。」顧問御史：「曲逆戶口幾何？」對曰：「始秦時三萬餘戶，閒者兵數起，多亡匿，今見五千餘戶。」（《漢書·陳平傳》卷四十）

一個郡縣的人口在二十年間銳減成六分之一，其速度之快，令人震驚。漢初的人口甚至比秦代還少。〔註23〕社會經濟殘破，無以復加。《漢書·食貨志》曰：

> 漢興，接秦之敝，諸侯並起，民失作業而大饑饉，凡米石五千，人相食，死者過半。高祖乃令民得賣子就食蜀漢。天下既定，民亡蓋無藏，天子不能具醇駟，將相或乘牛車。

漢初帝王面對這樣殘破的社會景況，都採取「約法省禁」（同上）、薄賦斂、輕繇役的措施，如高祖入咸陽，與父老「約法三章」、「什五而稅一」（《史記·高祖本紀》）；文帝「即位二十三年，皇室苑囿、車騎服御無所增益，有不便，輒弛以利民。」、「身衣弋綈，所幸慎夫人，衣不曳地，帷帳無紋繡」、「三十而稅一」（《漢書·文帝紀》）。對外族也採取容忍的態度，〔註24〕為了讓人民

〔註23〕《史記·高祖功臣侯者年表》：「天下初定，故大城、名都散亡，戶口可得而數者十二三。」（卷十八）可見人口急劇的減少並非局限在曲逆一地，而是全面性的問題。據管東貴的統計，戰國中葉的人口約二千五百萬，秦代人口遠比戰國中葉少，漢初人口約八百八十萬，較秦代更少。參〈戰國至漢初的人口變遷〉，《中央研究院歷史語言研究所集刊》第五十本，頁 656。

〔註24〕如南越在高祖、文帝時兩次稱帝，漢朝都只派陸賈前往遊說，並未出兵討伐。對北方的匈奴，自從高祖平城之圍之後，更是採低姿態的和親政策。詳參《史

休養生息，蓄積社會活力，以備日後積極有爲。

除了君王與民休息的措施外，最具代表性的是曹參治齊，他根據黃老學者蓋公「貴清靜而民自定」的建議，相齊九年，齊國大治，後入朝爲惠帝相，仍遵循蕭何成規，無所變更。整日飲酒爲樂，而國家政治清明、民生富厚，民眾歌頌不絕。〔註 25〕繼曹參而起的宰相陳平，「本好黃帝、老子之術」，也是黃老人物，他採取的方式，則是使百官各司其職，不越權辦事，也不敢敷衍了事。（《史記・陳丞相世家》卷五十六）同樣的，也獲得帝王的稱賞。

黃老之術能在政壇獨領風騷，除了現實的需求之外，皇室的喜好推崇也是推波助瀾的重要力量。其中，竇太后是關鍵的人物，《史記・外戚世家》：

> 竇太后好黃帝、老子之言，帝及太子諸竇不得不讀黃帝、老子，尊其術。（卷四十九）

竇太后的影響力遍及文、景、武三朝，黃老學說在他強力的推崇下，成爲當時顯學。上行下效的結果，黃老思想籠罩朝野，當時許多重要的人物，多好黃老。〔註 26〕

在這種「無爲」政治的治理下，呂后時社會已日益復甦，〔註 27〕到了武帝時，社會蓬勃，財富累積至可觀的境地。《漢書・食貨志》曰：

> 至武帝之初，七十年間國家亡事，非遇水旱則民人給家足，都鄙廩

記・西南夷列傳》卷 116、〈匈奴列傳〉卷 110。

〔註 25〕 《史記・曹相國世家》：「百姓之歌曰：『蕭何爲法，顜若畫一，曹參代之，守而勿失，載其清靖，民以寧壹。』」可見曹參的政治智慧在於以不變應萬變，透過蕭規曹隨的方式，達到「清靖」的效果。這種智慧卻不被完全理解，惠帝就曾質問曹參，曹參則以「陛下自察聖武孰與高帝」、「陛下觀臣能孰與蕭何賢」兩個問題提醒惠帝，既然前人已立規模，在沒有更好的作爲之前，延續舊規就成了最好的作法。

〔註 26〕 除了蓋公、曹參、竇太后之外，還有汲黯、鄭當時（《史記・汲鄭列傳》卷 120）、王生（《史記・張釋之列傳》卷 102）、黃生（《史記・儒林列傳》卷 121）、司馬談（《史記・太史公自序》卷 130）、田叔（《史記・田叔傳》卷 104）、劉德（《漢書・楚元王傳》卷 36）、楊王孫（《漢書・楊王孫傳》）。而帝王好黃老，除了文、景兩帝，高祖劉邦的政治作爲也傾向黃老，而其功臣張良、陳平也是黃老學者。因此，黃老學說自高祖爭奪天下時已影響漢朝。詳參戴君仁〈漢初的政治與先秦學術思想的關係〉，收在氏著《梅園論學集》，頁 239～242。以及周紹賢《漢代哲學》頁 17。

〔註 27〕 《漢書・高后紀》：「孝惠、高后之時，海內得離戰國之苦，君臣俱欲無爲，故惠帝拱己、高后女主，制政不出房闥，而天下晏然，刑罰罕用，民務稼穡，衣食日滋。」（卷 3）又《漢書・刑法志》卷 23 亦同。

庚盡滿，而府庫餘財。京師之錢累百鉅萬，貫朽而不可校，大倉之
粟陳陳相因，充溢露積於外，腐敗不可食。眾庶街巷有馬，乘牸牝
者擯而不得會聚，守閭閻者食粱肉，爲吏者長子孫，居官者以爲姓
號，人人自愛而重犯法，先行誼而黜媿辱焉。（卷 24）

社會經過近七十年（西元前 206～140）的調養，經濟的成就相當凸顯。班固
將文、景二朝比爲周代的成、康之治（〈景帝紀〉卷 5），雖有些溢美，﹝註28﹞
但黃老之治的成就仍是值得肯定。

　　黃老學說能在漢初盛行，除了道家的「清靜」、「無爲」符合社會實際需
要外，還因朝廷寬鬆的文化政策，使得各家思想再度呈現爭鳴的態勢，在長
治久安的現實考慮下，思想的純粹性不再受重視，兼容並蓄、融合各家長處
已成爲共同趨勢，漢初黃老學說就是能以道家思想融合各家之長，而在政治
實踐上居於主導的地位。

　　「黃老」並稱，始見於《史記》，﹝註29﹞「黃」指黃帝，「老」指「老子」，
二者原本各不相干，自戰國中期，學者僞託黃帝的名義著書，黃帝成了風行
一時的人物：兵家將黃帝塑造成高明的軍事家、驍勇善戰的戰神，法家將黃
帝說成深黯權術、無爲而治的君主，陰陽家把黃帝當作中國歷史的開端，道
家則認爲黃帝是崇尙自然的古帝王。﹝註30﹞當時學者託古的對象，並未止於
堯、舜，而更前推到神農、黃帝，尤其是黃帝，在當時人的心目中，不僅是
古帝王而已，更是人類物質文明與精神文明的創造者。到了戰國末年，黃老
學派興起，﹝註31﹞依託黃帝的作品大量產生，《漢書‧藝文志》就著錄了許

﹝註28﹞　文、景時代雖實行了黃老之治而有輝煌的成就，但也潛伏了不少社會問題。
　　　　據賈誼〈治安策〉舉其大者有三：一是匈奴不斷侵擾，和親政策並不能保證
　　　　邊境的安全。二是諸侯王驕恣，中央政府並不能有效控制。三是社會因土地
　　　　兼併而造成貧富不均，商人田連阡陌，農民則貧無立錐之地。詳參《漢書‧
　　　　賈誼傳》卷 48。

﹝註29﹞　見〈蕭相國世家〉卷 53、〈陳丞相世家〉卷 56、〈外戚世家〉卷 49……等二十
　　　　餘處。《史記》中「黃老」、「道家」二詞並未嚴格區分。

﹝註30﹞　參任繼愈主編《中國哲學發展史──秦漢》，頁 96～97；陳麗桂〈戰國秦漢時
　　　　期黃帝傳說與黃帝學說的流傳、性質與支系〉，《國文學報》第十八期，頁 110
　　　　～116。

﹝註31﹞　徐復觀認爲黃老是在鄒衍之後興起的學派。參氏著《兩漢思想史》卷二，頁
　　　　15。顧頡剛、周紹賢、王叔岷、林聰舜也都認爲黃老學派是代表戰國末年至
　　　　秦漢之際的道家思想。參顧氏《秦漢的方士與儒生》頁 32、周氏《漢代哲學》
　　　　頁 15、王氏〈司馬遷與黃老〉、林氏《西漢前期思想與法家關係》頁 36。

多這類作品。〔註32〕其內容可略歸爲道家、陰陽家、小說家，〔註33〕小說家「迂誕」無足論，最重要的是道家與陰陽家，而《漢書・藝文志》著錄的著作，除了《黃帝四經》殘卷之外，都已亡佚，因此，戰國末年到秦漢之際的黃老思想不易全盤掌握，〔註34〕最完整而可靠的資料是司馬談的《六家要旨》。

司馬談的《六家要旨》寫於武帝年間，〔註35〕司馬談所謂「道德家」，即是當時的黃老學派，〔註36〕司馬談本身也是一位黃老學者，司馬遷謂其「習道論於黃子」（《史記・太史公自序》），黃子，即黃生，好黃老之術（《史記集解》，而此黃生也可能是與轅固生論辯湯武受命的黃生）。《六家要旨》就是司馬談在黃老盛行的時代，站在道家的立場，評述各家思想的文獻，其中的道家，就是當時主導政局的黃老學說。

司馬談首先肯定各家思想在政治上的功效：「夫陰陽、儒、墨、名、法、道德，此務爲治者，直所從言之異路，有省不省耳。」這種從治道的立場肯定各家的立場，就是融合各家的思想基礎，這種觀點亦爲班固《漢書・藝文志・諸子略》所繼承，是漢代思想的重要特徵之一。接下來，司馬談對各家思想一一分析其優勢與不足：陰陽家「序四時之大順，不可失也」，卻也「大祥而眾忌諱，

〔註32〕《漢書・藝文志》載錄後人依託黃帝君臣的作品，包括道家、陰陽家、小說家等。道家有《黃帝四經》四篇、《黃帝銘》六篇、《黃帝君臣》十篇、《雜黃帝》五十八篇、《力牧》二十八篇。陰陽家有《黃帝泰素》二十篇。小說家有《黃帝說》四十篇。兵陰陽家有《黃帝》十六篇、《封胡》五篇、《風后》十三篇、《力牧》十五篇、《鬼容區》三篇。另外，天文家《黃帝雜子氣》三十三篇。曆議家《黃帝五家曆》三十三篇。五行家《黃帝陰陽》二十五卷、《黃帝諸子論陰陽》二十五卷。雜占家《黃帝長柳占夢》十一卷。醫經《黃帝內經》十八卷、《外經》三十七卷。經方家《神農黃帝食禁》七卷。房中家《黃帝三王養陽方》二十卷。神僊家《黃帝雜子步引》十二卷、《黃帝岐伯按摩》十卷、《黃帝雜子芝菌》十八卷、《黃帝雜子十九家方》二十一卷。總計二十五種，洋洋灑灑，蔚爲大觀。

〔註33〕陳麗桂〈戰國秦漢時期黃帝傳說與黃帝學說的流傳、性質與支系〉，《國文學報》第十八期，頁124。

〔註34〕雖然資料殘缺，兩岸學者仍盡力勾勒黃老思想的內涵。可參看吳光《黃老之學通論》、陳麗桂《戰國時期的黃老思想》、《秦漢時期的黃老思想》。

〔註35〕參《史記・太史公自序》：「太史公仕於建元、元封之間，愍學者之不達其意而師悖，乃論六家之要旨。」「建元」、「元封」都是武帝年號，可見〈六家要旨〉寫於武帝年間。

〔註36〕參馮友蘭《中國哲學史新編（三）》，頁13～14；林聰舜《兩漢前期思想與法家的關係》頁50。

使人拘而多畏。」儒者「序君臣父子之禮，列夫婦長幼之別，不可易也」，然而「博而寡要，勞而少功，是以其事難盡從。」墨家「彊本節用，不可廢也」，卻因「儉而難遵，是以其事不可遍循。」法家「正君臣上下之分，不可改」，卻「嚴而少恩」，容易流於殘暴統治。名家「正名實，不可不察」，卻會「使人儉而善失眞。」只有道德家「采儒、墨之善，撮名、法之要」，在實際作爲則是「以虛無爲本，以因循爲用。」所謂「虛無」，就是寬容大度，不存任何成見，不妄作亂爲，因應時勢的需求，調整適當的政策，所謂「無常埶、無常形，故能究萬物之情，不爲物先、不爲物後，故能爲萬物主。有法無法，因時爲業；有度無度，因物與合。」充分掌握「時變是守」、「與時遷移、應物變化，立俗施事，無所不宜」的原則。所謂「因循」，就是承襲舊制，不隨意變革，自然「指約而易操，事少而功多」，「蕭規曹隨」就是最佳的實踐例證。

第五節　法家思想的潛藏

　　法家思想在戰國末年由韓非集大成，提出絕對尊君、恃法爲治、陰謀御臣、農戰立國的政治主張。透過商鞅、李斯等人的努力，秦朝以法家思想建立大一統帝國，但國祚短暫；漢承秦後，基於秦亡的教訓，君臣絕口不提法家。漢初黃老盛行，稍後武帝獨尊儒術、立五經博士，儒學大昌，法家似乎從此絕跡。然而，若仔細考察，漢初黃老學說與儒者政論都包含了濃厚的法家色彩。

　　黃老學說在實際政治的運用，最主要是「虛無」、「因循」（如前論），「因循」除了因襲舊制之外，就是因法守職，陳平就是一個典型。《史記‧陳丞相世家》載文帝問右丞相周勃「天下一歲決獄幾何？」、「天下歲出入幾何？」周勃皆不能答。問陳平，陳平則說：「問決獄，則廷尉；問錢穀，則治粟內史。」文帝反問：「苟各有主者，而君所主者何事也？」陳平回答：「主臣。」即藉著宰相的管理，使得「卿大夫各得任其職焉。」陳平主張：君主的主要事務就是掌握大臣，使各盡職責。司馬談也持相同看法，他說：

> 因者，君之綱也。群臣並至，使各自明也。其實中其聲者謂之端，實不中其聲謂之窾。窾言不聽，奸乃不生，賢不肖自分，白黑乃形，在所欲用耳。（《六家要旨》）

這種政治思想其實是承繼申、韓的「因任授官、循名責實。」（《韓非子‧定法》第四十三）與「明主治吏不治民」（《韓非子‧外儲右下》第三十五）的治術。

　　君主對臣下「以言授事、以事責功」（《韓非子‧二柄》第七）的治術，在漢初稱爲刑名，〔註37〕「刑名」就是「名實」（王鳴盛《十七史商榷》，卷五），君主御下，就是審核臣下是否名實相符。所以，「刑名」是「以名責實、尊君卑臣、崇上抑下。」（《漢書‧元帝紀》卷九，顏師古注引劉向《別錄》）完全是法家的實踐。班固論斷道家是「君人南面之術」（《漢書‧藝文志》），即針對漢初黃老思想的這種特質而言。中井積德也認爲：「黃老之無爲，與申、韓之刑名，若相反者。然使黃老家爲政，則不能不出於刑名。」（《史記‧老子申韓列傳》卷三十六，瀧川龜太郎考證引）由此可見，法家的御臣術仍是黃老之治的重要內涵，「主逸臣勞」的法家理想被漢初黃老學家繼承下來。

　　漢初君臣基於秦亡的教訓，強烈批評秦政與法家，但卻因襲秦制中的許多典章制度，如皇帝稱號、百官職稱。《漢書‧百官功卿表》曰：

　　　秦兼天下，建皇帝之號，立百官之職，漢因循不革。

除了皇帝稱號、百官職稱之外，皇后的稱號、漢初的正朔、服色、宗廟、禮樂也都承襲秦制。〔註38〕

　　法律方面，高祖入關時雖然約法三章，除去秦代苛法，但事實上，漢初的法律卻日益煩苛嚴密，《漢書‧刑法志》曰：

　　　漢興，高祖初入關，約法三章，曰：殺人者死、傷人及盜抵罪。蠲除煩苛，兆民大說。其後四夷未附，兵革未息，三章之法不足以禦姦。於是相國蕭何攈摭秦法，取其宜於時者，作律九章。（卷23）

高祖的約法三章實際上是權宜之計，最重要的目的在於獲得民心。當全國一統之後，粗略的三章之法根本無法約束民眾、建立秩序，因此，法律的更張勢所必行。再者，即使是「約法三章，網漏吞舟之魚」的高祖時代，仍有夷三族、黥、劓、梟首、誹謗等罪名（同上）。文帝除肉刑，躬儉治國，贏得「刑錯」的美名，卻恢復誅三族的刑罰，而被譏爲「外有輕刑之名，內實殺人。」（同上）其實，文帝對法律也持高度肯定的態度，他認爲：「法者，治之正也，所以禁暴而率善人也。」（《史記‧孝文本紀》卷十）因此，漢初雖有緩和法家遺毒的措施，卻也不改嚴刑峻罰的精神。

〔註37〕「刑名」或作「形名」，在《韓非子》書中已互用，見〈揚權〉第八、〈二柄〉第七。

〔註38〕詳參《漢書‧外戚傳》卷九十七、《史記‧曆書》卷二十六、《漢書‧禮樂志》卷二十二。

　　漢承秦制的主要原因是「明簡易、隨時宜」(《漢書‧百官公卿表》卷十九)，也就是黃老無爲因循的具體實現，〔註39〕而秦制的主要精神則是「尊君抑臣」(《史記‧禮書》卷二十三)。再者，曹參的清淨無爲，是因爲「法令既明」，可見其治術是基於蕭何奠定的法規制度。(《史記‧曹相國世家》卷五十四)因此，漢初黃老所謂無爲，絕不同於老子的無爲，而是法家「垂法而治」(《商君書‧壹言》第八)的實踐。〔註40〕當然，漢初黃老不同於先秦法家，但其有明顯的法家傾向，〔註41〕則是不可否認的事實。

　　除了漢初的黃老染有強烈的法家色彩，與黃老對抗的儒者也保存了法家「尊君卑臣」的主張，揚棄了孟子「民貴君輕」(《孟子‧盡心》)與荀子「從道不從君」(《荀子‧臣道》)的原則。余英時稱這種現象爲「儒家的法家化」(〈反智論與中國政治傳統〉，見氏著《歷史與思想》，頁 41～46)。這種對君臣關係的觀念改變，在漢初的代表人物是叔孫通，他除了爲高祖制定「采古禮與秦儀雜就之」的朝儀，使劉邦大嘆「吾迺今日知爲皇帝之貴也」之外，在惠帝接受他的勸諫，要將未央宮與長樂宮之間的通道加以廢棄時，叔孫通反而說：「人主無過舉」(皆見《史記‧叔孫通傳》卷九十九)，叔孫通將國君的地位神聖化，明顯地表現出法家的傾向。而太史公稱叔孫通爲「漢家儒宗」(同上)，儒學的法家化卻由他開始，蓋時代的趨勢使然。

　　另一混融儒、法思想的是賈誼，司馬遷認爲他「明申、商」(〈太史公自序〉)，所以，《史記》把他與晁錯同歸爲法家人物，班固卻將其著作歸入儒家。史、漢的不同論斷，正顯示賈誼思想的複雜性，〔註42〕其著作也摻雜了

〔註39〕參錢穆《國史大綱（上）》頁 94。又李澄源《秦漢史》頁 47、戴君仁《梅園論學集‧漢初政治與先秦學術思想的關係》頁 250 也都持相同的見解。

〔註40〕參張純、王曉波《韓非子思想的歷史研究‧漢初的黃老之治與法家思想》，頁 314～315。馮友蘭《中國哲學史新編（三）》，頁 10。任繼愈《中國哲學史（二）》，頁 42～43。

〔註41〕除了上述理由外，一九七三年，長沙馬王堆三號墓出土一批帛書，其中《老子》乙本卷前有《經法》、《十六經》、《稱》、《道原》四篇古佚書，這四篇文章，學者多認爲是漢初黃老學派的著作，或逕以爲是《漢書‧藝文志》著錄的《黃帝四經》，其中法家的傾向相當明顯。參註 39 張純、王曉波著作，頁 228～246。林聰舜《西漢前期思想與法家的傾向》，頁 38～49。陳麗桂《戰國時期的黃老思想‧黃老帛書裡的道法思想》，頁 39～108。

〔註42〕賈誼的著作《五曹官制》被班固列爲陰陽家，其〈弔屈原賦〉、〈鵩鳥賦〉則有明顯的出世思想。這也是漢初思想雜家化的趨勢，任何思想家已不能再單純的以先秦儒、道、法、陰陽各家思想歸類。

許多法家思想，如禮治思想被轉化爲極端尊君、「眾建諸侯而少其力」是透過儒家的仁義恩厚，實現法家的中央極權（林聰舜《西漢前期思想與法家關係》，頁 77～79）。而賈誼對秦亡的反省「仁義不施，攻守之勢異也。」與陸賈「逆取順守」的主張，則是漢初儒者總結秦亡教訓最具代表性的看法。

法家思想因秦國一統天下而獨尊一時，也因秦朝覆亡而遭重大挫折，但並沒有因此而銷聲匿跡，而是透過漢承秦制、黃老思想、總結秦政等方式，滲透在各家思想中，在漢代仍發揮相當的影響力。

其實，法家思想是專制政體的催生者，漢代既然維持秦代的專制體制，法家的思想不應就此匿跡。〔註43〕因此，各家思想要在專制體制下解決問題、取得主導地位，就不得不吸收法家思想，漢初的黃老學者、儒者都反映了這個趨向。然而，法家是前朝的統治思想，秦亡殷鑑不遠，又是批判反省的對象，所以，就造成漢代思想家一方面強烈批判法家，一方面又吸收其思想以立足於現實政治。再者，從統治者的心態來分析，法家尊君卑臣的主張滿足統治者唯我獨尊的心裡，法家高效率的法治體系，也可滿足君王的權力慾。宋儒朱熹就看透這層，《朱子語類》載：

> 黃仁卿問：「自秦始皇變法之後，後世人君皆不能易之，何也？」曰：
> 「秦之法，盡是尊君卑臣之事，所以後世不肯變。且如三皇稱『皇』、
> 五帝稱『帝』、三王稱『王』，秦則兼『皇帝』之號。只此一事，後
> 世如何肯變？」（卷143）

誠如朱子所言，漢代「霸王道雜之」（《漢書・元帝紀》）的政治制度，實有深刻的心理基礎。

第六節　陰陽家思想瀰漫

陰陽家的思想是秦、漢的顯學，在《漢書・藝文志》所載的著作中，佔了十分之一，〔註44〕雖多已亡佚，也可見當時盛況。陰陽家以鄒衍爲代表，關於其生平，《史記・孟荀列傳》只說「後孟子」，錢穆在《先秦諸子繫年》

〔註43〕詳細的論述可參考蕭公權《迹園文錄》，頁 75～90、林聰舜《西漢前期思想與法家關係》，頁 187～188。

〔註44〕《漢書・藝文志》著錄書籍 596 家，12296 卷，陰陽家的著作則有諸子略陰陽家 21 家，369 篇；兵書略陰陽家 16 家，249 篇；數術略五行家 31 家，652 卷。合計 68 家，1270 卷。

考證其生卒年爲西元前 305～240（頁 438～441），王夢鷗則認爲是西元前 345～275（《鄒衍遺說考》，頁 34）。約在孟子（西元前 382～289）之後，戰國中晚期的思想家。《漢書·藝文志》收錄有《鄒子》四十九篇、《鄒子終始》五十篇，但都已亡佚，今日只能從後人引述中略窺其學說梗概。

鄒衍的學說要旨，根據《史記·孟荀列傳》的記載，有三個重點：

一、以陰陽思想言災異，所謂「乃深觀陰陽消息，而作怪迁之變」、「因載其機祥制度」。

二、以五行言五德終始，所謂「稱引天地以來，五德轉移，治各有宜」。

三、大九州說。（參考王夢鷗《鄒衍遺說考》，頁 122～141）

鄒衍的學說對秦、漢較有影響的是前兩項，大九州說則無明顯而具體的影響，所以，略而不論。另外，值得注意的是，鄒衍的學說看似荒誕不經，其立論的動機則是「睹有國者益淫侈，不能尚德。」仍是以德治爲最高理想，並非只是觀陰陽四時變化，以利施政立俗而已。

陰、陽二字的本義是「雲覆日」（《說文》雲部）、「日出」（《說文》勿部），兩字連用則引申爲南北、明暗、表裡等意義。五行表示五種材質，都沒有任何哲學或數術的意思。而春秋戰國以前所謂陰陽、五行，也未曾合爲一專有名詞，兩詞合用始於鄒衍，〔註 45〕而鄒氏最大的創造就是五德轉移的觀念，其具體內容載於《呂氏春秋·應同》（一名〈名類〉）：

> 凡帝王者之將興也，天必先見祥乎下民。黃帝之時，天先見大螾大螻，黃帝曰：「土氣勝！」土氣勝，故其色上黃，其事則土。及禹之時，天先見草木秋冬不殺，禹曰：「木氣勝！」木氣勝，故其色尚青，其事則木。及湯之時，天先見金刃生於水，湯曰：「金氣勝！」金氣勝，故其色尚白，其事則金。及文王之時，天先見火赤烏銜丹書集于周社，文王曰：「火氣勝！」火氣勝，故其色尚赤，其事則火。代火者必將水，天且先見水氣勝，水氣勝，故其色尚黑，其事則水。

此段敘述雖沒有標明鄒衍所說，但其大意則與鄒衍「五德終始」的主張相同。〔註 46〕傳統代表具體形質的五行已轉變成抽象的觀念，並用以解釋朝代的更

〔註 45〕詳細論證參考梁啓超〈陰陽五行說的來歷〉、李漢三《先秦兩漢之陰陽五行說》頁 1～5。

〔註 46〕《淮南子·齊物訓》高誘引鄒子曰：「五德之次，從所不勝。故虞土、夏木。」沈約〈齊故安陸昭王碑文〉李善注引鄒子曰：「五德從所不勝，虞土、夏木、殷金、周火。」（《文選》卷 59）又，左思〈魏都賦〉李善注引《七略》曰：「鄒

迭與歷史的演進：每一個朝代都有特別的瑞徵，這是上天垂命帝王，帝王應順天而改制。因此，各朝代配合五行不同的性質，各有一套相應的制度。

鄒衍以朝代更迭配合五行相勝的學說一經提出，立刻受到當代帝王的重視，《史記‧孟荀列傳》云：

> 王侯大人初見其術，懼然顧化，其後不能行之。是以騶子重於齊，適梁，惠王郊迎，執賓主之禮；適趙，平原君側行襒席；如燕，昭王擁彗先驅，請列弟子之座而受業，築碣石宮，身親往事之。（卷74）

鄒衍無往不利，其學說同時迅速流傳。然而，不但帝王「不能行之」，學者也不能深入他的學說，深體其勸說君王仁義節儉的深意。《史記‧封禪書》曰：

> 自齊威、宣之時，騶子之徒論著終始立德之運，及秦帝，而齊人奏之，故始皇采用之。而宋母忌、正伯僑、充尚、羨門高、最後皆燕人，為方僊道，形解銷化，依於鬼神之事。騶衍以陰陽主運顯於諸侯，而燕、齊海上之方士傳其術不能通，然則怪迂阿諛之徒自此興，不可勝數。

鄒衍的學說到了齊、燕方士的手中，不是成為求神仙的「方僊道」，就是以迎合君王為主的怪誕學風，其尚德求治的初衷早被拋到九霄雲外。而鄒衍五德終始，推衍至水德而絕，秦始皇統一天下之後，便依照鄒衍的說法，立水德、正朔望、易服色。《史記‧秦始皇本紀》云：

> 始皇推終始五德之傳，以為周得火德，秦代周德，從所不勝。方今水德之始，改年始，朝賀皆自十月朔，衣服旄旌節旗皆上黑，數以六為紀，符法冠皆六寸，而輿六尺，六尺為步，乘六馬，更名河曰德水，以為水德之始。剛毅戾深，事皆決於法，刻削毋仁恩和義，然後合五行之數。（〈封禪書〉略同）

這是第一次依鄒衍的學說改制，其內容遍及各領域，影響深遠。然因秦國祚短暫，興革成效無法進一步觀察。

漢朝初立，仍以水德自居。史載：

> （高祖）二年，復入關，秦祠有白、青、黃、赤四帝，高祖立墨帝祠。命曰：「北畤。」（《史記‧封禪書》卷28）

漢興，高祖曰：「北畤待我而起。」亦自以為獲水德之瑞，雖明習歷及張蒼等

子有終始五德，從所不勝。土德後木德繼之，金德次之，火德次之，水德次之。」（《文選》卷6）五德順序與《呂氏春秋》相同，年代的對照也大致不差。

咸以爲然。(《史記·歷書》卷26）

高祖立水德，正朔、服色都依秦制，或許是基於黃老「因循」的深意。但是，自文帝之後，漢代的大臣改朔望、易服色的呼聲漸起，賈誼首倡其議而未獲採用，後來公孫臣推衍五德，提出漢當土德的意見，雖然遭丞相張蒼非議，卻因黃龍出現在成紀的瑞應，獲文帝賞識，拜爲博士，然而，文帝整個推動改制的措施，卻因爲新垣平事件而作罷（參《史記·文帝紀》卷10、〈封禪書〉卷28、〈張丞相列傳〉卷96）。武帝時，終於在「搢紳之屬皆望天子封禪、改正度」的殷切期盼下，推動了配合土德的改制（《史記·武帝紀》卷12、〈封禪書〉）。由此可知，秦到漢初的朝野君臣多有五德轉移的思想，鄒衍學說的影響既深且廣。

另外一方面，方士入海求仙人、不死藥的風氣，在戰國末年的齊、燕等國就受到帝王的鼓勵。《史記·封禪書》曰：

> 自威、宣、燕昭使人入海求蓬萊、方丈、瀛洲，此三神山者，其傳在渤海中，去人不遠，患且至，則船引風而去。蓋嘗有至者，諸僊人及不死之藥皆在焉，其物、禽獸盡白，而黃金銀爲宮闕。未至，望之如雲，及到，三神山反居水下，臨之，風輒引去，終末能至云，世主莫不甘心焉。

神仙境地，誰不嚮往；長生不死，更是帝王長久享受權力的保障，首先建立一統帝國的秦始皇就樂此不疲。《史記·封禪書》又曰：

> 秦始皇并天下，至海上，則方士言之，不可勝數。始皇自以爲至海上而恐不及矣，乃使人齎童男女入海求之，船交海中，皆以風爲解。曰：「未能至，望見焉。」（按：此始皇28年事，參《史記·秦始皇本紀》卷6）其明年（29年），始皇復游海上，至琅邪，過恆山，從上黨歸。後三年（32年），游碣石，考入海方士，從上郡歸。後五年（37年），始皇南至湘山，遂登會稽，并海上，冀遇海中三神山之奇藥，不得。還至沙丘崩。

始皇從即帝位（26年）之後，至死於沙丘，都忙於求仙人、長生之藥，雖遭徐市、盧生等方士愚弄，仍不死心，甚至親往海上求仙山。而方士之徒，更是雲集咸陽，爲求富貴，甘冒欺君殺身的危險。〔註47〕《鹽鐵論·散不足》云：

〔註47〕始皇36年坑儒的導火線，就是方士侯生、盧生批評始皇而逃走造成的。參《史記·秦始皇本紀》。

> 秦始皇覽怪迂、信機祥，使盧生求羨門高、徐市等入海求不死之藥。
> 當此之時，燕齊之士釋鋤耒、爭言神仙，方士於是趣咸陽者以千數。
> 言仙人食金引珠，然後壽與天地相保，於是數巡狩五嶽濱海之館，
> 以求神仙蓬萊之屬。（第29）

國君派方士入海求仙、提煉仙丹都是耗費國力、勞民傷財的事，卻可滿足其一己的私慾。始皇鍥而不捨地求仙煉丹、方士前仆後繼地欺誑哄騙，十足展露秦代朝野虛浮的一面。

漢初，國家破敗，民生凋敝，神仙思想暫時沈寂。文帝時，社會逐漸復甦，改制呼聲迭起，方士也開始活動，最有名的是新垣平，雖然，新氏最後被殺，方士卻又逐漸活躍於朝廷，到了武帝時達到極盛，如李少君、寬舒、少翁、欒大等人，都受到皇帝信任與重用，方士的地位更高於秦代。《漢書·郊祀志下》引谷永曰：

> 秦始皇初并天下，甘心於神僊之道，遣徐福、韓終之屬，多齎童男、
> 童女入海求神采藥。因逃不還，天下怨恨。漢興，新垣平、齊人少
> 翁、公孫卿、欒大等，皆以僊人黃治祭祀事鬼，使物入海求神采藥
> 貴幸，賞賜累千金，大尤尊盛，至妻公主，爵位重絫，震動海內。
> 元鼎、元封之際，燕、齊之間，方士瞋目扼掔，言有神僊祭祀致福
> 之術者，以萬數。

武帝在位期間，全國又籠罩在方士的影響之下。

本章就學術思想的角度分析秦漢之際的思想現象，以及現象產生的源流、原因。綜上所述，秦漢之際的思想有幾個特點：

（一）思想趨向融合與雜家化，這種融合的趨勢從戰國晚期的荀子、韓非子就已經開始。秦朝一統，卻時間短暫，漢初，思想文化環境相對寬鬆，於是，先秦諸子思想再度復甦，並在君王求治及專制一統政體的環境中，逐漸走向以一家思想統整各家的雜家化。

（二）漢初思想，主要是儒家與道家思想的競逐。由於久經戰亂，經濟殘破，社會亟待休息，加上皇室的喜好，黃老道家思想佔據上風，成為漢初的主流思想。然而，黃老道家已不是先秦道家，而是雜揉法家刑名之學的統治之術。儒家雖屈居下風，儒者仍努力不輟，為後來儒術（非先秦儒家）獨尊的局面奠定厚實的基礎。

　　（三）法家思想與秦政權結合，創造了大一統的帝國，奠立許多治國宏規，也獲得相當成效。然而，秦代國祚短暫，漢取而代之，漢代君臣反省秦亡的教訓，極力貶斥秦代法家的暴政，法家思想似乎受到相當的壓抑。但是，法家以君主立場的思考與制度設計，不但迎合國君自尊權威的心態，在客觀法理制度的設計與建立，也有不可抹滅的價值。因此，漢初君臣雖在言詞上力斥法家之非，在學說與制度上，卻對法家思想多所沿用。

　　（四）陰陽家思想源遠流長，陰陽與五行的觀念原是先民對自然環境的初步認知與理解，後來經過鄒衍的改造，轉變成對政權轉移的解釋，這種解釋強化君權神授的合理性，對君主的權威、政權的合法性提供理論的基礎，影響深遠。而陰陽五行對自然與人事的解釋，也能以簡御繁，與一統帝國相呼應。再者，方士對長生不老的追求也極易打動擁有無上權力又好大喜功君王。因此，陰陽家的思想今日看來似乎荒誕不經，卻能瀰漫兩漢思想，成為當代顯學。

　　以上所述，當然無法涵括秦漢之際的思想面貌，然而，卻能幫助我們了解先秦到漢代的思想發展軌跡，以及兩者之間的異同，這在思想史的研究上無異是頗具意義的，而陸賈的思想也在這樣的背景中蘊育而生。

第四章 陸賈的思想

第一節 對當代思潮的反省

一、總結秦亡的教訓

漢代秦興，百廢待舉，高祖以武力取得天下，難免重武輕文，陸賈因應高祖鞏固政權的需求，提出解決時代問題的主張，而有《新語》之作。漢初建立治道，最大的憑藉就是秦亡的教訓，陸賈針對此問題，提出了精闢的見解。這是陸賈思想的現實基礎，也是引導高祖革除只重「馬上」功夫之習的起點。

（一）極武尚刑〔註1〕

陸賈對秦亡的反省，在《新語》中俯拾皆是，較重要的有七處，〔註2〕其對秦朝速亡的原因，歸納有三，其中最重要的是濫用刑罰，一任法治。陸賈曰：

> 秦始皇設刑罰，爲車裂之誅，以斂姦邪。築長城於戎境，以備胡越，征大吞小，威震天下，將帥橫行，以服外國。蒙恬討亂於外，李斯治法於內，事逾煩而下逾亂，法逾滋而天下逾熾，兵馬益設而敵人逾多。秦非不欲爲治，然失之者，乃舉措暴眾，用刑太極故也。（《新

〔註1〕 參《中國古代著名哲學家評傳續編——陸賈》頁126。萬榮晉著。
〔註2〕 分見〈道基〉第一、〈術事〉第二、〈輔政〉第三、〈無爲〉第四、〈辨惑〉第五、〈資質〉第七、〈思務〉第十二等篇。

語‧無爲第四》）（以下引《新語》只篇篇名）

陸賈對秦朝窮兵贖武、崇尙刑罰的高壓統治，提出了強烈的批判，這是漢代反省秦亡的春雷，對高祖及大臣們具振聲啓瞶的作用。

在歷史上，除了「任刑罰不變，卒滅趙氏」（《史記‧酈生陸賈列傳》卷九十七的秦皇）之外，「極武」、「尙刑」而招致滅亡的例子比比皆是。春秋時代的宋襄公、晉厲公、齊楚公、楚霸王、吳王夫差、晉智伯都是明顯的例證。陸氏曰：

> 昔者，晉厲、齊莊、楚靈、宋襄，乘大國之權，杖眾民之威，軍師橫出，陵轢諸侯，外驕敵國，內刻百姓……而欲建金石之統，繼不絕之世，豈不難哉？故宋襄死於泓之戰，三君弒於臣之手，皆輕師尙威，以致於斯。……三君強其威而失其國，急其刑而自賊，斯乃去事之戒，來心之師也。（〈至德〉第八）

> 智伯仗威任力，兼三晉而亡。（〈道基〉第一）

> 昔者，吳王夫差、智伯極武而亡。（《史記‧酈生陸賈列傳》卷九十七）

陸賈對稱雄一方之霸主傾覆的歷史教訓，有深刻的省思。他認爲，只是以力服力，終究造成「鄰國之仇結於外」；只知以法繩下，則必是「群臣之怨積於內」（皆見〈至德〉第八）；專以刑罰治民，則必然是「力盛則驕眾」、「虐行則怨積」（〈道基〉第一）、「恃刑則民畏之」、「畏之則去其域」（〈至德〉第八），到了仇恨滿天下，眾叛親離的地步，當然以身死國亡的悲劇收場。

（二）驕奢靡麗

秦始皇即帝位之後，勞動眾民，建宮闕、修陵墓，築長城及開馳道，並多次巡行天下，都極善奢華。陸賈認爲君王的奢華生活使國庫透支，人民苦不堪言，國家當然不易穩定，他說：

> 秦始皇驕奢靡麗，好作高臺榭，廣宮室，則天下豪富制屋宅者，莫不仿之，設房闥、備廐車，繕雕琢刻畫之好。傅玄黃琦瑋之色，以亂制度。（〈無爲〉第四）

驕縱侈靡的君王，不但勞民傷財，造成國庫空虛，更引起臣民仿效，而造成僭越禮制、破壞常規的社會風氣，甚至導致以下犯上的亂象。陸賈進一步以楚平王爲例：

楚平王奢侈縱恣，不能制下，檢民以德。增駕百馬而行，欲令天下

人饒財富利，明不可及，於是楚國逾奢，君臣無別。（〈無為〉第四）

陸賈把君主藉由炫耀財富而追求唯我獨尊的虛榮心，刻劃得入木三分，也將由此導致的衰亂，向高祖提出警告。財富的欲望是無底洞，無止盡的追逐聲色的滿足，終將為物所役，誤判形勢，導致國家衰亡。無怪乎高祖在得知蕭何大興土木，為他築未央宮時，責怪蕭行「治宮室過度」（《史記‧高祖本紀》卷八），秦皇驕奢亡國的教訓必深入高祖心中。

　　歷代的君主，凡是驕奢縱欲、貪圖享受，也都和秦朝、楚平王一樣，走上覆滅之途。陸賈云：

楚靈王居千里之地，享百邑之國……作乾谿之臺，立百仞之高，欲

登浮雲，窺天文，然身死於棄疾之手。（〈懷慮〉第九）

魯莊公一年之中，以三時興築作之役，規虞山林草澤之利，與民爭

田漁薪菜之饒，刻楹丹楹，眩曜靡麗，收民十二之稅，不足以供邪

曲之欲，繕不用之好，以快婦人之目，財盡於驕淫，力疲於不急，

上困於用，下饑於食。（〈至德〉第八）

國君的欲望是無底洞，極度追求物質生活滿足的結果，一定是與民爭利，強徵暴斂，弄得「食廩空匱」、「賢臣出」、「邪臣亂」（同上），而國家衰亡。

　　只知滿足欲望的國君，不但枉顧人民生計存亡，更是惑於珍寶，而不知採用賢臣良策的昏君。陸氏云：

昔宮之奇為虞公畫計，欲辭晉獻公璧馬之賄，而不假之夏陽之道，

豈非金石之計哉？然虞公不聽者，惑於珍怪之寶也。（〈資質〉第七）

昏君遭佞臣迷惑，使得政局紊亂、國家傾覆，只因國君貪圖珍寶，沉迷享受。因此，陸賈認為秦朝速亡的原因，除了「尚刑而亡」（〈道基〉第一）之外，最主要的是秦皇的奢靡縱恣。劉邦雖然胸懷大志，攻入咸陽之際，也不能免除貪財好色的弱點，而想將秦皇享樂的財貨、美人據為己有，後來經樊噲、張良的勸說才還軍霸上。可見陸賈的反省是兼具歷史深度與現實性的，而張良勸高祖還君霸上的話，〔註3〕與陸賈的反覆叮嚀正相契合。

〔註3〕　《史記‧留侯世家》卷五十五載此事曰：「沛公入秦宮，宮室、帷帳、狗馬、
　　　　重寶、婦女以千數，意欲居留之。樊噲諫沛公出舍，沛公不聽。良曰：『夫秦
　　　　為無道，故沛公得至此。夫為天下除殘賊，宜縞素為資。今始入秦，即安其樂，
　　　　此所謂助桀為虐。……願沛公聽樊噲言。』沛公乃還軍霸上。」身為一代英雄
　　　　的高祖，要克服財色的迷惑，尚得如此曲折，陸賈反覆提醒，實具深意。

（三）任用讒佞

陸賈認爲秦亡的第三個原因是所用非人。他說：

> 秦以刑罰爲巢，故有覆巢破卵之患，以李斯、趙高爲杖，故有傾仆
> 跌傷之禍，何者？所任者非也。（〈輔政〉第三）

李斯身爲秦朝宰相，在君位承繼時，不能爲國立制，只顧維護自身的利益；在國家危亡之際，沒有擔當，只知上「督責書」，討好二世，以求苟容，終遭腰斬、夷三族（見《史記·李斯列傳》卷八十七）。趙高深獲秦二世的信任，卻玩弄二世於股掌之中，最有名的就是「指鹿爲馬」的故事（〈辨惑〉第五、《史記·秦始皇本紀》卷六），二世由於趙高的經心策畫而登上皇位，也因趙高的顧慮而被殺。趙高也遭子嬰所殺，並被夷三族。（見《史記·秦始皇本紀》卷六）。陸賈認爲，秦二世信任李斯、趙高這種讒佞，當然導致速亡。所謂「杖讒者滅、杖賊者亡」。所任是否得人，關係國家興衰甚鉅。

佞臣不僅會惑亂君主，使君王連「鹿與馬之異形」都「不能別其是非」（〈辨惑〉第五），爲了壟斷政局，維護自身利益，必定會排斥賢良。陸氏曰：

> 鮑丘之德性，非不高於李斯、趙高也。然伏隱於蒿廬之下，而不錄
> 於世，利口之臣害之也。（〈資質〉第七）

鮑丘即浮丘伯，是傳《詩》、《穀梁春秋》的一位經師，與陸賈同時（參王利器《新語校注》頁 113）。其隱而不出，就是因爲佞臣在朝。漢初傳經大師，如傳《尙書》的伏生，也是故秦博士，卻伏隱不出（《史記·儒林列傳》卷一二一）。這種遭邪臣排擠而有志不得伸，連賢聖如孔子也無法免除，陸氏曰：

> 定公拘於三家，陷於眾口，不能卒用孔子身，內無獨見之明，外惑
> 邪臣之黨。（〈辨惑第五〉）

孔子雖身懷治術，可爲魯國立金石之業、丘山之功，但不獲定公重用，也只能「作公陵之歌」（同上），大嘆道不行於世。因此，國家的盛衰端賴君主是否用賢。高祖自詡能識賢才而且加以重用，所以在楚、漢相爭中獲得勝利。對項羽只有范增卻不用，自己有蕭何、韓信、張良三傑且能賦予重任而沾沾自喜（見《史記·高祖本紀》卷八）。高祖對陸賈這番建言，必能產生心有戚戚焉的共鳴。

《新語》既然是應高祖「試爲我著秦所以失天下，吾所以得之者何？及古成敗之國。」（《史記·酈生陸賈列傳》卷九十七）而提出，當然得回應高祖的要求，因此，陸賈對親身經歷的秦亡，提出具體而深入的見解，並以此

為基礎，總結歷代興亡的歷史教訓，歸納出治國之道在行仁義、尚儉約、用賢人（詳後敘）。因此，他的思想具有現實的基礎，也是歷史智慧的結晶。

秦亡標識著舊的歷史階段的總結和新的歷史階段的開始，並且指出：在新的階段統治思想必須改變，不能再以暴虐的刑罰治理人民。（〈秦漢歷史變遷中的知識份子其作用〉，劉修明、卞湘川著，《學術月刊》1989 年 7 月號）長治久安之道，則是陸賈提出的「文武之道」，所謂「逆取順守」（《史記·酈生陸賈列傳》卷九十七）。「逆取」就是以武力得天下，「順守」則是以文治統理國家，其內容主要是儒家的仁義道德，兼攝道、法、陰陽等各家思想的無為、刑罰、災異等。

自從陸賈總結秦亡教訓而提出治道之後，漢初儒者每每在陳說治術時，都以秦亡為其思想起點，引導君主。他們省察的結果，都不外乎陸賈的說法，如文帝時，賈山論秦亡在於驕奢與斷絕諫路（《漢書·賈山傳》卷五十一），賈誼認為最主要的原因是「仁義不施而攻守之勢異也。」（〈過秦論〉，《史記·秦始皇本紀》卷六引），景帝時，晁錯則認為秦亡於「任不肖而信讒賊」，宮室「驕溢縱恣」，「法令煩憯，刑罰暴酷」（《漢書·晁錯傳》卷四十九）。這種對秦亡的反省也瀰漫西漢的思想界，如董仲舒（《漢書·董仲舒傳》卷五十六）、路溫舒（《漢書·路溫舒傳》卷五十一）、張釋之（《漢書·張釋之傳》卷五十）、主父偃（《漢書·主父偃傳》卷六十四），也可上溯至項羽對秦王「殺人如不能舉，刑人如恐不勝」（《史記·項羽本紀》卷七）的指控。這種總結的反省是當代一股巨大的思想潮流，而由陸賈開其端緒。

漢儒針對秦亡漢興的歷史性總結，一方面顯示秦代急速敗亡的過程，和其興起的漫長努力，構成強烈的對比，令人怵目驚心，〔註 4〕帶給漢初知識份子極大的警惕，因此，人人引為前車之鑑，藉以提醒君王勿重蹈覆轍（〈西漢儒家政治思想與現實政治的互動〉頁 55，盧瑞容，台大中文所碩士論文，七十三年）。

二、對方士、神仙思想的批評

從戰國末年到秦、漢，神仙思想一直受到帝王的喜好，如齊威、宣二王，

〔註 4〕　秦代的強盛是其先世歷代君王苦心經營的結果，主要是從孝公到秦王政，約一百四十年（西元前 360～220）。秦王朝自秦始皇統一六國後建立，到子嬰降於劉邦，只有十五年。（西元前 221～206）。參《史記·秦本紀》卷五。

燕昭王、秦始皇、漢武帝等,憑藉著君王好長生、迷信的性格,方士們一批批的活躍政壇(參前章第六節陰陽家思想瀰漫)。針對這種時代風氣,陸賈表達了強烈的批判,他說:

> 世人不學《詩》、《書》,行仁義,尊聖人之道,極經藝之深,乃論不驗之語,學不然之事,圖天地之形,說災變之異,乘先王之法,異聖人之意,惑學者之心,移眾人之志。指天畫地,是非世事,動人以邪變,驚人以奇怪。聽之者若神,視之者如異。然猶不可以濟於厄而度其身,或觸罪□□法,不免於辜戮。(〈懷慮〉第九)

陸賈以為,方士的言論雖講得天花亂墜,卻都是無憑無據、憑空捏造;雖然以怪奇的言論吸引人們的注意,卻是臆測妄想,不合先王法度、聖人意旨。因此,不可行之久遠。而方士們的遭遇,多是得意時寵愛富貴集於一身,西洋鏡被拆穿後,身首異處。〔註5〕陸賈對這種「混合陰陽五行、災異變怪之說於縱橫捭闔、權謀術事之用」(〈讀陸賈新語〉、錢穆著,《中國學術思想史論叢三》頁4)的虛浮風氣,相當不滿。

方士迷惑君王,求不死之藥,動輒費數萬。其讖語也常勞師動眾,消耗國力。秦始皇三十一年,盧生說「亡秦者胡」,秦始皇就真的派蒙恬率領三十萬大軍,攻打北方胡人。二十八年,齊人徐市上書說,海中有蓬萊、方丈、瀛洲三座神山,秦始皇就派徐市帶領數千人,去海中找仙人。(《史記·秦始皇本紀》卷六)這些看來荒謬至極的事,卻不斷在陸賈的時代重演,國力因此不斷消耗,人心日趨墮落,難怪陸賈要大聲疾呼,破除方士的謬論。

方士的言論,除了災異之外,就是神仙思想,陸賈對此也強烈批評,他說:

> 道施於世而莫之用,由人不能懷行仁義,分別纖微,忖度天地。乃苦身勞行,入深山,求神仙,棄二親,捐骨肉,絕五穀,廢《詩》、《書》,背天地之寶,求不死之道,非所以通世防非者也。(〈慎微〉第六)

又,

> 夫播布革,亂毛髮,登高山,食木實,視之無優游之容,聽之無仁

〔註5〕如文帝時新垣平遭誅夷,武帝時拜少翁為文成將軍,後來也將他誅殺。(參《史記·封禪書》卷二十八)又,秦始皇阬儒,實際上是方士盧生、侯生批評始皇行事,且私下逃走而造成。(參《史記·秦始皇本紀》卷六)。

義之辭，忽忽若狂癡，推之不往，引之不來，當世不蒙其功，後代
不見其才，君傾而不扶，國危而不持，寂寞而無鄰，寥廓而獨寐，
可謂避世，而非懷道者也。故殺身以避難則非計也，懷道而避世則
不忠也。（同前）

陸賈對神仙思想，斥之為逃避現實，無論是消極的逃離或苟難全身，都無助
於治道，所以都不表贊同。除此之外，陸賈更站在「道」的立場，認為神仙
思想不利於「道」的實現，陸賈所謂「道」，是指根於天地，寄託在經藝，推
行於人倫、實現於治道的仁義。消極避世的思想顯然不能與仁義契合，想要
成事立功，就必須杜絕這種消極的態度。陸氏又云：

目不淫於炫耀之色，耳不亂於阿諛之詞，雖利之以齊、魯之富而志
不移，談之以王喬、赤松之壽而行不易，然後能壹其道而定其操，
致其事而立其功也。（〈思務〉第十二）

陸賈以為，長生不老的誘惑，對國君而言，和美色、財富、讒言一樣，都會
妨害國君推行仁義，建立功業。不論神仙思想導致消極避世的態度或求得長
生不老的妄想，都將影響世道人心，妨礙治理國家的大業，因此，陸賈對它
嚴詞批評。

對逃避現實的人，陸賈痛加撻伐；對於有才德卻不獲重用的人，陸賈也
寄予深切的嘆惋，因為他們都是「懷不羈之能」、「綱紀存乎身，萬世之術藏
於心」（〈資質〉第七）的有道之士，只是生不逢時，或是遭小人排擠而不獲
重用。如伯夷、叔齊雖隱於首陽，其「功美垂於萬代」（參〈道基〉第一）。
鮑丘「伏隱於蒿廬」，德性卻是一時之選（參〈資質〉第七）。對於那些限於
時勢而不出的隱者，陸賈相當惋惜（〈讀陸賈新語〉，錢穆著，《中國學術思想
史論叢三》，頁3），對「懷道避世」的學者，則因其不盡職責，自棄人群而加
以批評，這足以顯示陸賈積極入世的態度。

陸賈認為有抱負的「學者」，不論在盛世或亂世，都應有所據守，秉持弘
道的雄心。陸氏曰：

夫學者通於神露之變化，曉於……性命之短長，富貴之所生，貧賤
之所亡，則手足不勞而耳目不亂，思慮不謬，計策不誤，上訣是非
於天文，其次定狐疑於世務，廢興有所據，轉移有所守，故道□□
□事可法也。（〈思務〉第十二）

學者安身立命於對命限的體證，上契天道，下達人事，因此，雖處亂世，仍

不改行道的志業與信心。陸賈描述君子居亂世應有的操守說：

> 君子居亂世，則合道德，采微善，絕纖惡，脩父子之禮，以及君臣
> 之序，乃天地之通道，聖人之所不失也，故隱之則爲道，布之則爲
> 文，《詩》在心爲志，出口爲辭，矯以雅僻，砥礪鈍才……論思天地，
> 動應樞機，俯仰進退，與道爲依，藏之於身，優游待時。故道無廢
> 而不興，器無毀而不治。（〈慎微〉第六）

陸賈對「道」的堅持，對人倫大義的執著，道必行天地的信心，都在在凸顯
出承繼儒家積極有爲的精神，與弘道的抱負。

三、對縱橫家的批評

戰國時代，蘇秦、張儀等縱橫家奔走列國，鼓其三寸不爛之舌而躋列卿
相，是布衣躍登政治舞臺的捷徑。楚漢之際，又是動盪爭霸的時代，正是縱
橫家出頭的機會，此種風格一直沿續到武帝時仍不衰。〔註6〕陸賈對這種「以
順爲正，妾婦之道」（《孟子・滕文公》）的縱橫家則深不以爲然。陸氏曰：

> 行或合於世，言或順於耳，斯乃阿上之意，從上之旨，操直而乖方，
> 懷曲而合邪，因其剛柔之勢，爲作縱橫之術，故無忤逆之言，無不
> 合之義者。（〈辨惑〉第五）

縱橫家只知承人主心意，取悅阿諛，所以，能夠無往不利，而其惑亂人主，
則與讒佞之臣，法家之士沒有差別，所以，陸賈又曰：

> 讒夫似賢，美言似信，聽之者惑，觀之者冥，故蘇秦尊於諸侯，商
> 鞅顯於西秦，世無賢智之君，孰能別其形。（〈輔政〉第三）

縱橫家揣摩君王心意，講得頭頭是道，無非爲了取悅國君，獲致自身的榮華
富貴，其實，他們既沒有自己堅守的原則，也無挺立的人格，因此，對國君
非但沒有幫助，常是攪亂政局的元凶，最後自己也落得身首異處。陸氏云：

> 蘇秦、張儀身尊於位，名顯於世。相六國、事六君，威振山東，橫
> 說諸侯，國異辭、人異意，欲合弱而制彊；持衡而御縱，內無堅計，
> 身無定名，功業不平，中道而廢，身死於凡人之手，爲天下所笑者，

〔註6〕《漢書・藝文志》卷三十，載有關縱橫家的著作，包括先秦的《蘇子》、《張
子》、《龐煖》，秦代的《秦零陵令信》，與漢代的《鄒陽》（景帝時）、《主父偃》、
《徐樂》、《莊安》（以上武帝時）等，可見其風氣延續到武帝時。又可參《漢
書・鄒陽傳》卷五十一、《漢書・嚴朱吾丘主父徐傳》卷六十四上。

　　乃由辭語不一，而情欲放佚故也。（〈懷慮〉第九）

縱橫之術，貴在能明利害，通權變，善加運用，可以成爲外交上的輔助，但如僅用於揣摩君主心意作爲利己之用，而不引導君主步向正道，只圖一時的貪歡與苟安，甚至爲達目的不惜以欺騙的手段，難怪會「被反間以死，天下共笑之」（《史記‧蘇秦列傳》卷六十九），在爾虞我詐中自食惡果。

　　相對於縱橫家的朝三暮四、言辭不一，陸賈認爲居子應堅守原則，知其不可爲而爲之，要有「自反而縮，雖千萬人吾往矣」（《孟子‧公孫丑》）的氣度。陸氏云：

　　君子直道而行，知必屈辱而不避也。故行不敢苟合，言不爲苟容。
　　雖無功於世，而名足稱焉，雖言不用於國家，而舉措之言可法也。（〈辨惑〉第五）

陸賈雖積極於經世濟民，而謂「質美者以通爲貴，才良者以顯爲能」（〈資質〉第七），認爲賢良要受重用，才能展現抱負，發揮長才。但他絕不爲了一時用世而枉尺直尋，而是認爲君子的可貴處在於道不離身，能直道而行，而君子的人格價值也在「道」上挺立，因其言行依違於道，已成後世師法，進退榮隱只是外在的形式不同，並不影響其價值。所以，伊尹輔佐商湯，除暴君、立太平，固然澤加百姓，功垂萬世；曾子勉力於衽席，晨昏定省，表現孝道，也能德美垂後（〈辨惑〉第六）。這種堅守道體，不阿君意的思想，與其面折高祖的行事，若合符契，也是繼承儒者「從道不從君」（《荀子‧臣道》第十三）的傳統。宋黃震謂陸賈「以道事君」（《黃氏日抄》卷四十六），誠深知陸賈者。

　　陸賈在高祖、文帝時，兩次出使南越，展現其外交長才，對漢朝安定南方有偉大的貢獻。在高祖逐鹿天下初期，其主要任務是出使諸侯（《史記‧酈生陸賈列傳》卷九十七），可見陸賈是一辯才無礙的外交人才。觀察陸賈爲朱建母喪，向辟陽侯游說一事（同上），也可看出陸氏行事，是一種游說之士兼有縱橫家的作風，這是承戰國的餘習（〈論賈誼的學術及其前後的學者〉，戴君仁著，《梅園論學集》頁256）。綜合其專長與行事，陸賈頗得縱橫家的眞傳。〔註7〕司馬遷論陸賈爲「當世之辯士」（《史記‧酈生陸賈列傳》

〔註7〕《漢書‧藝文志》卷三十：「縱橫家者流，蓋出於行人之官。孔子曰『誦詩三百，使於四方，不能顓對，雖多，亦奚以爲？』又曰：『使乎！使乎！』言其當權事制宜，受命而不受辭，此其所長也。及邪人爲之，則上詐諼而棄其信。」

卷九十七），班固也說陸賈「有口辯」（《漢書‧陸賈傳》卷四十三），其來有自。但若只視陸賈爲辯士，則失之片面。班固雖然推崇陸賈是酈食其、朱建、劉敬、叔孫通一輩中最傑出的，但將陸賈與酈、朱等人合傳，視爲同等，並不能概括陸賈的主要性格，對陸賈也不公平。南宋黃震首先表達這樣的看法，他說：

> 賈庶幾以道事君者與！史以酈、陸、朱、劉、叔孫同傳，朱建，叔孫通不足道也，食其庶幾知擇君，婁敬庶幾能自奮，然豈賈儔伍哉！
>
> （《黃氏日抄》卷四十七）

酈食其縱橫諸侯，卻遭烹殺；朱建不能堅守志節，因此喪失性命；劉敬勸高祖定都長安，「建金城之安」；叔孫通立漢朝之儀，卻是一位承意取悅，揣摩君主的投機者（《漢書‧酈陸朱劉叔孫傳》卷四十三），都不及陸賈「君子而有道術」（《新語評點》，明鍾惺著，卷二，葉十四）的有智慧、有志節。日人瀧川龜太郎更進一步駁斥《史記》的評價，他說：

> 查慎行曰：「陸賈，漢初儒生之有體有用者。」觀其紲尉佗以禮義，說高帝以《詩》、《書》。當呂氏朝，不汲汲於功名，既能全身遠患，又能以事外之人，隱然爲社稷安全，有曲逆智謀所不逮者。子房已從赤松遊，〔註8〕漢之不奪於諸呂，亦賴有此人也，因其與朱建善，《史記》概以口辯士目之，淺之乎論陸生矣！（《史記會注考證》卷九十七）

朱、劉等人，只是「曲逆智謀」的人才，固不能與「有體有用」的陸賈相提並論，《史記》將陸賈評價爲「有口辯士」，實在有欠公允。明錢福、近人余嘉錫也爲陸賈所受評價抱屈，〔註9〕對陸賈，《史記》的評價，並不妥切。

〔註 8〕 《史記‧留侯世家》卷五十五云：「留侯曰：『願弃人間事，欲從赤松子游耳。』乃學辟穀導引輕身。」時高祖十二年。

〔註 9〕 錢福〈新刊新語序〉：「遷尚豪俠，喜縱橫，而稱其『固辯士』。固稍知重儒術，既列其書於儒，又贊身名俱榮，爲優於酈、婁、建、通輩。賈固有以致之哉！故知人不可以無所見，有所見，必不能掩矣。先儒議其逆取順守之說，及秦雖行仁義，不可及者，秦、漢辯士，豈足及此？要之，亦爲高帝既定天下而言之耳。其書亦不復見此論，豈遷以己見文飾其說而致然歟？若其兩使南粵，調和平、勃，以平諸呂，自爲大有功於漢，其識見議論，非惟椎埋屠狗之輩所不及，而一時射利賣友、採芝綿蕞之徒，亦豈可企哉？」余嘉錫《四庫提要辨證——新語》曰：「夫《新語》豈飛箝捭闔書耶？然則國人皆以孟子爲好辯，又何爲讀之廢書而歎也。（《漢書》）本傳敘賈著《新語》，但言『粗述存亡之徵』一語，此蓋不以《史記》爲然，有意刪去。其他皆沿襲《史記》，

第二節　陸賈思想中重要觀念解析

一、道

陸賈所謂的「道」，是指宇宙間萬事萬物的原理原則，〔註10〕它存在於天地之間的一切事務之中，所謂「寄之天地之間」（〈慎微〉第六），永不消失，所以陸氏曰：

> 道無廢而不興。（同上）

道既有普遍性，又是恆久不變的。而其產生則合天、地、人而成。陸賈曰：

> 傳曰：「天生萬物，以地養之，聖人成之。」功德參合而道術生焉。
> （〈道基〉第一）

天生、地養、人成，道術因而產生，道術是承天地而來，透過人的體現成就的，因此，陸賈所謂的道術，包含天道、地道、人道。這和《易傳》的觀點〔註11〕相同。

（一）天道、地道

陸賈天道觀念，有自然的天，有意志的天，「地」則純屬自然，依附於天道，關於天道的內容，陸氏云：

> 張日月、列星辰、序四時，調陰陽，布氣治性，次置五行，春生夏長，秋收冬藏，陽生雷電，陰成雪霜，養育群生，一茂一亡。潤之以風雨，曝之以日光，溫之以節氣，降之以殞霜，位之以眾星，制之以斗衡。（〈道基〉第一）

這是生養萬物、自然的天。所謂「天道調四時」〈術事〉第二），天道只展現自然的規律，與人事無涉。地道承順天道養育萬物，陸賈形容它說：

> 地封五嶽，畫四瀆，規洿澤，通水泉，樹物養類，苞殖萬根，暴形養精，以立群生。不違天時，不奪物性，不藏其情，不逆其詐。（〈道

無所發明。〈傳贊〉雖改作，但稱其『附會將相，以彊社稷，身名俱榮。』竟不復道及《新語》。〈敘傳〉亦只言『從容諷議，博我以文』而已。博我以文即指《新語》言之。後儒因之，遂鮮稱述之者。」余氏論述縝密，可謂知陸賈者。

〔註10〕參〈陸賈的政治思想〉，賀凌虛著，《中國古代政治思想論集》，頁80。又，王興國認為，陸賈「道」是指「自然規律與人事法則」，與賀氏相同而更明確，見〈陸賈的辯證法思想〉，《求索》，1989年第四期，頁59。

〔註11〕《易‧繫辭下》：「易之為書也，廣大悉備，有天道焉，有地道焉，有人道焉。」

基〉第一）

地道上不背天道，下不逆萬物情性，與天配合，萬物乃得以生育長養。所以陸賈接著又說：

> 跂行喘息、蜎飛蠕動之類，水生陸行，根著葉長之屬，爲寧其心而安其性，蓋天地相承，氣感相應而成也。（〈道基〉第一）

萬物就在天地自然間，順著天地之道，生老茂亡。

陸賈天道的觀念，也有另一層次，即天能感應人事，是有意志的天，陸氏云：

> 苞之以六合，羅之以紀綱，改之以災變，告之以禎祥，動之以生殺，悟之以文章。（〈道基〉第一）

天道，在陸賈心目中並非只生育萬物，自然無爲，而且會警惕人們，整飭人道。上天甚至可佐助有德君子，逐鹿天下，所以，陸賈對尉佗說：

> 項羽倍約，自立爲西楚霸王，諸侯皆屬，可謂至彊。然漢王起巴蜀，鞭笞天下，劫略諸侯，遂誅項羽，滅之。五年之間，海內平定，此非人力，天之所建也。（《史記‧酈生陸賈列傳》卷九十七）

陸賈用君權天授的觀點，來提高漢朝皇帝的天威，以懾服倨傲自大的尉佗，足以說明陸賈對天的觀念。《新語》中也有相同的觀念，陸氏曰：

> 大怒之威，非氣力所能行也。聖人乘天威，合天氣，承天功，象天容，而不與爲功，豈不難哉？（〈本行〉第十）

歷代聖君賢王，都是憑恃天威臣服子民，治理天下，與天地合德，創金石功業。違背天道，則國破家亡。

陸賈對「天」的理解，主要是承繼荀子天道自然，無關人事的觀念，但也摻雜了「天人感應」的思想，將天意志化、人格化。形成了「兩重性的天道觀」（《中國古代著名哲學家評傳續編——陸賈》，葛榮晉著，頁141），這兩種天道觀，在今天看來，不免矛盾，而陸賈囿於時代思潮的影響下視爲當然。

（二）人 道

萬物因天地孕育而生，人類自不能例外，但人類有智慧能「仰觀天文」、「俯察地理」（〈道基〉第一），創造人道。陸賈曰：

> 於是先聖乃仰觀天文，俯察地理，圖畫乾坤，以定人道，民始開悟，知有父子之親、君臣之義、夫婦之別、長幼之序，於是百官立，王道乃生。（同上）

人道是聖人取法天地而創造出來的，〔註12〕而其主要內容則是人倫。人類在天地間安身立命，必須順仁義而行。陸氏曰：

> 天地生人也，以禮義之性，人能察己，所以受命則順，順之謂道。(《論衡‧本性》第十三引)

人類挺立萬物之中，因人類有萬物所缺的禮義，人們能體察此稟賦，善加發揚，則能體道。甚至參贊化育。這和《中庸》「天命之謂性，率性之謂道」的說法，如出一轍。順率天命的禮義之性，就能彰顯人道。彰顯人道，就是「合天氣」、「象天容」(〈本行〉第十)。

　　人道既然本於天道，則人道當依於天道，否則將不能行之久遠。陸氏曰：

> 事不生於法度，道不本天地，可言而不可行也，可聽而不可傳也，可□酖而不可大用也。(〈懷慮〉第九)

只有「天人合策」，才能「原道悉備」(〈道基〉第一)，而「道」也得靠人的實現，才能彰顯。陸氏又曰：

> 道者，人之所行也。夫大道履之而行，則無不能，故謂之道。(〈慎微〉第一)

天道端人賴人道展現，所謂「人能弘道」(《論語‧衛靈公》)，而道不行於天下，也只是無人實踐。人們不能合道而行，則是不能善體天道。陸氏曰：

> 孔子曰：「道之不行也。」言人不能行之。故謂顏淵曰：「用之則行，舍之則藏，惟我與爾有是夫。」言顏淵道施於世而莫之用，由人不能分別纖微，忖度天地。(〈慎微〉第六)

道常隱晦莫明，只有智者能通曉，所以，陸賈說「道為智者設」(〈術事〉第二)，眾民則需在上位者的化育與引領。

　　治理人民的「王道」是基於人道發展出來的，王道仍需承天地之道，國家才能長治久安，陸賈曰：

> 聖人承天之明，正日月之行，錄星辰之度，因天地之利，等高下之宜，設山川之使，平四海，分九州，同好惡，一風俗。……故曰：「則天之明，因天之利。」觀天之化，推演萬事之類，散之於瀰漫之間，

〔註12〕此種說法和《易傳》相同。《易繫辭上》：「古者包犧氏之王天下也，仰則觀象於天，俯則觀法於地，觀鳥獸之文與地之宜，近取諸身，遠取諸物，於是始作八卦，以通神明之德，以類萬物之情。」據此，學者咸認為，陸賈此處所謂先聖應是伏犧。

> 調之以寒暑之節,同之以風雨之化,故絕國異俗□□□,樂則歌,
> 哀則哭。(〈明誡〉第十一)

聖人治理萬民萬物,必先邃通萬物之情,而萬物所由生的天地,理當是效法的對象,只有效法天則、順應地利,才能創造出宜物宜民的環境,使百姓長養其中,進而承上化育,治道推行也就無往不利,恩澤自然及於天下,陸賈形容聖人治世的情形說:

> 聖人之理,恩及昆蟲,澤及草木,乘天氣而生,隨寒暑而動者,莫
> 不延頸而望治,傾耳而聽化。(同上)

聖人所以能達到這種境界,不外乎體察天地道體,順應萬物情性。因此,陸賈的天道、地道、人道,沒有任何神祕的色彩。陸賈曰:

> 在天者可見,在地者可量,在物者可紀,在人者可相。(〈道基〉第
> 一)

「道」絕非遙不可及,也非高不可攀,而是近在咫尺,可以被體察、認識的。「道」隱晦的原因,是人們「惑於外貌,失於中情」(〈術事〉第二),被事物的表象迷惑而已。

二、氣

　　陸賈認為,宇宙的創生,是先有天地,後有萬物,萬物是「天地相承,氣感相應」(〈道基〉第一)而成的,萬物既是「天氣所生」(同上),陸賈所指的「氣」為何?陸氏曰:

> (天道)調陰陽,布氣治性。次置五行,春生夏長,秋收冬藏,陽
> 成雷電,陰成雪霜,養育群生,一茂一亡。(同上)

天布施氣以成物性,氣即陰陽,一切生物都陰陽二氣相感相應而成(《兩漢思想史》祝瑞開著,頁51)。萬物之性由天透過陰陽二氣的感應,賦予萬物,萬物的生命,就是氣化的生命,宇宙也是氣化的宇宙,人們要強固生命,則必須養氣、調氣,陸賈曰:

> 調氣養性,仁者壽長。(〈道基〉第一)
>
> 養氣治性,思通精神,延壽命者,則志不流於外。(〈懷慮〉第九)

養氣的方法,則貴在平和與專一,使心氣平和,不過於外放,則自然「志定心平,血脈乃彊」(同上),否則「氣泄生疾,壽命不長」(同上)。陸賈當然不停留在個人的調氣延壽上,而是將這種觀念應用於治道,他說:

聖人王世，聖者建功……德配陰陽……將氣養物。(〈道基〉第一)

聖人治世，要逐通萬物情性，就得調和陰陽二氣，萬物才能遂其生、成其長。而人主對氣的調養，也可使其個性不流於極端，採行的政策自然中庸平和，不會流於暴虐，陸賈進一步闡釋：

治末者調其本，端影者正其形，養其根者枝葉茂，志氣調者即道沖。(〈術事〉第二)

「道沖」的具體表現則是寬舒、中和，陸賈曰：

君子尚寬舒以襃其身，行身中和以致疏遠，民畏其威而從其化，懷其德而歸其境，美其治而不敢違其政，民不罰而畏，不賞而勸，漸漬於道德，被服於中和之所致也。(〈無爲〉第四)

寬鬆的政策，須配合君主寬舒的修養，才能使中和的政令得到明確的貫徹。個人的修養與政事的治理，在此獲得契合(〈陸賈政治思想研究〉吳力行著，見《中華文化復興月刊》，十卷十一期，頁 77)，而陸賈言陰陽必歸結仁義道德(同上。有關陸賈仁義的思想，容後詳述)，也可由此段以中和、道德並論治道的文字一窺端倪。

陸賈的觀念中，氣不僅是養身、治道所不可少，也是溝通天人的媒介，他說：

性藏於人，則氣達於天，纖微浩大，下學上達，事以類相從，聲以音相應。(〈術事〉第二)

氣的流動、感應，所根據的原則是同類相從。陸賈天人感應的理論就是基於此。他說：

惡政生惡氣，惡氣生災異。(〈明誡〉第十一)

災異的產生，並非人格神的天所賜福降禍，而是反映國君的政令，由氣的感應而上達於天，天才顯現各種災異以警示國君。

惡政產生災異，是由於氣的流通與感應(《中國哲學思想史・兩漢南北朝篇》，羅光著，頁 146)，德治與教化的功效也是如此，陸賈說：

事以類相從，聲以音相應，道唱而德和，仁立而義興。(〈術事〉第二)

故曰：「堯舜之民，可比屋而封，桀紂之民，可比屋而誅」何者？教化使然也。故近河之地溼，近山之木長者，以類相及也。(〈無爲〉第四)

人與人之間的感應溝通，也是遵循「同類相從」的原則，基於此，君主從事德治、教化，則能感化人民，達到上明下清、風行草偃的功效。

這種藉由氣的流通、感應而說明天人相應、人物感通的觀念，在《呂氏春秋》已出現，如「類比相召，氣同則合，聲比則應，鼓宮而宮動，鼓角而角動。」（〈應同〉卷十三）、「月也者，群陰之本也，月陰則蚌蛤實，群陰盈；月晦則蚌蛤虛，群陰虧。夫月形乎天，而群陰化乎淵。……群雖異處而相通，隱志相及、痛疾相救、憂思相感，生則相歡，死則相哀，此之謂骨肉之親。神出於忠而應乎心，兩精相得。」（〈精通〉卷七）這種思想成爲漢代天人感應的哲學基礎（〈中國哲學思想史・兩漢南北朝篇〉，羅光著，頁82）。

三、歷史進化論

陸賈合天、地、人三者而言道術，人是最能體現道術的，尤其是聖人。《新語》透過歷代聖王的創制發明，說明人類歷史的演變與文明的進化，闡發「聖人成之」（〈道基〉第一）的道理。

陸賈首先將人類歷史概分爲三階段：先聖、中聖、後聖，先聖主要指伏羲，還包括神農、黃帝、后稷、大禹、奚仲、皋陶等，中聖則是指文王、周公，後聖則是孔子，〔註13〕這種說法是受了韓非的影響，〔註14〕韓非分古史爲上古之世、中古之世、近古之世，並以有巢氏、燧人氏爲上古的聖王，禹爲中古的聖王，湯、武爲近世的聖王（《韓非子・五蠹》第四十五）。可見，陸賈並未完全因襲韓非的說法。

陸賈所謂先聖的時代，主要代表人類文明初萌時的各種創制。包括神農教人食五穀、黃帝教人築宮室、后稷教人耕種織衣；大禹治水、奚仲造車、皋陶定法律、分別善惡等，而人倫與宮制也在此時萌芽（〈道基〉第一）。這一時期最主要使人民擺脫茹毛飲血的原始狀況，解決人民衣、食、住、行的問題，並啓蒙了人道，設立了簡單的官制與法律。

〔註13〕 在《新語・道基》中，陸賈並未明言先聖、中聖、後聖是誰？後人根據《新語》承襲《易繫辭》文字的比照，與陸賈對聖王貢獻的描寫，時代先後的斷定，而認定先聖指伏犧，中聖指的是文王、周公，後聖是孔子。參〈兩漢儒家諸子之研討〉，熊公哲著，《政治大學學報》十五期，頁126；《新語校注》，王利器著，頁9、17、18。

〔註14〕 參《中國中古思想史長編》上），胡適著，頁167。又，〈讀陸賈新語〉，張傑述著，《光華大學半月刊》，五卷二期，頁54。

先聖創制法律雖可使人們分別是非、不敢貪多妄為，但缺乏禮義教化，仍有不足，中聖繼出，以學校教育教化人民，陸賈曰：

> 中聖乃設辟雍庠序之教，以正上下之儀，明父子之禮、君臣之義，
> 使強不凌弱，眾不暴寡，棄貪鄙之心，興清潔之行。（道基第一）

禮義教育更進一步教育人民如何守分，實踐符合自己身分的禮儀，以期社會人人循規蹈矩，不再有欺凌暴虐的事情發生。陸賈將禮義教化擺在刑罰之後，不僅合乎人類文明的進化，也顯示他對教化的重視。

禮義教育固然有維持社會綱紀的作用，但禮壞樂崩的時候，禮儀流於形式，已喪失其社會功能。後聖（孔子）更深入思考禮義的人性根源，整理五經，明定六藝，為人倫教化立下萬世宏規。陸氏曰：

> 後聖乃定五經、明六藝，承天統地，窮事察微，原情立本，以緒人
> 倫，宗諸天地，纂修篇章，垂諸來世，被諸鳥獸，以匡衰亂。天人
> 合策，原道悉備。（同上）

五經、六藝的出現，是人類文化的一個高峰，因為他根於人情，承天統地，是道術高明的創發。禮義也因此獲得了新生，而有更上層的精神文明，如：音樂、美術、雕刻都相繼出現，最後甚至達到了萬事萬物都為聖人所制用，展現出最佳功能，陸賈形容說：

> 天氣所生，神靈所治，幽閒清靜，與神浮沈，莫不效力為用，盡情
> 為器。故曰：聖人成之。所以能統物通變，治情性，顯仁義也。（同
> 上）

陸賈強調，一切的創制發明，無非是把一物性的世界，轉化為理性的世界，充分表現出文化演進的本質（《中國歷代思想家——陸賈》，王更生著，頁 22）。人能「統物通變」，則能順天變而改易，能「治情性」，則能隨物性而怡養，能「顯仁義」，則能以道德引領政治（〈陸賈政治思想研究〉，吳力行著，《中華文化復興月刊》，十卷十一期，頁 76）。人道在天地間的主體性，透過聖人的創造而表露無遺，文明也在這些層層進昇的發明中，不斷往前進步。

這種歷史、文化的進化論，在《易繫辭》中也有類似的見解，〔註15〕陸

〔註15〕《易繫辭下》：「古者包犧氏之王天下也，仰則觀象於天，俯則觀法於地，觀鳥獸之文與地之宜，近取諸身，遠取諸物，於是始作八卦，以通神明之德，以類萬物之情。作結繩而為罔罟，以佃以漁，蓋取諸離。包犧氏沒，神農氏作，斲木為耜，揉木為耒，耒耨之利以教天下，蓋取諸益。日中為市，致天下之民，聚天下之貨，交易而退，各得其所，蓋取諸噬嗑。神農氏沒，黃帝

賈在文字上也有因襲的痕跡，《繫辭》強調聖人觀象制器，也具有文化演進的思想（《中國中古思想史長編》上，胡適著，頁 169），陸賈則更明確、更有系統地強調聖人承天統地的創制，並凸顯後聖（孔子）的偉大成就。而其觀點則近於韓非的「聖人不期修古，不法常可，論世之事，因為之備」（《韓非子・五蠹》第四十九）。陸賈所說是古人的文化起原論中最有條理的論定，尤其他把禮義教育置於中聖時代，把美術、雕刻放在後聖時代，是相當難能可貴的（同上，胡適著）。

陸賈說明社會文明的進化，其實也就是政治的進化（《中國政治思想思》，薩孟武著，頁 171），「王道」，即治國理民的原則，在先聖時代，已略具雛型，聖人的創制也都是養民、保民、教民的工作，針對當代面臨的問題，創造新制，以圖解決。中聖時代的禮義教化，重點之一是要臣民明瞭君臣尊卑的關係，匡正上下的禮儀，藉以達到教化的目的。後聖刪定先秦典籍而訂五經，為教育人民而明列六藝，也是具有匡正禮壞樂崩的衰亂局世的功能，是極富政治色彩的。《新語》是面陳高祖的奏章，陸賈列舉歷代聖王的制作，無異的有鼓勵高祖效法的意圖。因此，有些學者逐將陸賈的歷史的進化論，詮釋成政治的進化論（《中國政治思想史》，張金鑑著，頁 775），這跟陸賈原意並非逕庭。

第三節　陸賈的政治思想

《新語》一書的著作，[註 16] 最主要是回應高祖求治的要求，總結歷史經驗，為漢代訂立治國方針，因此，其內容多為政治思想。漢初的思想界，

　堯舜氏作，通其變，使民不倦；神而化之，使民宜之。《易》窮則變，變則通，通則久。是以自天祐之，吉無不利。黃帝、堯舜垂衣裳而天下治，蓋取諸乾、坤。刳木為舟、剡木為楫，舟楫之利以濟不通，致遠以利天下，蓋取諸渙。服牛乘馬，引重致遠以利天下，蓋取諸隨。重門擊柝以待暴客，蓋取諸豫。斷木為杵，掘地為臼，臼杵之利，萬民以濟，蓋取諸小過。上古穴居而野處，後世聖人易之以宮室，上棟下宇，以待風雨，蓋取諸大壯。古之葬者，厚衣之以薪，葬之中野，不封不樹，喪期無數，後世聖人易之以棺槨，蓋取諸大過。上古結繩而治，後世聖人易之以書契，百官以治，萬民以察，蓋取諸夬。」

〔註16〕 關於《新語》的著作年代，有兩種說法，一是高祖六年（參孫以舟〈論陸賈新語的真偽〉，《古史辨》第六冊）。一是高祖十一年或十二年（夏長樸《兩漢儒學研究》，臺大中文所碩士論文，六十三年，頁 84）。考《史記・酈生陸賈列傳》卷九十七，陸賈著《新語》是在第一次出使南越之後（高祖十一年），因此，第二種說法可以採信。

是百家爭鳴而趨於混融，加以社會經濟凋蔽，人民亟待休養生息，陸賈的思想受時代風氣影響，雜揉了儒、道、陰陽、法各家，而以儒、道爲主，提出他對時代問題的解決方案。

　　漢代鑑於秦朝任法而亡，對法家極端排斥，陸賈提出儒家的仁義，配合道家的無爲，作爲其政治思想的主要訴求，至於法家的法治、權、勢等觀念，陸賈只用來輔助、潤色仁義。在時代風潮的影響下，思想中也免不了雜有天人感應之說，不過，並未淪爲迷信，茲將其重要內容分述如下：

一、尚無爲

　　陸賈認爲「道」的最高境界是無爲，他說：

　　　道莫大於無爲，行莫大於謹敬。（〈無爲〉第四）

陸賈把無爲提高到這種地位，主要是反映當時客觀環境的需要。當時，漢朝初建，政權尚未鞏固，天下蒼生嗷嗷待哺，爲了避免重蹈秦代「舉措暴衆，用刑太極」（〈無爲〉第四）的覆轍，陸賈首先提出無爲的主張，作爲漢代帝王的治國原則。

　　陸賈的無爲是效法天地之道而來（〈陸賈的政治思想〉，賀凌虛著，《中國古代政治思想論集》，頁81），陸賈的天，有自然的意義，而人道效法天道（見前一節對道的討論），無爲是治道的極則，當然根源於天道。天道（包括地道）的表現就是「不奪物性，不藏其情」（〈道基〉第一），順應萬物的情性，遂其生長，既然「天出善道，聖人則之」（〈明誡〉第十一），那麼君主就得效法天道的無爲。

　　陸賈總結歷史經驗，提出無爲而治的典範：舜與周公。陸氏曰：

　　　昔舜治天下也，彈五弦之琴，歌南風之詩，寂若無治國之意，漠若
　　　無憂民之心，然而天下大治；周公制作禮樂，效天地、望山川，師
　　　旅不設，刑格法懸，而四海之內，奉供來臻，越裳之君，重譯來朝。
　　　故無爲者，乃有爲也。（〈無爲〉第四）

在緊接此段之後，陸賈舉秦代極端任刑尚威而招致亡國的教訓。是以舜與周公的無爲，與秦的過度有爲相較而見得失。周公的無爲是制禮作樂，以禮樂治國，結果四方臣服稱貢，是以德服人，舜鳴琴而天下治，也是德化的力量。因此，陸賈的「無爲」思想是經過綜合儒道的改造而賦予新義的。

　　陸賈無爲的內容是政簡（〈陸賈的政治思想〉，王雲五著，《兩漢三國政治

思史》，頁4。）、不干涉與節儉，是矯正秦法煩苛，欲求清靜安定的治術。陸氏曰：

> 夫刑重則心煩，事眾者身勞，心煩者則刑罰縱橫而無所立，身勞者
> 百端迴邪而無所就。（〈至德〉第八）

刑重事煩的結果，只是讓刑罰氾濫、奸邪趁虛而入，無益於治道。因此，陸賈主張要「寬舒」、「柔懦」。陸氏曰：

> 君子尚寬舒以苞其身，行身中和以致疏遠。（〈無爲〉第四）

> 懷剛者久而缺，持柔者久而長，躁疾者爲速厥，遲重者爲常存，尚
> 勇者爲悔近，溫厚者行寬舒，懷急促者必有所虧，柔懦者制剛強。（〈輔
> 政〉第三）

剛猛的法治，激進的改革措施，都不適合休養生息的時代，因此，陸賈要求主政者應簡化政令，並以「溫厚」、「寬舒」、「中和」的態度治理人民，才能適合當代的要求。

除了寬舒溫和的態度外，陸賈更建議國君，要安定人民生活，則必須節制自己的欲望，不與民爭利。陸氏曰：

> 據土子民，治國治眾者，不可以圖利。治產業，則教化不行，政令
> 不從。（〈懷慮〉第九）

爲政者貪財利，則必定導致與民爭利，引起民怨，政令無法推行。所以，陸賈指出，秦亡於驕奢（〈無爲〉第四），魯莊公與民爭利、放縱欲望的結果是「財盡於驕淫，加疲於不急，上困於用，下饑於食。」（〈至德〉第八）國力從此積弱不振。因此，君王首當節制物欲，效法聖人，陸氏曰：

> 聖人不貴寡，……聖人不用珠玉而寶其身，故舜棄黃金於嶄巖之山，
> 損珠玉於五湖之淵，將以杜淫邪之欲，絕琦瑋之情。（〈術事〉第二）

減低自己的物欲之後，自然就能勵行儉約、杜絕奢靡。而國君當更進一步的對人民採取不干涉的態度，不打擾人民，使其致力農耕，厚植國力。陸賈云：

> 夫懷璧玉，要環佩，服名寶，藏珍怪，玉斗酌酒，金罍刻鏤，所以
> 夸小人之目者；高臺百仞，金城文畫，所以疲百姓之力者也。故聖
> 人卑宮室而高道德，惡衣服而勤仁義，不損其行，以好其容，好飾
> 其德，以飾其身，國不興不事之功，家不藏不用之器，所以稀力役
> 而省貢獻也。（〈本行〉第十）

對於疲累百姓、誇耀榮華的奢侈事物，陸賈認爲在上者應加以棄置，不煩擾

百姓，不妄為興作、暴斂人民，這就是無為，也是仁義的具體表現，陸賈的無為，最後的歸結處是行仁義。所謂「治以道德為上，行以仁義為本。」陸賈更強調「君子握道而治，據德而行，席仁而坐，杖義而彊，虛無寂寞，通動無量。」、「仁者道之紀，義者聖之學」（俱見《道基》第一）。無為是最高的指導原則，落實於實際施為，則是政清事簡、便利人民的政策，是依仁行義的德政。

陸賈對理想的治世，所作具體的描寫，即所謂的「至德之世」。陸氏曰：

> 是以君子之為治也，塊然若無事，寂然若無聲，官府若無吏，亭落若無民，閭里不訟於巷，老幼不愁於庭，近者無所議，遠者無所聽，郵無夜行之卒，鄉無夜召之征，犬不夜吠，雞不夜鳴，耆老甘味於堂，丁男耕耘於野，在朝者忠於君，在家者孝於親，於是賞善罰惡而潤色之，興群雍庠序而教誨之，然後賢愚異議，廉鄙異科，長幼異節，上下有差，強弱相扶，小大相懷，尊卑相承，雁行相隨，不言而信，不怒而威，豈恃堅甲利兵，深刑刻令，朝夕切切而後行哉？

（《至德》第八）

「至德之世」的實踐，絕非恃恃嚴刑苛法可達，而是以道家清靜無為與儒家仁義教化為主，加上法家法治觀念的輔助而成。「無為」是其境界的描述，而實的作為，則落實在儒家，與老子主張無為而批判仁義正好相反。陸賈的無為是要行仁義（《中國哲學發展史——秦漢》，任繼愈主編，頁 139。），在至德之世中，人人各安本分，君臣、尊卑、上下、強弱、賢愚等人際關係，都相當和諧，這種關係的維持和協調，不是透過任民自化，也不是嚴刑酷誅，而是藉由教育、道德加以維繫（《漢代思想史》，金春峰，頁 89。），而輔以適度的賞罰。在此，陸賈將儒、道、法家的思想加以創造性的組合，為高祖設計了一個合乎漢初政經環境的政治藍圖。

老子曰：「我無為而民自化，我好靜而民自正。」（《老子》五十七章），陸賈描述的無為社會，一連用八個「無」和四個「不」，顯然是承老子無為的思想，反對統治者為一己私利，過份干擾百姓生活，弄得天下騷動。（參《中國古代著名哲學家評傳續編——陸賈》，葛榮晉著，頁 133～134）但道家批判仁義禮樂、法令等主張〔註17〕則陸賈並未全然採納。陸賈主張行仁義，以五

〔註17〕 如「絕聖棄，民利百倍；絕仁棄義，民復孝慈。」（《老子》十九章）「禮者，忠信之薄而亂之首」（《老子》二十八章）「法令滋章，盜賊多有。」（《老子》

經六藝重建人倫的思想，是達到「至德之世」的主要途徑，而人人各正性命的境界，正是孔子「老者安之，朋友信之，少者懷之」的理想，也是儒家德治的最高境界（《政道與治道》，牟宗三著，頁29）。儒家也講無爲，儒家的無爲是建立在德治上，孔子所謂「所政以德，譬如北辰，居其所而眾星拱之。」（《論語・爲政》）以德化民，至簡至易，就是無爲（《政道與治道》，牟宗三著，頁28～29），而陸賈的無爲，雖受道家的影響，其主調卻是儒家的。

　　陸賈無爲的施政理念，被漢初帝王採用，而成爲漢初政策的主流。漢初帝王生活大多節約，高祖斥責蕭何建未央宮過於奢繁，前已詳述。最有名的是文帝的儉約。〔註18〕爲減輕人民的負擔，高祖時即「約法省禁，輕田租，什五而稅一。量吏祿、度官用，以賦於民。」文帝時，賦三十之一，甚至在十三年，下令免除天下田租。景帝復行三十稅一的制度，與秦朝收「泰半之賦」（以上見《漢書・食貨志上》，卷二十四。），有天壤之別。對四方強大的異族，與國內強大的諸侯，則採取和平相處、容忍的態度：南越二次稱度，高祖、文帝都派陸賈封尉佗爲王（《史記・南越列傳》卷一百十三）；匈奴屢次擾邊，甚至出言污辱呂后，漢朝仍採取低姿態（《史記・匈奴列傳》卷一百十）；文帝對吳王的無禮、臣下的不法，也都採寬容的態度（《漢書・文帝紀》卷四），這和陸賈提出的無爲──寬舒、溫厚的精神是一致的。

二、行仁義

　　仁義是儒家思想的中心，孔子倡仁，在政治上特別強調德治，孟子兼言仁義，在政治上力主行仁政，陸賈的政治主張，也是以行仁政爲根本要務。陸氏曰：

> 治以道德爲尚，行以仁義爲本。（〈本行〉第十）

聖人治世，必依仁義道德，而非循私縱欲，陸賈總結歷史教訓，深信仁道是治國的不二法門，他說：

> 危而不傾，佚而不亂，仁義之所治也。（〈道基〉第一）

五十七章）

〔註18〕《史記・孝文本紀》卷十：「孝文帝即位二十三年，宮室苑囿，狗馬服御，無所增益。有不便，輒弛以利民，嘗欲作露臺，召匠計之，直百金。上曰：『百金，中民十家之產。吾奉先帝宮室，常恐羞之，何以臺爲？』上常衣綈衣，所幸慎夫人，令衣不得曳地，幃帳不得文繡，以示敦朴、爲天下先。治霸陵，皆以瓦器，不得以金銀銅錫爲飾，不治墳，欲爲省，毋煩民。」

又，

> 萬世不亂，仁義之所治也。（同上）

行仁義是萬世不變的至則，國君依循仁義，則成就治世、建立功業，違背仁義，則無德無功，國破家亡。所以陸賈認爲國君「居高處上，則以仁義爲巢」，堯能行仁義，因此能「德配天地，光被人極，功垂於無窮，名傳於不朽。」（〈輔政〉第三）。而亡國之君，酒池肉林，富比天下，擁有兵權、武力強大，但卻「功不能自存，而威不能自守」，最根本的原因就是「道德不存乎身，仁義不加於下」（〈本行〉第十），世局盛衰，是以仁義是否實踐爲依準，因此，行仁義是國君的首要任務。

陸賈認爲，仁義不只是長治久安的根本之道，也是個人修身處世的最高原則，因此，「謀事不並仁義者後必敗，殖不固本而立高基者後必崩」（〈道基〉第一），陸賈更由此而將仁義的意涵推擴至無窮，他說：

> 骨肉以仁親，夫婦以義合，朋友以義信，君臣以義序，百官以義承，曾、閔以仁成大孝，伯姬以爲義建至貞，守國者以仁堅固，佐君者以義不傾，君以仁治，臣以義平，鄉黨以仁恂恂，朝廷以義便便，美女以貞顯其行，烈士以義彰其名，陽氣以仁生，陰氣以義降，鹿鳴以仁求其群，關雎以義鳴其雄，《春秋》以仁義貶絕，《詩》以仁義存亡，乾坤以仁和合，八卦以義相承，《書》以仁敍九族，君臣以義制忠，禮以仁盡節，樂以禮升降。（〈道基〉第一）

仁義不僅是人倫的基礎，也是五經六藝的基本思想，一切事物的運作與行爲，都不能脫離仁義的範圍，因此，舉凡一切成敗、利鈍、禍福，都是以行仁義爲關鍵（《中國政治思想史》，張金鑑，頁 777），人類的一切行爲，也都以仁義爲依歸。

陸氏曰：

> 仁者道之紀，義者聖之學。學之者明，失之者昏，背之者亡。陳力就列，以義建功，師旅行陣，德仁爲固，仗義而彊，調氣養性，仁者壽長，美才次德，義者行方。君子以義相褒，小人以利相欺，愚者以利相亂，賢者以義相治。（〈道基〉第一）

仁義是「道」在事物中的具體原則，也是成聖成賢的唯一途徑。

仁義蘊涵的人道，是可以認識、學習的，因爲孔子刪定的五經、六藝就是仁義所寄，陸賈曰：

夫子當於道，二三子近於義。……閔周室之衰微，禮義之不行也，厄挫頓仆，歷說諸侯，欲匡帝王之道，反天下之政，身無其立，而世無其主，周流天下，無所合意，大道隱而不舒，羽翼摧而不申。自□□□深授其化，以序終始，追治去事，以正來世，按紀圖錄，以知性命，表定六藝，以重儒術。善惡不相干，貴賤不相侮，強弱不相凌，賢與不肖不得相踰，科第相序，為萬□□□而不絕，功傳而不衰，《詩》、《書》、《禮》、《樂》為得其所，乃天道之所立，大義之所行也。（〈本行〉第十）

孔子是歸結、發揚仁義的聖人，除了他的行事供人學習之外，五經六藝就是孔子體道、行仁義的智慧結晶。是個人安身立命的根本，也是治國的經典。

既然仁義是行事的最高原則，又可以學而至，則人格的價值也就端視行為是否合於仁義。陸賈曰：

尊於位而無德者絀，富於財而無義者刑，賤而好德者尊，貧而有義者榮。段干木徒步之士，脩道行德，魏文侯過其閭而軾之。夫子陳、蔡之厄，豆飯菜羹，不足以接餒，二三子布弊褞袍，不足以禦寒，倥傯屈厄，自處甚矣。（〈本行〉第十）

陸賈認為，尊榮顯貴，不依於權勢財富，而取決於道德人格，也只有居仁由義的人，能不屈於權貴與環境，挺立其道德人格，受人敬重。由此，陸賈進一步認為，仁義是人道的高度表現。他說：

聖人成之，所以能統物通變，治情性，顯仁義也。（〈道基〉第一）

「統物通變」、「治情性」，都是仁義的具體表現。歷代聖人創制發明，設立典章，實行教化，都是行仁義的具體成果，而實踐仁義的人道，有別於自然無為的天生地養，是積極有為的，因此，陸賈極力強調人的價值，他說：

夫人者，寬博浩大，恢廓密微，附遠寧近，懷來萬邦。（同上）

人挺立於天地的途徑，並不限於建立事功，只要依於仁義即可，所以，陸賈認為「虞舜蒸蒸於父母，光耀於天地；伯夷、叔齊餓於首陽，功美垂於萬代。」（同上）「聖人成之」，不僅成於事功，也成於道德人格，仁義是徹上徹下，彰顯人類價值的原則，也是陸賈政治思想的主體。

三、倡德治

陸賈鑑於秦朝暴刑虐民，在消極上主張輕刑，在積極上則主張德治，因此，

《新語》中，德、刑並立的文字很多，諸如：「刑立則德散」（〈術事〉第二）、「齊桓公尙德以霸，秦二世尙刑而亡。」（〈道基〉第一），陸賈認爲德治、刑治是相對立的，徵諸歷史，尙刑的亡國，尙德的強盛，因此，陸賈力主德治。

　　陸賈主張德治的另一個原因，是基於對爲政必先德民的深切體認，陸氏曰：

> 欲富國強威、闢地服遠者，必得之於民；欲建功興譽、垂名烈、流榮華者，必取之於身。（〈至德〉第八）

民本的思想，是儒家的一貫理念，〔註19〕陸賈本此認爲人民是國家的根本，要國家強盛，必先得民心，得民心的方法就是實行德治。陸賈對民心的向背有親身的體證，他說：

> 天地之性，萬物之類，懷德者眾歸之，恃刑者民畏之，歸之者附其側，畏之則去其域。（同上）

陸賈認爲刑、德在政治上會造成兩極的效果，「虐行則怨積，德布則功興」（〈道基〉第一），因爲「百姓以德附」（〈道基〉第一），因此，惟有實施德治才能救刑濫的弊端，獲得民心。

　　得民心的具體辦法，在當時，除了輕刑、不擾民的具體政策外，最主要的是國君要以身作則，陸賈曰：

> 夫王者之都，南面之君，乃百姓之所取法者也，舉措動作，不可以失法度。昔者，周襄王不能事後母，出居於鄭，而下多叛其親。……齊桓公好婦人之色，妻姑姊妹，而國中多淫於骨肉。楚平王奢侈縱恣，不能制下，檢民以德……於是楚國逾奢，君臣無別。故上之化下，猶風之靡草也。王者尙武於朝，則農夫繕甲兵於田。故君子之御下，民奢應之以儉，驕淫者統之以理，未有上仁而下殘，讓行而爭路者也。故孔子曰：「移風易俗。」（〈無爲〉第四）

統治者身居高位，動見觀瞻，行爲理當爲全民表率，以身作則，如此，則能以德化民。陸賈這種思想和先秦儒家以德化民是一致的，〔註20〕他認爲，國

〔註19〕先秦儒家典籍中的民本思想俯拾皆是，如《尙書》：「民爲邦本，本固邦寧。」（〈五子之歌〉）、「天視自我民視，天聽自我民聽」（〈皋陶謨〉）；《孟子》：「民爲貴、社稷次之，君爲輕。是故，得乎丘民爲天子。」（〈盡心〉）；《荀子》：「天下歸之之謂王，天下去之之謂亡」（〈正論〉第十八）、「天之生民，非爲君也；天下立君，以爲民也。」（〈大略〉第二十七）

〔註20〕《尙書·堯典》：「克明俊德，以親九族，九族既睦，平章百姓，百姓昭明，

君不僅是最高的領導人，更應是人民道德的良師。因爲，國君的一言一行對民眾的影響力相當大，所謂「謬誤出口，則亂及於萬里。」（〈明誡〉第十一）因此，國君必須謹言愼行，要「屈申不可以失法，動作不可以離度」（同上），才能德化民眾。

陸賈強調德治，因爲他深信德化的功效，認爲「善道存乎身，無遠而不至也，惡行著乎己，無近而不去也。」（〈明誡〉第十一），只要君主「舉措動作，不失法則」（〈無爲〉第四），自然上行下效，「德行而下順」（〈愼微〉第六）。人民主動向善的精神，也需要透過德治的啓發才能達到，陸氏曰：

> 君子尚寬舒以褒其身，行身中和以致疏遠。民畏其威而從其化，懷其德而歸其境，美其治而不敢違其政。民不罰而畏，不賞而勸，漸漬於道德，被服於中和之所致也。（〈無爲〉第四）

孔子曰：「道之以政，齊之以刑，民免而無恥；道之以德，齊之以禮，有恥且格。」（《論語・爲政》）陸賈強調德治，對孔子以德治民的思想深有所契。而陸賈認爲國君的聲望，應建立在德治上，而非政刑、武力，所以，他說：「德盛者威廣，力盛者驕眾。」（〈道基〉第一）只有以德立威，才能使人民「不罰而畏」、「美其治而不敢違其政」，而達到人民自化的境界。

德治是內發的政治思想，注重對人民的陶冶，認爲只要統治者以身作則，就能德化人民，以達治世。而由德性達外王，必須以內聖做基礎，由內聖而外王，層層向外推擴，因此，其根本歸於修身，惟有修身才能樹立典範，以身作則。除了統治者的身教外，陸賈同時強調教育的重要，肯定教育的社會功能。良政得由賢者推行，才能發揮功效，陸賈講德治，也注重賢能的拔擢與任用。因此，陸賈的德治思想，除了君主以身作則、爲民表率之外，還包括修身、教化、尙賢等，構成了豐富的意涵，也帶有濃厚的儒家色彩。

（一）修 身

儒家德治的政治思想以修身爲基礎，陸賈既然強調君主德化治民，行爲謹敬，必然主張君王以道德自處，道德的具體內容就是仁義，所以，陸賈要君主以「仁義爲巢」（〈輔政〉第三）。而道德修養應從小處著手，陸賈說：

> 建大功於天下者，必先修於閨門之內，垂大名於萬世者，必先行之

協和萬邦。黎民於變時雍。」《論語・顏淵》載孔子語：「政者，正也。子率以正，孰敢不正。」又，〈子路〉：「其身正，不令而行，其身不正，雖令不從。」大學三綱領、八條目，都是儒家言德治的代表。

於纖微之事。……修之於內，著之於外；行之於小，顯之於大。(〈慎
微〉第六)

修德的過程是層層累積、逐漸擴充的工夫，因此，要治理天下，必先「憂不
存於家」(〈懷慮〉第九)，要德化臣民，則從自我修養做起。陸賈認爲古聖賢
都循此途徑達於盛世。他說：

君明於德，可以及於遠，臣篤於義，可以至於大。何以言之？昔湯
以七十里之封，升帝王之位；周公自立三公之官，比德於五帝三王；
斯乃口出善言，身行善道之所致也。(〈明誡〉第十一)

在道德的世界，君臣各有職分，君要以德化民，臣則以義盡忠。而且不論君、
臣，只要言行合於禮義，勤於修身，自然能德合堯舜、周公。

陸賈認爲道德本乎人性人情，又「有原情立本，以緒人倫」的五經六藝
可資遵循，因此，易知易行，修身並不艱難，陸氏曰：

力學而誦《詩》、《書》，凡人所能爲也；若欲移江、河，動太山，故
人力所不能爲也；如調心在己，背惡向善，不貪於財，不苟於利，
分財取寡，服事取勞，此天下易知之道，易行之事也。……目不能
別黑白，耳不能別清濁，口不能言善惡，則所謂不能也。故設道者
易見曉，所以通凡人之心，而達不能之行。道者，人之所行也。夫
大道履之而行，則無不能，故謂之道。(〈慎微〉第六)

道德的實踐，本無知行、前後的問題，本心而發，就能合於道德，因此，陸
賈也特別強調義、利之辨，國君要不受利的誘惑，才能「道著德興」(〈懷慮〉
第九)，專壹於道，行合於義。陸賈所謂的利包括包括感官的享受、富貴、長
生的誘惑，義則是合乎全民利益的行爲。所以陸賈一再勸誡君主不可「見一
利而喪萬機，取一福而致百禍」(〈思務〉第十二)應該「還熒熒之色，放錚
錚之聲，絕恬美之味，疏嗑嘔之情。」(〈輔政〉第三)「篤於義而薄於利，敏
於行而慎於言」(〈本性〉第十)，只有正本清源，才能行合於德，因此，陸賈
強調，福禍的產生，端視個人心志趨向如何，陸氏曰：

善惡不空作，福禍不濫生，唯心之所向，志之所行而已矣。(〈思務〉
第十二)

既然個人心志是善惡禍福的根源，則修身必注重心的修養，陸賈除了強調專
一於仁義，不受利的誘惑外，也是主張調氣以治心(《秦漢思想研究》，黃錦
鋐著，頁93)。陸氏云：

　　氣感之符，清潔明光，情愫之表，恬暢和良，調密者固，安靜者詳，
　　志安心平，血脈乃彊。(〈懷慮〉第九)

只有志定心平，才能不受富貴、長生的引誘，一心在仁義而致事立功。

　　陸賈的認為修身不僅限於特定對象，而是「自天子以至於庶人，壹是皆
以修身為本。」(《大學》)立德、立功都本於修身，陸氏舉伊尹、曾子為例
說：

　　伊尹負鼎，居於有莘之野，修道德於草廬之下，躬執農夫之作，意
　　懷帝王之道，身在衡門之裏，志圖八極之表，故釋負鼎之志，為天
　　子之佐，剋夏立商，誅逆征暴，除天下之惡，辟殘賊之類，然後海
　　內治、百姓寧。曾子孝於父母，昏定晨省，調寒溫，適輕重，勉之
　　於麋粥之間，行之於衽席之上，而德美重於後世。此二者，修之於
　　內，著之於外；行之於小，顯之於大。(〈慎微〉第六)

陸賈不僅頌揚立功的賢臣，對於立德的諸聖，也給予高度的評價，如有廉節
的伯夷、叔齊(〈道基〉第一)、〈無為〉第四)，志道修德而不恥惡衣惡食的
顏回(〈慎微〉第六)，力行孝道的閔子騫(〈無為〉第四)等。都是「功美垂
於萬代」(〈道基〉第一)的德性典範。

　　因此，陸賈對士人的修養，強調「直道而行」(〈辨惑〉第五)，即使是在
亂世，也要「合道德，采微善，脩父子之禮，以及君臣之序」(〈慎微〉第五)。
陸賈認為，修身本來就是日積月累的功夫，必須時時抱著如臨深淵、如履薄
冰的謹敬態度，不論流離顛沛，或得志在朝，都不忘依德而行，惟有如此，
才能安身立命，進而以德化民。

　　陸賈德治、修身的思想本於仁義，也歸結於仁義，陸氏曰：

　　聖人懷仁仗義，分明纖微，忖度天地，危而不傾、佚而不亂者，仁
　　義之所治也。行之於親近而疏遠悅，脩之於閨門之內而名譽馳於外。
　　故仁無隱而不著，無幽而不彰者，虞舜蒸蒸於父母。光耀於天地；
　　伯夷、叔齊餓於首陽，功美垂於萬代；太公自布衣昇三公之位，累
　　世享千乘之爵。(〈道基〉第一)

以仁義、德治、修身為主幹的政治思想，是陸賈政治思想的特色，而這種以
德化民的思想，很明顯是承繼先秦儒家而來。

(二) 教　化

　　儒家重視教化，孔子說：「富之」、「教之」(《論語‧子路》)。陸賈講德治除

了統治者以身作則，還須配合教育的力量。陸賈極力肯定教育的貢獻，他說：

> 民知畏法而無禮義，於是中聖乃設辟雍庠序之教，以正上下之儀，明父子之禮，君臣之義，使強不凌弱，眾不暴寡，棄貪鄙之心，興清潔之行。（〈道基〉第一）

陸賈認為，百姓經過教育之後，就能明本守分，有長幼之序，行上下之禮，如此，人際之間自然能夠和平相處。而教育潛移默化的力量，較刑法治標的懲戒，功效尤為深遠，所以，陸賈在「至德之世」中，特別強調教化的地位，他說：

> 興辟雍庠序而教誨之，然後賢愚異議，廉鄙異科，長幼異節，上下有差，強弱相扶，大小相懷，尊卑相承，雁行相隨。（〈至德〉第八）

陸賈對教育安定社會、維持社會秩序的功能，深信不疑。認為其功效宏大，可以達到「不言而信，不怒而威」（同上）的境界。

陸賈認為最理想的教材，是孔子修訂的五經六藝（《漢唐教學思想》，王雲五著，頁7～8）。他說：

> 後聖乃定五經，明六藝，承天統地，窮事察微，原情立本，以緒人倫，宗緒天地，纂修篇章，垂諸來世，被諸鳥獸，以匡衰亂。天人合策，原道悉備，智者達其心，百工窮其巧，乃調之以管弦、絲竹之之音，設鐘鼓歌舞之樂，以節奢侈，正風俗，通文雅。（〈道基〉第一）

陸賈提出五經六藝作為教材，是要在政衰教亂後，維繫人倫關係於不墜，[註21]所以，他說「聖人防亂以經藝」（〈道基〉第一）並且透過禮樂的教育，提昇人民的道德、文化水準，藉著倫家的經藝重建社會人倫，提昇人民層次，使國家

〔註21〕 參《兩漢思想史‧漢初的啟蒙思想家──陸賈》卷二，徐復觀著，頁94。又，徐復觀在《中國經學史的基礎》一書中，對這個觀點有進一步的發揮，他說：「他（陸賈）對五經、六藝所作的總評價，其歸結乃在『以緒人倫』一語。『人倫』，是將人分為父子、君臣、夫婦、長幼、朋友等不同的類，而各賦予以適合其類的基本義務，以建立人與人的合理關係，因而建立有秩序的諧和社會。……陸賈親歷暴秦因刑政之苛，人倫道喪；再加以五年戰爭的大破壞，社會失掉了運行的常軌，所以他認定當時政治的急務，便在重建人倫的關係，使社會能在有秩序的諧和中得到安定，於是他所把握的五經、六藝的意義，便在使已紊亂了的人倫，重新得其條理（緒）；這即是他所說的『緒人倫』，『緒人倫』即所以『匡衰亂』。……所以人倫之教，實貫通於五經、六藝之中，為五經、六藝意義的歸結。」（頁209）

進入長治久安之境。

（三）尚　賢

　　爲政之道，要得善法，也要得善人，陸賈所謂的善法，就是仁義，善人就是得賢（《秦漢思想研究》，黃錦鋐著，頁89），善法必得善人才能發生功效，〔註22〕所以陸賈認爲君主最重要的事有二，一是行仁義，一是任賢人。他說：

　　　　夫居高者自處不可以不安，履危者任仗不可以不固。自處不安則墜，
　　　　任仗不固則仆。是以聖人居高處上，則以仁義爲巢，乘危履傾，則
　　　　以聖賢爲杖，故高而不墜，危而不仆。昔者，堯以仁義爲巢，舜以
　　　　稷、契爲杖，故高而益安，動而益固。處宴安之臺，承克讓之塗，
　　　　德配天地，光被八極，功垂於無窮，名傳於不朽，蓋自處得其巢，
　　　　任杖得其材也。（〈輔政〉第三）

仁義是君王自處修身之道，賢人則是君王治國的基杖，兩者相互配合，才能達到無爲而治的治世。秦朝用人不當而招致覆亡，殷鑑不遠，國家的治亂端賴君主是否用賢才，用的人才愈好，國家愈能長治久安，君王功業也就愈能傳之久遠，所謂「杖聖者帝，杖賢者王，杖仁者好，杖義者彊。」（同上）相反的，如果君王相信讒臣，則必定招致滅亡，陸賈於此提出嚴厲的警告，他說：

　　　　夫據千乘之國，而信讒佞之計，未有不亡者也。故《詩》云：「讒人
　　　　罔極，交通四國。」眾邪合心，以傾一君，國危民失，不亦宜乎！
　　　　（同上）

用賢任讒，國興家亡，全在君主一人的抉擇。

　　人君在拔擢人才時，眼光要廣，不可侷限一隅，陸賈說：

　　　　良馬非獨騏驥，利劍非惟干將，美女非獨西施，忠臣非獨呂望。（〈術
　　　　事〉第二）

治理國家需要多方的人才，因此，人才的擢拔一定要深且廣。〔註23〕而在陸

〔註22〕重賢人的言論，在儒家思想中相當鮮明。孔子曰：「文武之政，布在方策，其
　　　　人存，則其政舉；其人亡，則其政息。……故爲政在人。」（《中庸》）孟子曰：
　　　　「徒善不足以爲政，徒法不能以自行。」（《孟子・離婁》）荀子曰：「法不能
　　　　獨立，類不能自行，得其人則存，失其人則亡。」（《荀子・君道》第十二）
　　　　都強調爲政在人。《呂氏春秋》也認爲：「古之善爲君者，勞於論人，而佚於
　　　　官事，得其經也。」（〈當築〉卷二）
〔註23〕任用賢才，貴在適才適用。所以孔子曰：「君子……使人也器之。」（《論語・

賈當時，還沒有科舉制度，人才也只有靠君王發掘、重用，才能為當世建立
功業。所以，陸賈說：

> 有士而不遭文王，道術蓄積而不舒，美玉韞匵而深藏。故懷道者須
> 世，抱樸者待工，道為智者設，馬為御者良，賢為聖者用。（同上）

懷道的賢士不逢遇英明的聖君，就如千里馬不遇伯樂一樣，令賢士扼腕，是
國家的損失。

　　近賢遠讒，是簡明易知的道理，國君也都瞭解要杖賢強國。但，歷史上
的賢才卻多遭埋沒而不顯於世，最主要的原因，是邪臣當道，蒙蔽君主，陸
賈說：

> 人君莫不知求賢以自助，近賢以自輔；然賢聖或隱於田里，而不預
> 國家之事，乃觀聽之臣不明於下，則閉塞之譏歸於君；閉塞之譏歸
> 於君，則忠賢之士棄於野；忠賢之士棄於野，則佞臣之黨存於朝，
> 佞臣之黨存於朝，則下不忠於君；下不忠於君，則上不明於下；上
> 不明於下，是故天下之所以傾覆也。（〈資質〉第七）

為了避免遭邪臣蒙蔽，國君必須有識才的明睿。但人才良窳又難以辨別，「讒
夫似賢，美言似信，聽之者惑，觀之者冥」（〈輔政〉第三），只有賢智的君王，
才能加以分辨。所以讒佞的遭遇是「干聖王者誅，遏賢君者刑，遭凡王者貴，
觸亂世者榮。」（同上）與賢者恰巧相反。賢者是否出現，在於君王「知與不
知」（〈資質〉第七）而已。

　　有道的君子，以道事君，不為一己利害、榮辱而改變初衷，因此，每每
言不合君意，行不契世俗，邪臣則結黨營私，讒毀忠良，敗壞國政，承阿君
意，二者是對立不相容的，但是，正直的君子常被邪臣所排擠，陸賈對此有
相當深刻的描述，他說：

> 邪曲之相銜，枉橈之相錯，正直故不得容其間。諂佞之相扶，讒口
> 之相譽，無高而不可上，無深而不可往者，何？以黨輩眾多，而辭
> 語諧合。（〈辨惑〉第五）

眾口鑠金，顛倒黑白的歷史一再重演，秦二世指鹿為馬的事件（同上），就是

子路》）周公曰：「君子無求備於一人。」（《論語‧微子》）因為，人各有專長，
所謂「物固莫不有長，莫不有短。人亦然」（《呂氏春秋‧用眾》卷四）。除了
儒家之外，慎到、尹文字也有類似的思想，參《儒家政論衍義》，薩孟武著，
頁79～80。

陸賈親耳聽聞的事。邪臣迷惑君主的威力,令人驚懼。所以,陸賈對於明王聖主期待殷切,陸氏曰:

> (明王聖主)誅鉏姦臣賊子之黨,解釋凝滯紕繆之結,然後忠良方
> 直之人,則得容於世而施於政。(同上)

要解除邪臣「浮雲之蔽」,只有依靠君王「神靈之化」(同上),而君王要能明智,則仍歸於仁義修身,因為,陸賈將仁義、任賢並列,就說明其相輔相成的關係,而且,陸賈一直強調君王德化的感召力,如「仁者在位而仁人來,義者在朝而義士至」(〈思務〉第十二)、「上明而下清,君聖而臣忠」(〈術事〉第二),任賢遠佞的根本方法,就是君主以德修己,法聖師賢,使能內有獨見之明,外不惑於邪臣之黨(《中國政治思想論集》,賀凌虛著,頁88)。因此,陸賈認為君主應廣開言論,從中培養洞燭事理的能力,如此,就能破除聳動聽聞的縱橫家言,免於以直為曲、以白為黑的惑亂。陸氏曰:

> 長於變者,不可窮於詐。通於道者,不可驚以變。審於辭者,不可
> 惑以言。達於義者,不可動以利。是以君子博思而廣聽,進退順法,
> 動作合度,聞見欲眾,而採擇欲謹,學問欲博而行己欲敦,見邪而
> 知其直,見華而知其實,目不淫於炫耀之色,耳不亂於阿諛之詞,
> 雖利之以齊、魯之富而志不移,談之以王、喬之壽而行不易。然後
> 能壹其志而定其操,致其事而立其功也。(〈思務〉第十二)

人君能行仁義,明辨義利,廣聞納諫,審其名實,則自然能明是非、辨賢佞。

除了邪臣蔽賢之外,王公貴卿的子弟與朋黨,又常尸位素餐,高官厚祿,使得賢臣無法仕進。陸賈說:

> 夫窮澤之民,據犂接耜之士,或懷不羈之士,有禹皋陶之美,綱紀
> 存乎身,萬世之術藏於心,然身不容於世,無紹介通之者也。公卿
> 之子弟,貴戚之黨友,雖無過人之能,然身在尊重之位,輔之者強
> 而飾之者眾也,靡不達也。(〈資質〉第七)

出身名門、依附權貴的人,最容易結黨營私,造成門閥。漢初的諸呂幾乎亡漢,就是顯例。陸賈的見解,既是強調進用賢人的結果,也有前瞻的眼光。

陸賈認為,賢者除了消極地期盼遇到賢主之外,更要積極地努力充實,不論是治平或亂世,都不能離道德、法度,尤其是居亂世時,仍是砥志礪行,待時而出,陸賈曰:

> 君子居亂世,則合道德,采微善,絕纖惡,脩父子之禮,以及君臣

之序，乃天地之通道，聖人之所不失也。故隱之則爲道，布之則爲
文。詩在心爲志，出口爲辭，矯以雅僻，砥礪鈍才，雕琢文彩，抑
定狐疑，通塞理順，分別然否，而情得以利，而性得以治，緜緜漠
漠，以道制之，察之無兆，遁之恢恢，不見其行，不覩其仁，湛然
未悟，久之乃殊，論思天地，動應樞機，俯仰進退，與道爲依，藏
之於身，優遊待時，故道無廢而不興，器無毀而不治。（〈愼微〉第
六）

陸賈在諸呂時代的沈潛與作爲，正是這段文字的最好寫照。依違於儒、道之
間，而以儒家積極有爲精神爲主，表面沈潛，事實上，不斷砥礪琢磨，待時
而出。這也和君子得志時，仍堅持直道而行的執著一致，是陸賈對自己，也
是對士人的期許。否則，沒有刻苦的修身，只是抱怨環境，〔註24〕是陸賈所
不齒的。而陸賈心目中理想的「學者」，則是上契天道、下達人事，「廢興有
所據，轉移有所守」（〈思務〉第十二），對生命、人事有深刻體悟，言行舉止
都能志於道的賢聖。

四、輔法治

（一）法不可廢

陸賈雖對秦代濫用刑罰有深刻的批判，但他並不完全抹殺法治的功能，
在推演歷史的進化過程中，法律的制定與推行，仍具有一定的功能（〈道基〉
第一）；即使在「至德」的治世，法律的賞罰仍具有輔助、潤色教化的功能。
因此，陸賈反法家，只是反對專任法家的治術，而他所提出的「文武並用」，
就是「德治」與「法治」相結合（〈評陸賈新語〉，李春光，遼寧大學學報，
總六十六期，頁79），儒法兼施，寬猛並濟，也就是漢家「霸、王道雜之」（《漢
書·元帝紀》卷九）的制度。

陸賈認爲法律有分辨是非、遏止奸惡的功能，他說：

民知輕重，好利惡難，避勞就逸，於是皋陶乃立獄制罪，縣賞設罰，
異是非、明好惡、檢奸邪，消佚亂。（〈道基〉第一）

〔註24〕〈思務〉第十二：「（今之）爲臣者不思稷、契，則曰今之民不可以仁義正也。
爲子者不執曾、閔之質，朝夕不休，而曰家人不和也。學者不操回、賜之精，
晝夜不懈，而曰世所不行也。……易曰：『豐其屋，蔀其家，闚其戶，闃其無
人。』無人者，非無人也，言無聖賢以治之耳。」

> 夫法令者，所以誅惡，非所以勸善也。（〈無爲〉第四）

法令的功能既然只是除暴，在運用的時候，就得懂愼，因此，陸賈有輕刑的
主張，所謂「設刑者不厭輕，爲德者不厭重，行罰者不患薄，布賞者不患厚。」
（〈至德〉第八）然面對惡行重大，或一代獨夫，也絕不寬貸。如「仲尼誅少
正卯」，〔註25〕陸賈稱讚孔子得實情而殺（〈輔政〉第三），湯、武伐桀、紂，
陸賈則譽爲替天行道，除天下大患，使「海內治、百姓寧」（〈愼微〉第六）
的大功業，其德業可與天地並明共存。湯、武聖王都還得「行天罰」（同上），
可見法治並不能完全摒棄。孔子力主德治，對治律的功能並未完全否定，強
調「刑罰不中，則民無所措手足。」（《論語‧子路》）荀子對刑罰懲惡誅凶的
功能，多所論述，如「姦言、姦說、姦事、遁逃反側之民，……勉之以慶賞，
懲之以刑罰。」（《荀子‧王制》第九）、「刑稱罪，則治；不稱罪，則亂」（〈正
論〉第十八）當然，荀子在肯定法治時，更重人治，並主張愼用刑罰，荀子
曰：「有治人，無治法。」（〈君道〉第十二）、「治之經，禮與刑，君子以脩百
姓寧。明德愼罰，國家既治四海平。」（〈成相〉第二十五）可見儒家一貫的
主張，以德治爲主，輔以法治，而且要愼用刑罰。陸賈對法治的見解也是如
此。

（二）重權勢

陸賈除了肯定法治的制約功能、可以輔助德治的效用以外，也強調權勢
的重要，他說：

> 孔子遭君暗臣亂，衆邪在位，政道隔於三家，仁義蔽於公門，故作
> 公陵之歌，傷無權力於世，大化絕而不通，道德施而不用。故曰：『吾
> 如之何者，吾末如之何也已矣！』夫言道因權而立，德因勢而行，
> 不在其位者，則無以齊其政；不操其柄者，則無以制其剛。（〈辨惑〉
> 第五）

陸賈這種道德依於權勢而實踐的思想，是承荀子、韓非而來，〔註26〕但與韓

〔註25〕關於孔子誅殺少正卯的事，不載於《論語》。近人徐復觀考證，認爲是醞釀於
　　　　戰國末期的法家思想，成立於秦朝焚書坑儒左右，而在兩漢時盛傳。但，漢
　　　　儒運用這件事例，則與法家作爲濫刑殘殺的藉口不同，而是以少正卯爲魯國
　　　　佞人，希望孔子由遠佞人而殺佞人。參《中國思想史論集》，徐氏著，頁 118
　　　　～132。
〔註26〕荀子認爲聖人或大儒沒有權力，則不能治理民衆。他說：「君子非得勢以臨之，
　　　　則無由得開內焉。」（〈榮辱〉第四），又「大儒者，善調一天下者，無百里之

非絕棄道德的勢治思想又不盡相同，陸賈強調權勢，是認爲它是德治的憑藉、手段，權勢仍須以道德爲基礎，因爲道與德是政治清明、社會安定的根本，而權與勢是維繫道與德持續推行的力量（〈陸賈對賈誼對漢初政治思想與文化之貢獻〉上，魏元珪著，《中華文化月刊》七十二期，頁 32）。陸賈這種思想，無非是因應大一統帝國的局勢發展，是基於現實政治的考量，惟有權勢配合仁義，才能統治龐大的帝國。

五、一政治

陸賈認爲，剛從暴秦苛政下解脫的人民，不但要求國家法律寬和、政治清明，更盼望統治者在制定和執行政令時，能夠明確劃一、貫徹始終（〈淺談陸賈文武並用的治國理想〉，林柄文著，《蘇州大學學報》1986 年第二期，頁 108）。另外，也因應大一統帝國的建立，提出政治統一的觀念。而這種觀念也受法家一法度、車同軌、書同文等政績的影響（《中國古代政治思想論集》，賀凌虛著，頁 85～86）。陸氏曰：

> 聖人之教所以齊一也。（〈明誠〉第十一）

齊一的政教，並非憑空捏造，而是根源於天道，「天一以大成數，人一以□成倫」（〈懷慮〉第九）。而人心也以專一爲利，二用爲害，陸賈曰：

> 目以精明，耳以主聽，口以別味，鼻以聞芳，手以之持，足以之行，各受一性，不得兩兼，兩兼則心惑，二路者行窮，正心一堅，久而不忘，在上不逸，爲下不傷，執一統物，雖寡必眾，心情佚散，雖高必崩……顛倒無端，失道不行。……秉政圖兩，失其中央，戰士不耕，朝士不商，邪不奸直，圓不亂方，違戾相錯，撥刺難匡。（〈懷慮〉第九）

政令的貫徹，單一化，是治亂的重要關鍵，因此，陸賈要求主政者要專一於道（即仁義），而摒棄利益、富貴的誘惑，因爲「圖利、治產業則教化不行、政令不從」（同上）唯有「閉利門」才能「道著德興」（同上），而臣子事君也

地，則無所見其功。」（〈儒效〉第八）。韓非更進一步提出「勢位之足恃，而賢智之不足慕也。」（〈難勢〉第四十）、「有材而無勢，雖賢不能制不肖。故立尺材於高山之上，下臨千仞之谿，材非長也，位高也。桀爲天子，能制天下，非賢也，勢重也；堯爲匹夫，不能正三家，非不肖也，位卑也。」（〈功名〉第廿八），韓非主張有權勢則中材足以成治世，無權勢則堯舜不足以立功業。參《中國政治思想史》上，蕭公權著，頁 245～250。

要專一盡忠，才能輔助明君一統天下。由此，陸賈特別推崇管仲，他說：

> 管仲相桓公，詘節事君，專心一意，身無境外之交，心無歎斜之慮，
> 正其國而制天下，尊其君而屈諸侯，權行於海內，化流於諸夏，失
> 道者誅，秉義者顯，舉一事而天下從，出一政而諸侯靡。故聖人執
> 一政以繩百姓，持一概以等萬民，所以同一治而明一統也。（同上）

漢初蕭何輔佐高祖治理天下，即能以清靜無爲，配合法令明確統一，而受到
人民「顑若量一」（《史記・曹相國世家》卷五十四）的稱頌。陸賈也希望透
過一統政令的貫徹，提高君主的威望，並配合百姓的要求，謀求社會治平。
所以，他一再強調「懷異慮者不可以立計，持兩端者不可以定威」（〈懷慮〉
第九），謀事的臣子要專一、盡忠，立制的君主則須專心德治，配合一貫的法
制，達到一統強國的目標。而陸賈兩使南越、平定諸呂亂事，對漢朝大一統
局面的維持，很有貢獻。而漢初異姓諸侯相繼叛離中央，舉兵興亂，同姓諸
侯又日漸壯大跋扈，陸賈一統於君的觀念，也是深體時勢而發，含有尊君的
思想。然而，陸賈終究不流於以武力達於一統的法家，而是強調道德、仁義
的化育功能，以德化配合法令的貫徹達於一統。

　　在德治的思想中，君臣各有職分，陸賈強調國君要行德治、用賢人，人
臣要明職分，誠信盡忠，因此，陸賈認爲最理想的君臣關係是伊、呂與湯武，
君臣合力行天罰，立治世，垂萬世美名（〈慎微〉第六）。陸賈對直道而行的
君子也極推崇，但在一統帝國的現實環境下，陸賈仍有明顯的尊君思想，他
說：

> 天道以大制小，以重顯輕；以小制大，亂度干貞。（〈輔政〉第三）

陸賈認爲上下差等，猶如天尊地卑，是不變的道理，也是不可踰越的。不過，
陸賈這種尊君思想，不同於法家以國君爲唯一目的的主張，而是建立在君明
德、臣篤義之上（〈陸賈政治思想研究〉，吳力行著，《中華文化復興月刊》十
卷十一期，頁74～75），有賢智英明的君主，才能出現詘節事君的賢才，君臣
的關係仍是相對的，並非單向國君傾斜。

六、論古今

　　陸賈認爲人類歷史文化是不斷向前發展進步的（見本章第二節），因此，
他一方面肯定古聖先賢的成就，如論無爲則推崇舜和周公（〈無爲〉第四），
論事功則讚譽湯、武（〈慎微〉第六），講德行則推崇伯夷、叔齊（〈無爲〉第

四），另一方面，他也反對太過泥古，認為一切事物的價值，都必須以現實為判斷的依據。陸氏曰：

> 善言古者合之於今，能術遠者考之於近。故說事者上陳五帝之功，
> 而思之於身；下列桀、紂之敗，而戒之於己。（〈術事〉第二）

歷史的經驗教訓，最主要是提供今日的借鑑，所謂「去事之戒，來世之師」（〈至德〉第八），就是說明這個道理。因此，陸賈對世俗重古輕今的思想提出批判，他說：

> 世俗以為自古而傳之者為重，以今之作者為輕，淡於所見，甘於所
> 聞，惑於外貌，失於中情。（同上）

貴古賤今的觀念，陸賈認為是對事物的本質缺乏了解，而被表象迷惑所造成。深入本質去看，則古今是有一理可通的。陸賈說：

> 道近不必出於久遠，取其至要而有成。《春秋》上不及五帝，下不至
> 三王，述齊桓、晉文之小善，魯之十二公，至今之為政，足以知成
> 敗之效，何必於三王？立事者不離道德，調弦者不失宮商，天道調
> 四時，人道治五常，周公與堯、舜合符瑞，二世與桀、紂同禍殃。
> 文王生於東夷，大禹出於西羌，世殊而地絕，法合而度同。故聖賢
> 與道合，愚者與禍同，懷德者應以福，挾惡者報以凶，德薄者位危，
> 萬世不易法，古今同紀綱。（同上）

陸賈評斷事物並非著眼古或今，而是相信古今同理，前聖後聖，依循者一，其所遵循者，就是道德、法度，也就是儒家強調的人倫，〔註27〕如果行事不失道德，自然能與堯舜同福，相反，就與桀紂同殃。因此，不必遠法上古，只要「取其至要而有成」。這是承荀子〔註28〕的法後王思想。

　　陸賈一方面強調萬世不易、古今相同的法則，一方面強調應該根據時世不同而採取權宜的措施，不必迷信權威，陸氏曰：

〔註27〕〈慎微〉第六：「脩父子之禮，以及君臣之序，仍天地之通道，聖人之所不失也。」陸賈以父子、君臣為天地常道，是將人倫視為萬世常綱的另一說法。

〔註28〕《荀子·性惡》：「善言古者必有節於今，善言天者必有徵於人。」〈非相〉：「五帝之外無傳人，非無賢人也，久故也。五帝之中無傳政，非無善政，久故也。……傳者久則論略，近者論詳。……是以文久而滅，節族久而絕。」又，「欲觀聖王之跡，則於其粲然者矣，後王是也。」良好的制度，是靠歷代聖王的創造而不斷累積，後代的制度，有前代的遺跡，而且超越前代，因此，時代愈後，法度愈是粲然大備。荀子法後王，就是因後王制度齊備、近今，較完美完整。陸賈的法後王與荀子相同。

制事者因其則，服藥者因其良。書不必起仲尼之門，藥不必出扁鵲
之方，合之者善，可以爲法，因勢而權行。（〈術事〉第二）

陸賈此言，並沒有蔑視孔子、扁鵲的涵意，陸賈對兩人，尤其是孔子，在《新
語》中多次提到，或稱仲尼、或稱孔子，有時逕稱聖人，相當推崇。〔註29〕陸
賈只是藉此強調，不變的原則應緊緊把握，可變的制度、作法，則要配合現實
做必要的更動。〔註30〕因此，他提出了「聖人不必同道」的說法，陸氏曰：

昔舜、禹因盛而治世，孔子承衰而作功，聖人不空出，賢者不虛生……
斯乃天地之法而制其事，則世之便而設其義。故聖人不必同道，……
好者不必同色而皆美，醜者不必同狀而皆惡。（〈思務〉第十二）

此所謂「道」，是指行事的方式，歷代聖人遭遇時代的情勢不同，採取的方式
當然不一樣。這與韓非「聖人不期修古，不法常可，論世之事，因爲之備」（〈五
蠹〉第四十九）的思想是一致的。陸賈反對政治上的復古，強調要反映社會
現實，而不是一味貴古。

七、通天人

陸賈對天，有兩種不同的理解，一是自然無爲的天，一是意志的天。後
者則是天人感應的基礎。陸氏曰：

（天）改之以災異，告之以禎祥，動之以生殺，悟之以文章。（〈道
基〉第一）

〔註29〕參《中國歷代思想家——陸賈》，王更生著，頁35。王氏曰：「在諸子百家中，
陸賈又選擇了孔子做爲師範的中心……所以在《新語》十二篇裏，他爲了加
強論證而引『孔子曰』或『孔子行事』的計十次。」陸賈的引文，分別見於
〈道基〉、〈術事〉、〈輔政〉、〈無爲〉、〈辨惑〉、〈慎微〉、〈本行〉、〈思務〉等
篇。

〔註30〕對陸賈既主張古今同理，又強調因世權行的作法，部份學者認爲是矛盾的，
如：胡適認爲，陸賈古今同理是承荀子的思想，因世權行則受韓非的影響，
陸賈因爲「不曾深入了解歷史演變之理，往往不能辨別這兩說的根本不同。」
產生這種矛盾的原因，則是由於「思想不曾有徹底的自覺」（參《中國中古思
想史長編上》，頁170～171）。有些學者則認爲是「道」、「術」兩種不同層次
的說法，如王更生（參《中國歷代思想家——陸賈》，頁24）、任繼愈（《中國
哲學發展史》，頁147），本文採取後一種說法。孟子也同時有「先聖後聖，其
揆一也。」（〈離婁〉）、「聖人之行不同也，或遠或近，或去或不去，歸潔其身
而已矣！」（〈萬章〉）也是從原則、行事不同層次的相異說法。陸賈承襲荀子、
韓非二人法後王不同的理念，而安排在不同的層次。

天會以各種災害變異警示人君，但災變產生的根本原因，則是君王施政是否
得當。陸賈說：

> 惡政生惡氣，惡氣生災異，蝗蟲之類，隨氣而生，虹蜺之屬，因政
> 而見。治道失於下，則天文變於上；惡政流於民，則蝗蟲生於野。（〈明
> 誡〉第十一）

> 周公躬行禮義，郊祀后稷，越裳奉貢而至，麟鳳白雉草澤而應。（同
> 上）

天生災異或示禎祥，只是人君施政的反應，因此，災異的出現，是天對人君
的規誡，人君只要除去惡政，改行良策，則能立功致平，與「堯舜合符瑞」（〈術
事〉第二）。陸賈曰：

> 易曰：「天垂象，見吉凶，聖人則之；天出善道，聖人得之。」言御
> 占圖歷之變，下衰風化之失，以匡盛衰，紀物定世，後無不可行之
> 政，無不可治之民。（同上）

災異示警以匡盛衰，陸賈不流於方士之類的妄言與迷信，而是具有督促國君
的積極作用。陸氏曰：

> 八宿並列，各有所主，萬端異路，千法異形，聖人因其勢而調之，
> 使大小不得相踰，方圓不得相干，分之以度，紀之以節，星不晝見，
> 日不夜照，雷不冬發，霜不夏降，臣不凌君，則陰不侵陽。盛夏不
> 暑，降冬不霜，黑氣苞日，慧星揚光，虹蜺冬見，蟄蟲夏藏，熒惑
> 亂宿，眾星失行。聖人因變而立功，由異而致太平。堯、舜承蚩尤
> 之失，而思欽明之道，君子見惡於外，則知變於內矣。（〈思務〉第
> 十二）

天現災異，是對人君的警訊，也是對有德的君子的敦勉，聖君賢臣在亂世之
際，順天應人、誅除一夫，立萬世功業。陸賈云：

> 聖人王世，賢者建功，湯舉伊尹，周任呂望，行合天地，德配陰陽，
> 承天誅惡，克暴除殃。（〈道基〉第一）

> 湯、武之君，伊、呂之臣，因天時而行罰，順陰陽而運動，上瞻天
> 文，下察人心，以寡服眾，以弱制強……討逆亂之君，絕煩濁之原，
> 天下和平，家給人足，疋夫行仁，商賈行信，齊天地，致鬼神，河
> 出圖、洛出書，因是之道，寄之天地之間，豈非古之所謂得道者哉！
> （〈慎微〉第六）

陸賈對湯、武承天誅惡的行爲給予極高的評價，旨在強調君主對上天的警示要善察、體會，唯有因天地、順陰陽、察人心，才能成就帝業。因此，聖王的治世，上及天文，下及鳥獸，都情調理順，無不適然。陸氏云：

> 聖人之理，恩及昆蟲，澤及草木，乘天氣而生，隨寒暑而動者，莫不延頸而望治，傾耳而聽化。聖人察物，無所遺失，上及日月星辰，下至鳥獸草木昆蟲，□□□鶿之退飛，治五石之所隕，所以不失纖微。至於鴲鴿來，冬多麋，言鳥獸之類□□□也。十有二月李梅實，十月隕霜不煞菽，言寒暑之氣失其節也。鳥獸草木尚欲各得其所，綱之以法，紀之以數，而況於人乎？（〈明誡〉第十一）

陸賈以爲，聖人治理天下，不僅應求得人民安康，也要從天地位育，萬物各得其所，和諧的宇宙，才是眞正的治世，這也是陸賈強調天變災異不可輕忽的理由之一。

陸賈認爲天人的關係，人事是發端，天變只是作必然的反應，由此可知，陸賈更重視人爲。而在強調人爲時，天道對人事是絕對無涉的。陸賈曰：

> 安危之要，吉凶之符，一出於身；存亡之道，成敗之事，一起於善行。堯、舜不易日月而興，桀、紂不易星辰而亡，天道不改而人道易也。故世衰道失，非天之所爲也，乃君國者有以取之也。（〈明誡〉第十一）

天道雖是人道所本，但人事的興衰治亂，並非天所能主宰、決定，而端賴國君的施政如何，這種賦予國君重責的思想，正表現陸賈重人爲的傾向。而這種傾向，顯然是承襲荀子而來，〔註31〕荀子因世人「營於巫祝、信機祥」（《史記‧孟荀列傳》卷七十四）而著書駁斥謬言，陸賈也批評方士神仙思想，重視人爲，但未完全擺脫天人感應的思想。

陸賈強調人爲，是依違於道，歸結於仁義，順時而爲之，絕非妄爲；因此，不論個人的榮辱，國家的興衰，都取決於個人的心志。陸氏曰：

> 善者必有所因而至，惡者必有所因而來。夫善惡不空作，福禍不濫生，唯心之所向，志之所行而已矣。（〈思務〉第十二）

將善惡、福禍歸結於個人的心志，事情的結果完全取決個人的行爲，抉擇權

〔註31〕《荀子‧天論》第十七：「天行有常，不爲堯存，不爲桀亡。應之以治則吉，應之以亂則凶。」又，「治亂，天邪？曰：日月星辰瑞曆，是禹桀之所同也，禹以治，桀以亂；治亂非天也。」

完全操之在人。

　　天人感應的思想，起源甚早，初期是人神不分，神管理人事。後來，人文精神逐漸萌發，天人之學的重點由天而變爲人（〈天人相與〉，戴君仁著，《梅園論學集》，頁 365～376）。早期儒家典籍，記載災異的現象，以《春秋》最多，最有系統，〔註 32〕其主要精神仍是在於人事。漢人承《春秋》，雜以陰陽家的說法，天人感應的思想成爲時代顯學，漢儒幾乎都有天人相與的觀念。漢初陸賈也不免受此影響。不過，其天人感應的思想是以人事爲重點，不但未流於讖緯迷信，而且相當重視人的主觀作爲，認爲天文取決於人文，主動權在人。

　　陸賈重人爲的思想，與其在天、地、人三者中特重「聖人成之」一致，人在陸賈思想中，是實現道術的關鍵，也是文明進昇的推進器，人事雖不能違背天道，天道的內涵必歸人道，因此，在天人關係中，表面上是天支配、主宰人，實際上的主控權在人，人的力量與作用，可以破壞陰陽五行的平衡，又可以調理陰陽（《漢代思想史》，金春峰著，頁 6）。天不能對人的行爲與後果負責，也不能宰制人的行爲，但能作出反應，肯定或警示人君的作爲，天道既是最高的原則，卻也只是被動的反應，人爲的依據與參考而已。

〔註32〕趙翼曰：「孔子修《春秋》，日食三十六、地震五、山陵崩二，慧星見三，夜恆星不見、星隕如雨一，火災十四，以及五石隕墜六，鷁退飛、多麋、有蜮、鸜鵒來巢、晝暝晦、大雨、雹雨、木冰、李梅冬實、七月霜、八月殺菽之類，大書特書，不一書。如果與人無涉，則聖人亦何事多費此筆墨哉！」（《廿二史箚記》，卷二）。

第五章　結　論

　　陸賈的生平資料不多，僅有《史記》、《漢書》兩篇本傳，《漢書》的內容
又承《史記》而來。因此，嚴格說來，只有《史記》一篇本傳。因此，對陸
賈的生卒年只能有約略的推測，無法確定何年，本文採用梁榮茂的考證結果，
陸賈的生平約爲西元前 255～240，卒年約爲西元前 175～160。時代在秦王政
初年到漢文帝間，即秦朝到漢初。陸賈的事蹟，司馬遷記載詳細，尤其出使
南越、計殺諸呂以及著作《新語》諸事，對了解陸賈的思想、評判陸賈的貢
獻，都有重大的價值，本文亦略加敘述，並引述前人的批評加以評斷。

　　關於陸賈的著作，前賢多僅介紹《新語》，《新語》雖然是研究陸賈思想
的最重要資料，陸賈的著作卻不僅此書，而至少還有《南越行紀》、《楚漢春
秋》、賦三篇。

　　陸賈的賦已散佚，今日只知有一篇〈孟春賦〉，但在漢賦的發展上，陸賈
是一派宗師，這可從《漢書·藝文志》卷三十列屈原賦、陸賈賦、荀卿賦爲
三大類的首位，得到證明。而從司馬遷、揚雄等人的賦附屬於陸賈的賦可知，
陸賈的賦除了雄辯華麗的文字外，主要是繼承了屈原直諫的風格，這種可貴
的精神，是文學生命的重要泉源。

　　《楚漢春秋》是陸賈記錄當代的史書，陸賈以一位見證人的身份，記載親
身經歷或親耳聽聞的事件，是秦至漢初的珍貴史料，司馬遷寫《史記》時，參
考《楚漢春秋》甚多。《楚漢春秋》在兩宋之際亡佚，其內容已不可詳考，只知
是雜記式的史書。清儒茆泮林、黃奭、洪頤煊有輯佚，爲了凸顯《楚漢春秋》
的價值，本文將前人輯佚的成果略加考訂，並比對《史記》相關的內容，發現
二者不盡相同，有些是《史記》後來改正，有些則《楚漢春秋》是正確的，有

些可兩存，相互參考，可見《楚漢春秋》是一部重要的、有價值的史書。

《新語》是陸賈最重要的著作，也是最有爭議性的作品。爭議的焦點不是陸賈是否著《新語》，而是今本《新語》是否爲漢初原貌？歷代學者持正、反意見，都能言之成理、持之有故。認爲今本《新語》是後人僞作的學者，以南宋黃震開其端，《四庫提要》助其瀾，近人孫次舟、蘇誠鑒承其緒而更深入。他們懷疑的理由從思想、用語、文體、引文等各方面證明，牽涉範圍相當廣，本文根據前人研究的基礎，加上自己的淺見，針對主張《新語》是僞作的理由一一辨析，並釐清《新語》的流傳，因而斷定，今本《新語》是漢初原貌，但在流傳的過程中，文字有訛奪、竄入的現象，因此，少部分不可讀，但思想精神仍是符合陸賈的思想。

《新語》在流傳過程中，文字、篇章有訛脫、散佚的現象，經清代及近代學者的考訂，大部分已恢復原貌。明代以後，《新語》刊行頗廣，版本眾多，筆者蒐羅的明、清版本有十多種，分別詳加介紹，《新語》完整的校注，則首推宋翔鳳，其後唐晏繼之，近人王利器集前人大成，其所著《新語校注》是現今《新語》的最佳讀本，本文《新語》引文即以此本爲主要依據，參酌其他版本以及校注資料。

漢代是中國歷史文明的第一個高峰，也是許多制度的奠基時期。不論在文字、度量衡、完整版圖、政治形式上，都是中國文化的實驗、定型期（《秦漢史·自序》頁 1，勞榦著）。而在思想、文化的表現上，都是趨向兼容地創造，不再堅持一家之言，而是吸納各家、順應時局，因此，先秦各家，在漢代都有發展，而且都已融合其他各家，不復原來面貌。漢代思想家的原創性誠不如先秦諸子，其將各家思想融合，應用於實際政治、建立長治久安的政治制度的貢獻，卻不容抹煞。漢代的經學，師法謹嚴，終不免流入繁瑣而僵化，究其原因，實因經學成爲利祿之途，難以避免獨尊與封閉。又，讖緯符瑞的迷信竄入經典，思想一入此境，則進入虛浮、附會的死胡同。

陸賈生值秦、漢之際，正是群雄逐鹿的時代，陸賈以其辯才，幫助高祖爭奪天下，大勢底定之後，轉而啓迪高祖的文治思想，而有《新語》著作，今觀其思想，元氣淋漓，氣勢磅薄，後世雖尊其爲穀梁大師（《兩漢三國學案》頁 404，唐晏著），陸賈卻沒有後來經學家的繁瑣、封閉，而是引經論述，發揮義理；陸賈囿於時代，雖不免災異的思想，他卻能明確指出，天人關係中，人掌有主宰權，充分肯定人主動的努力，也和迷信的讖緯思想不類。陸賈的

思想是基於對現實政治的關心，爲漢代指出長治久安的治術，這種思考方式，
被漢儒繼承，而成爲漢代思想的主流。

　　歷史上，任何一個新興的朝代，在奪取政權之後，尋找統治思想來鞏固
政權，往往是更艱鉅的任務，需要幾代的努力，經過多次的檢驗和抉擇，才
能完成。

　　秦始皇統一六國，摒棄百家，尊法家爲一統，結果導致迅速滅亡，漢朝
繼興，陸賈是漢初開國二十年，在政治思想唯一有表現者，《新語》不但提出
了長治久安的原則──仁義道德，也順應當時社會的需要，將無爲提昇爲君
主治國的最高原則。無爲的施放態度對漢初君臣有莫大的啓發。從高祖到文、
景帝的施政精神，都未能脫離陸賈簡政、不擾民、輕刑罰的無爲精神。蕭何、
曹參的無爲而治，也與陸賈主張法令明確、一貫的精神相符。強調德化治民、
仁義修身的儒家色彩，更是上承先秦儒家、下開漢儒的重要階段。

　　在百廢未興，諸事待舉的時代，陸賈能爲漢代指出一條正確的治道，並
提供解決當代問題的方案，足見他高瞻遠矚的眼光。尤其對儒家經典的重視
和提倡，更是開啓漢代儒學的先驅（《秦漢思想研究》，黃錦鋐著，頁 74）對
賈誼、董仲舒均有莫大的啓發（《中國古代政治思想論集》，賀凌虛著，頁 91），
陸賈又能以儒家爲主，兼采道、法、陰陽各家的思想，提出文武並用的統治
原則，是漢朝「霸王道雜之」的開端。尚賢的主張，閉利興義的理念，都被
漢儒繼承、發揚。歷史社會發展進化的觀念，也成爲漢儒普遍的想法。（《中
國古代著名哲學家評論續編──陸賈》，葛榮晉著，頁 149～151）陸賈對漢代
思想界的啓導，功不可沒。

　　先秦諸子百家爭鳴，各家壁壘分明，戰國末期，漸趨融合，漢初，基於
政治現實的考量，思想的融合更明顯。陸賈的思想包含了儒、道、法、陰陽，
而以儒、道爲主。陸賈強調仁義、主張德治、修身、尚賢爲其政治思想主體，
明顯繼承了儒家。陸賈高舉「無爲」，作爲統治者的最高原則，《新語》也屢
次徵引《老子》，極富道家色彩。在批判秦亡，揚棄法家的同時，也繼承了法
家的歷史觀、肯定法治的功能、強調權勢的重要。他一方面譴責災異、方士
的荒謬違聖，一方面提醒君主要明察上天的警示。陸賈的思想似乎充滿了矛
盾，其實是受了時代風氣的影響所致。漢儒在思想上，不像先秦諸子，派別
分明，互相攻訐，而是站在求治的觀點，融合各家，因此，與先秦諸子相比，
有明顯雜家化的傾向。陸賈在時代風氣的影響下，思想雜揉各家。但其主要

精神則是儒家，不論從其思想分量，對士人「直道而行」的讚賞、居亂世而不輟學的期許，對孔子的極度推崇，都足以表現儒者的風範。因此，班固將陸賈列爲儒家，《四庫提要》稱陸賈爲「醇儒」，歷代學者都給予陸賈極高的評價，〔註1〕綜觀其行事作風，對漢朝的貢獻、對漢代儒學的啓發，先賢對陸賈的頌揚，誠非虛美。

〔註1〕例如東漢，王充《論衡・書案》第八十二：「《新語》陸賈所造，蓋董仲舒相被服焉。皆言君臣政治得失，言可采行，事足美觀，鴻知所言，參貳經傳，雖古聖之語，不能過增。」晉陸士衡〈漢高祖功臣頌〉：「抑抑陸生，知言之貫。往制勁越，來訪皇漢。附會平勃，夷凶翦亂。所謂伊人，邦家之彥。」（《文選》卷四十七）南宋黃震《黃氏日抄》：「漢初儒生，未有賈比也。」（卷四十六）又，「賈庶幾以道事君。」（卷四十七）葉適《學習記言》卷二十：「儒書儒服，自春秋戰國時，固已詬戾之矣。游說法術之學行，道義既絕。至是，陸賈始發其端，如陽氣復始大冬，學者蓋未可輕視之也。」明范大沖〈陸賈新語序〉：「蕭、曹、張、陳輩均當在其下風矣。」原一魁〈兩京遺編後序〉：「時不相偶而才各至，文不相沿而意各至，夫其苞孕元氣，不琢不雕，陸、賈、董三子似爲西京之冠。」清嚴可均《鐵橋漫稿・新語序》卷五：「最純、最早，貴仁義、賤刑威，述《詩》、《書》、《春秋》，紹孔、孟而開賈、董。」余嘉錫《四庫提要辨證——新語》：「賈在漢初，粹然儒者。於《詩》、《書》煨燼之餘，獨能誦法孔氏，開有漢數百年文學之先。」陸賈在漢初歷史、學術史的重要地位，誠有定論。

主要參考書目

（依出版時間排列）

一、陸賈著作

1. 《新語》二卷，明・弘治壬戌，莆陽李廷梧刊本。
2. 《新語》一卷，明・隆慶元年，沈律刊百家類纂本。
3. 《陸子》一卷，明・萬曆四年，周子義輯子彙本。
4. 《新語》二卷，明・萬曆十年，餘姚胡維新刊兩京遺編本。
5. 《新語》二卷，明・萬曆十九年，范大沖刊天一閣本。
6. 《新語》二卷，明・萬曆二十年，新安程榮校漢魏叢書本。
7. 《新語》二卷，明・天啓五年，竟陵鍾惺評祕書九種本。
8. 《新語》二卷，清・汝上王謨增訂漢魏叢書本。
9. 《新語》二卷，四庫全書本。
10. 《新語》二卷，清・光緒元年，湖北崇文書局刊本。
11. 《新語》一卷（以下爲節錄本），唐魏徵、蕭德言撰群書治要本。
12. 《新語》一卷，唐・馬總撰意林本。
13. 《陸子》一卷，明・萬曆十八年，陳深評諸子品節本。
14. 《雲陽子》一卷，明・天啓五年，歸有光、文孟震評著子彙函本。
15. 《陸子》一卷，明・陸可教、李廷機評諸子玄言評苑本。
16. 《新語》一卷，清・武進李寶淦纂諸子文粹本。
17. 《楚漢春秋》一卷（輯佚本），清・臨海洪頤炬輯。
18. 《楚漢春秋》一卷，清・高郵茆泮林輯。
19. 《楚漢春秋》一卷，清・黃奭輯。

二、研究陸賈的著作

（一）專　著

1. 《新語校注》，清・宋翔鳳，道光 7 年。
2. 《新語校注》，清・唐晏，潮陽鄭國勳刊龍谿精舍叢書本，民國 6 年。
3. 《陸賈新語研述》，薛春章，自印，民國 68 年。
4. 《中國歷代思想家──陸賈》，王更生，臺北：商務，民國 76 年。
5. 《新語校注》，王利器，臺北：明文，民國 76 年。

（二）期刊論文

1. 〈讀陸賈新語〉，張傑述，《光華大學半月刊》五卷二期，1936 年 11 月。
2. 〈陸賈新語研究〉，梁榮茂，台大中研所碩士論文，民國 53 年。
3. 〈漢初儒生陸賈的生平與著述〉，梁榮茂，《孔孟月刊》六卷六期，民國 57 年 5 月。
4. 〈陸賈的政治思想〉，賀凌虛，收在《中國古代政治思想論集》，台中、霧峰，民國 59 年。
5. 〈新語研究〉，陳坤筆，《弘光護專學報》三期，民國 64 年 6 月。
6. 〈書漢初啓蒙思想家陸賈後〉，施之勉，《大陸雜誌》五十二卷五期，民國 65 年 5 月。
7. 〈讀陸賈新語〉，錢穆，《中國學術思想論叢（三）》，臺北：東大，民國 66 年。
8. 〈陸賈及其學術思想之探究〉，王更生，《師大學報》二十二期，民國 66 年 6 月。
9. 〈陸賈政治思想研究〉，吳力行，《中華文化復興月刊》十卷十一期，民國 66 年 10 月。
10. 〈陸賈新語及其思想論述〉，李鼎芳，《河北大學學報》一期，1981 年 3 月。
11. 〈陸賈新語的眞僞及其思想傾向〉，蘇誠鑒，《中國古代史論叢》第一輯，福建、人民，1981 年。
12. 〈中國古代著名哲學評傳續編──陸賈〉，葛榮晉，山東：齊魯社，1982 年。
13. 〈陸賈新語校記〉，左松超，《香港浸會學院學報》十一期，民國 73 年。
14. 〈評陸賈新語〉，李春光，《遼寧大學學報》總六十六期，1984 年。
15. 〈陸賈與賈誼對漢初政治思想與文化之貢獻〉，魏元珪，《中華文化月刊》七十二期，74 年 10 月。

16. 〈淺談陸賈文武並用的治國之道〉，林柄文，《蘇州大學學報》，1986 年二期。

17. 〈試論陸賈的治國之道〉，王蘭鎖，《齊魯學刊》，1986 年第五期。

18. 〈陸賈與漢初政治〉，林風，《史學月刊》，1988 年第三期。

19. 〈陸賈的辯證思想〉，王興國，《求索》，1989 年第四期。

20. 〈陸賈思想三論〉，林鳳江，《齊齊哈爾師範學院學報》，1989 年第四期。

21. 〈陸賈和賈誼〉，蘇志宏，收在《秦漢禮樂教化論》，四川：人民，1991 年。

22. 〈關於陸賈新語的幾個問題〉，劉家和，《文史論衡》，北京大學出版社，1991 年。

三、相關典籍

（一）專　書（依經、史、子、集四部排列，各部再依出版時間先後排列）

1. 《十三經註疏》，嘉慶二十年，江西南昌府重刊宋本，臺北：藝文影印。

2. 《九經古義》，清·惠棟，四庫全書本，臺北：商務影印。

3. 《中國經學史的基礎》，徐復觀，臺北：學生，民國 71 年。

4. 《兩漢經學今古文平議》，錢穆，臺北：東大，民國 78 年。

5. 《史記》，漢·司馬遷，武英殿本，臺北：藝文影印。

6. 《漢書》，漢·班固，百衲本，臺北：商務影印。

7. 《南方草木狀》，晉，嵇含，四庫全書本，臺北：商務影印。

8. 《晉書》，唐·房玄齡等，武英殿本，臺北：藝文影印。

9. 《崇文總目》，宋·王堯臣等，四庫全書本，臺北：商務影印。

10. 《宋史》，元·脫脫，武英殿本，臺北：藝文影印。

11. 《漢書補註》，清·王先謙，臺北：藝文影印。

12. 《秦漢哲學史》，姚舜欽，上海：商務，民國 25 年。

13. 《中國政治思想史》，楊幼炯，臺北：商務，民國 26 年。

14. 《中國政治思想史》，陶希聖，臺北：食貨，民國 43 年。

15. 《中國政治思想史》，曾繁康，臺北：大中國，民國 48 年。

17. 《中國中古哲學史要》，韓逋仙，臺北：正中，民國 49 年。

18. 《中國哲學史》，任繼愈，北京：人民，1963 年。

19. 《四庫提要》，清·紀昀，臺北：藝文，民國 53 年。

20. 《四庫提要辯證》，余嘉錫，臺北：藝文，民國 53 年。

21. 《漢書管窺》，楊樹達，臺北：世界，民國 54 年。

22. 《中國政治思想史》，陳安仁，臺北：商務，民國 55 年。

23. 《中古思想史》，郭湛波，香港：龍門，1967 年。

24. 《兩漢三國政治思想史》，王雲五，臺北：商務，民國 58 年。

25. 《史通》，唐・劉知幾，臺北：中華，民國 59 年。

26. 《通志》，宋・鄭樵，臺北：中華，民國 55 年。

27. 《古史辨・第四冊、第六冊》，顧頡剛等，臺北：明倫，民國 59 年。

28. 《中國學術家列傳》，楊蔭深，臺北：廣城，民國 61 年。

29. 《漢初風雲人物》，惜秋，臺北：三民，民國 63 年。

30. 《漢書藝文志考證》，宋・王應麟，臺北：開明，民國 63 年。

31. 《隋書經籍志考證》，清・姚振宗，臺北：開明，民國 63 年。

32. 《元和姓纂》，唐・林寶，京都、中文，民國 65 年。

33. 《兩漢思想史》，徐復觀，臺北：學生，民國 65 年。

34. 《十七史商榷》，清・王鳴盛，臺北：大化，民國 66 年。

35. 《廿二史箚記》，清・趙翼，臺北：華世，民國 66 年。

36. 《秦漢史》，李源澄，臺北：商務，民國 66 年。

37. 《漢唐史論集》，傅樂成，臺北：聯經，民國 66 年。

38. 《中國哲學思想史 —— 兩漢魏晉南北朝篇》，羅光，臺北：學生，民國 67 年。

39. 《秦漢思想研究》，黃錦鋐，臺北：學海，民國 68 年。

40. 《中國哲學史》，北京大學哲學系中國哲學史教研室編寫，北京：中華，1980 年。

41. 《中國哲學史稿》，孫叔平，上海：人民，1980 年。

42. 《中國上古史綱》，張蔭麟，臺北：里仁，民國 71 年。

43. 《中國政治思想史》，蕭公權，臺北：聯經，民國 71 年。

44. 《秦漢史論集》，高敏，河南、中州書畫社，1982 年。

45. 《秦漢史》，呂思勉，臺北：開明，民國 72 年。

46. 《漢書藝文志注釋彙編》，陳國慶，臺北：木鐸，民國 72 年。

47. 《漢代哲學》，周紹賢，臺北：中華，民國 72 年。

48. 《中國思想史》，韋政通，臺北：大林，民國 72 年。

49. 《求古編》，許倬雲，臺北：聯經，民國 73 年。

50. 《中國哲學史新編（三）》，馮友蘭，北京：人民，1985 年。

51. 《中國哲學發展史——秦漢》，任繼愈，北京：人民，1985 年。

52. 《秦漢史》，勞榦，臺北：中國文化大學出版社，民國 75 年。

53. 《史記會注考證》，日‧瀧川龜太郎，臺北：洪氏，民國 75 年。

54. 《兩漢三國學案》，唐晏，臺北：華世，民國 76 年。

55. 《秦漢史》，錢穆，臺北：東大，民國 76 年。

56. 《秦漢文化史》，錢養民，臺北：駱駝，民國 76 年。

57. 《漢代思想史》，金春峰，北京：中國社會科學出版社，1987 年。

58. 《中國中古思想史長編》，胡適，臺北：遠流，1988 年。

59. 《中國古代政治思想史》，朱日耀，吉林大學出版社，1988 年。

60. 《中國政治思想史》，薩孟武，臺北：三民，民國 78 年。

61. 《中國政治思想史（中）》，張金鑑，臺北：三民，民國 78 年。

62. 《兩漢思想史》，祝瑞開，上海：古籍，1989 年。

63. 《國史大綱》，錢穆，臺北：商務，民國 79 年。

64. 《中國古代學術思想史論》，蔡尚思，廣東、人民，1990 年。

65. 《呂氏春秋》，秦‧呂不韋，臺北：藝文影印。

66. 《子略》，宋‧高似孫，四庫全書本，臺北：商務影印。

67. 《容齋三筆》宋‧洪邁，四庫全書本，臺北：商務影印。

68. 《學習記言》，宋‧葉適，四庫全書本，臺北：商務影印。

69. 《黃氏日抄》，宋‧黃震，四庫全書本，臺北：商務影印。

70. 《鄭堂札記》，清‧周中孚，臺北：商務，民國 45 年。

71. 《司馬遷所見書考》，金德建，上海：人民，1963 年。

72. 《新論》，漢‧桓譚，臺北：世界，民國 55 年。

73. 《鄒衍遺說考》，王夢鷗，臺北：商務，民國 55 年。

74. 《諸子平議補錄》，清‧俞樾，臺北：世界，民國 56 年。

75. 《先秦兩漢之陰陽五行學說》，李漢三，臺北：維新，民國 57 年。

76. 《漢唐教學思想》，王雲五，臺北：商務，民國 59 年。

77. 《梅園論學集》，戴君仁，臺北：開明，民國 59 年。

78. 《中國思想史論集》，徐復觀，臺北：學生，民國 63 年。

79. 《商君書解詁定本》，朱師轍，臺北：世界，民國 64 年。

80. 《論衡》，漢‧王充，臺北：世界，民國 64 年。

81. 《札迻》，清‧孫詒讓，臺北：世界，民國 64 年。

82. 《歷史與思想》，余英時，臺北：聯經，民國 65 年。

83. 《荀卿子通論》，清‧汪中，無求備齋荀子集成，臺北：成文，民國 66 年。

84. 《董仲舒與西漢學術》，李威熊，臺北：文史哲，民國 67 年。

85. 《政道與治道》，牟宗三，臺北：廣文，民國 68 年。

86. 《荀子集釋》，李滌生，臺北：學生，民國 68 年。

87. 《儒家政論衍義》，薩孟武，臺北：東大，民國 71 年。

88. 《韓非子思想的歷史研究》，張純、王曉波，臺北：聯經，民國 72 年。

89. 《老子》，臺北：學海，民國 73 年。

90. 《秦漢新道家略論稿》，熊鐵基，上海：人民，1984 年。

91. 《莊子集解》，清・郭慶藩，臺北：華正，民國 74 年。

92. 《淮南鴻烈集解》，劉文典，臺北：文史哲，民國 74 年。

93. 《秦漢的方士與儒士》，顧頡剛，臺北：里仁，民國 74 年。

94. 《漢初學術及王充論衡述論稿》，李偉泰，臺北：長安，民國 74 年。

95. 《朱子語類》，宋・朱熹，臺北：華世，1987 年。

96. 《韓非子集解》，清・王先慎，臺北：華世，民國 76 年。

97. 《兩漢前期思想與法家關係》，林聰舜，臺北：大安，1991 年。

98. 《文選》，梁・蕭統，宋淳熙本，臺北：藝文影印。

99. 《北堂詩鈔》，唐・虞世南，四庫全書本，臺北：商務影印。

100. 《太平御覽》，宋・李昉，四庫全書本，臺北：商務影印。

101. 《鐵橋漫稿》，清・嚴可均，臺北：世界，民國 53 年。

102. 《劉申叔先生遺書》，劉師培，臺北：大新，民國 54 年。

103. 《古文苑》，唐佚名、宋章樵註，臺北：鼎文，民國 62 年。

104. 《群書治要》，唐・魏徵，臺北：世界，民國 68 年。

105. 《意林》，唐・馬總，臺北：世界，民國 68 年。

106. 《傅斯年全集第二冊、第三冊》，傅斯年，臺北：聯經，民國 69 年。

107. 《賦學》，張正體、張婷婷，臺北：學生，民國 71 年。

108. 《述園文錄》，蕭公權，臺北：聯經，民國 72 年。

109. 《文心雕龍讀本》，梁・劉勰著、王更生譯，臺北：文史哲，民國 75 年。

110. 《漢代文學與思想學術研討會論有集》，國立政治大學中文所主編，臺北：文史哲，1991 年。

111. 《兩漢文學學術研討論文集》，王初慶等，臺北：華嚴，1995 年。

112. 《先秦兩漢道家思想研究》，張運華，長春：吉林教育，1998 年。

113. 《魏晉儒道互補之研究》，蔡忠道，臺北：文津，2000 年。

114. 《兩漢魏晉哲學史》，曾春海，臺北：臺南，2004 年。

（二）期刊論文

1. 〈陰陽五行說的來歷〉，梁啓超，《東方雜誌》三十卷十號，民國 13 年 5 月。

2. 〈穀梁傳之著於竹帛及傳授源流考〉，李曰剛，《師大學報》六期，民國 50 年 6 月。

3. 〈漢初儒家思想發展的趨勢〉，梁榮茂，《孔孟月刊》四卷八期，民國 55 年 4 月。

4. 〈兩漢儒家諸子之研討〉，熊公哲，《政治大學學報》十五期，民國 56 年 5 月。

5. 〈秦漢的儒〉，沈剛伯，《大陸雜誌》三十卷九期，民國 58 年 5 月。

6. 〈兩漢儒學研究〉，夏長樸，台大中研所碩士論文，民國 63 年。

7. 〈穀梁傳傳授源流考〉，王熙元，《孔孟學報》二十八期，民國 63 年 9 月。

8. 〈兩漢之儒術〉，陶希聖，《食貨月刊復刊》五卷七期，民國 64 年 10 月。

9. 〈戰國至漢初的人口變遷〉，管東貴，《中央研究院歷史語言研究所集刊》第五十本，民國 68 年。

10. 〈對漢初崇尚黃老之學的剖析〉，黃留珠，《人文雜誌》，1979 年二期。

11. 〈司馬遷與黃老〉，王叔岷，《台大文史哲學報》三十期，民國 70 年 12 月。

12. 〈略論漢初政治舞台上的儒者〉，黃留珠，《人文雜誌》，1981 年三期。

13. 〈兩漢初年黃老政治思想〉，張維華，《中國社會科學》，1981 年五期。

14. 〈西漢儒家天人災異思想之研究〉，鄺國強，《能仁學報》一期，民國 72 年 9 月。

15. 〈西漢儒家政治思想與現實政治的互動〉，盧瑞容，台大中研所碩士論文，民國 73 年。

16. 〈秦漢之際學術思潮簡述〉，蕭萐父，《燕園論學集》，北京大學出版社，1984 年。

17. 〈西漢社會哲學之研究〉，鄔昆如，《台大哲學評論》八期，民國 94 年 1 月。

18. 〈戰國末思想分歧及秦漢間儒者之任鉅履艱〉，劉光義，《東方雜誌》十八卷十期，民國 94 年 4 月。

19. 〈試論漢初功臣列侯及昭宣以後諸將軍之地位〉，廖伯源，《文史研究論集》，臺北：學生，民國 75 年。

20. 〈戰國秦漢時期黃帝傳說與黃帝學說的流傳〉，陳麗桂，《國文學報》十八期，民國 78 年 6 月。

21. 〈慎到應是黃老思想家〉，江榮海，《北京大學學報》，1989 年第一期。

22. 〈秦漢歷史變遷中的知識份子及其作用〉，劉修明、卡湘川，《學術月刊》，1989 年 7 月號。

23. 〈論儒學在西漢時期傳播的文化歷程〉，朱先春，1989 年第四期。

24. 〈漢代儒學的演變〉，劉尚欣，《孔子研究》，1989 年第四期。

25. 〈尋求思想統一——秦漢之際的社會思潮〉，李宗桂，《中國文化月刊》一百二十四期，民國 79 年 2 月。

26. 〈論大一統的秦漢文化〉，李宗桂，《中國文化月刊》一百三十一期，民國 79 年 9 月。

27. 〈歷史的成敗興衰之理——漢代人對歷史經驗的總結和反思〉，羅布英，《北京師範學院學報》，1991 年二期。

28. 〈論陸賈的儒學觀〉，梁宗華，《東岳論壇》，1994 年 6 月。

29. 〈陸賈的歷史意識及其文化意義〉，張秋升，《齊魯學刊》，1997 年 5 月。

30. 〈論陸賈〉，王漢昌，《河北大學學報》（哲學社會科學版），1996 年元月。

31. 〈漢初思想家的歷史反思〉，龐天佑，《貴州師範大學學報》（哲學社會科學版），2001 年元月。

32. 〈陸賈的歷史著述與歷史思想〉，汪高鑫，《安徽大學學報》（哲學社會科學版），2001 年 4 月。

33. 〈陸賈新無爲探析——論漢初新儒家的援道入儒思想〉，李禹階，《中華文化論壇》，2003 年元月。

34. 〈論陸賈在漢代經學史的地位〉，項永琴，《山東大學學報》（哲學社會科學版），2004 年 2 月。

35. 〈陸賈儒道思想析論〉，蔡忠道，《鵝湖》376 期，2006 年 10 月。

36. 〈陸賈《新語》賦化傾向探析〉，劉濤，《山東教育學院學報》，2007 年 4 月。

附錄一　《新語》引書考

　　按：《新語》引述典籍眾多，大牛是儒家的經典，前人多已證定，如唐晏、王利器在校注《新語》釋經一節，加以考證陳述（《秦漢思想研究》頁82～88）。本附錄以前人研究成果爲基礎，再仔細搜羅，詳核原文，將《新語》所引述者，一一標明。由此不但可以看出陸賈的思想趨勢，也作爲本論文論述的佐證。

一、引《詩經》

（一）〈道基〉第一

1. 鹿鳴以仁求其群，關雎以義鳴其雄。

　　《詩·小雅·鹿鳴之什》：「呦呦鹿鳴，食野之苹，我有嘉賓，鼓瑟吹笙。」又《詩·南周·關雎》：「關關雎鳩，在河之洲，窈窕淑女，君子好逑。」王利器案：此魯詩說也。（《新語校注》，頁32～33。）

（二）〈術事〉第二

1. 《詩》云：「式訛爾心，心蓄萬邦。」

　　按：語見《詩·小雅·節南山》。

（三）〈輔政〉第三

1. 《詩》云：「讒人罔極，交亂四國。」

　　按：語見《詩·小雅·青蠅》

（四）〈辨惑〉第五

1. 《詩》云：「有斧無柯」言何以治之也。

唐晏曰：「今《詩》無此句」（王利器《新語校注》引，頁 88）

宋翔鳳曰：「《文選·吳將校部曲》注引此云：『有斧無柯，何以治之？』」
（宋氏《新語》校本）

（五）〈慎微〉第六

1. 詩在心爲志，出口爲辭。

按：〈詩序〉：「詩者，志之所之也。在心爲志，發言爲詩。」

二、引《書經》

按：唐晏將陸賈的書學列爲不知宗派。（《兩漢三國學案》卷四，頁 187）

（一）〈道基〉第一

1. 虞舜蒸蒸於父母，光耀於天地。

唐晏曰：「此隱括〈堯典〉：『以孝蒸蒸，乂不格姦』之文。『光耀天地』
者，當是古訓也。」王利器案：「光耀於天地」，即〈堯典〉「光被四表」
之義。（皆見王利器《新語校注》頁 26）

按：《尚書·堯典》：「（堯）曰：『明明揚側陋。』師錫帝曰：『有鰥在下，
曰虞舜。』帝曰：『俞，予聞。如何？』岳曰：『瞽子，父頑，母嚚，
象傲。克諧，以孝烝烝，乂不格姦。』」

（二）〈輔政〉第二

1. 故堯放驩兜。

按：《尚書·舜典》：「欽哉！欽哉！惟刑之恤哉！流共工于幽洲，放驩兜
于崇山，竄三苗于三危，殛鯀于羽山，四罪而天下咸服。」

三、引《易經》

按：唐晏將陸賈的易學列爲不知宗派（《兩漢三國學案》卷二，頁 61）

（一）〈道基〉第一

1. 知天者仰觀天文，知地者俯察地理。

按：〈繫辭傳〉上：「仰以觀於天文，俯以察於地理。」

2. 先聖乃仰觀天文、俯察地理，圖畫乾坤，以定人道。

按：〈繫辭傳〉下：「古者包犧氏之王天下也，仰則觀象於天，俯則觀法

於地，觀鳥獸之文與地之宜。近取諸身，遠取諸物，於是始作八卦，
以通神明之德，以類萬物之情。」

3. 天下人民野居穴處，未有室屋，則與禽獸同域。於是黃帝乃伐木構材，
築作宮室，上棟下宇，以避風雨。

按：《繫辭》下：「上古穴居而野處，後世聖人易之以宮室，上棟下宇，
以待風雨。」

（二）〈術事〉第二

1. 事以類相從，聲以音相應。

按：〈繫辭傳〉上：「方以類聚，物以群分。」又，「同聲相應，同氣相求。」

（三）〈辨惑〉第五

1. 《易》曰：「二人同心，其義斷金。」

按：《繫辭傳》上：「二人同心，其義斷金。」

（四）〈懷慮〉第九

1. 積德之家，必無災殃。

按：《坤卦‧文言傳》：「積善之家必有餘慶，積不善之家必有餘殃。」

（五）〈明誡〉第十一

1. 安危之要，吉凶之符，一出於身；存亡之道，成敗之事，一起於善行。

唐晏曰：「陸生此言，本於《周易》。」

按：《繫辭傳》上：「子曰：『君子居其室，出其言善，則千里之外應之，
況其邇者乎？……言出乎身加乎民，行發乎邇見乎遠。言行，君子
之樞機，樞機之發，榮辱之主也。言行，君子之所以動天地，可不
慎乎？』」

2. 《易》曰：「天垂象，見吉凶，聖人則之；天出善道，聖人得之。」

唐晏曰：「今《易》作：『天垂象，見吉凶，聖人象之；河出圖，洛出書，
聖人則之。』（案：〈繫辭傳〉上）陸生所引，大異於今本。」（王利器《新
語校注》引，頁158）

（六）〈思務〉第十二

1. 《易》曰：「豐其屋，蔀其家，闚其戶，闃其無人。」無人者，非無人也，
言無聖賢以治之耳。

唐晏曰：「引《易》以證『爲善者寡，爲惡者眾，此古說也。』」（王利器《新語校注》引，頁 173）

按：此語見豐卦上六爻辭。

四、引《論語》

（一）〈道基〉第一

1. 磨而不磷，涅而不淄。

   按：《論語·陽貨》：「子曰：『然！有是言也。不曰堅乎？磨而不磷。不曰白乎？涅而不淄。』」

2. 伯夷、叔齊餓於首陽，功美垂於萬代。

   唐晏曰：「此隱括《論語》。」（王利器《新語校注》引，頁 26）

   按：《論語·季氏》：「伯夷、叔齊餓于首陽之下，民到于今稱之。」

3. 鄉黨以仁恂恂，朝廷以義便便

   文廷式曰：「此用《論語·鄉黨篇》……各家皆就字義爲解，陸生仁義之說。尤爲心知其義。」

   唐晏曰：「此以恂恂、便便分仁義，當是古《論語》說也。」（以上皆見王利器《新語校注》引，頁 31）

   按：《論語·鄉黨》：「孔子於鄉黨，恂恂如也，似不能言者。其在宗廟、朝廷，便便言，唯謹爾。」

4. 陳力就列，以義建功。

   按：《論語·季氏》：「孔子曰：『求，周任有言曰：「陳力就列，不能則止。」』」

5. 仁者壽長。

   按：《論語·雍也》：「知者樂，仁者壽。」

6. 君子握道而治，據德而行，席仁而坐，杖義而彊。

   按：《論語·述而》：「子曰：『志於道，據於德，依於仁，游於藝。』」

（二）〈術事〉

1. 下學上達。

   按：《論語·憲問》：「子曰：『不怨天，不尤人，下學而上達，知我其者其天乎！』」

2. 季氏貪顓臾之地，而變起蕭牆之內。

　　按：《論語·季氏》：「孔子曰：『今由與求也，相天子，遠人不服而不能
　　　　來也，邦分崩離析而不能守也，而謀動干戈於邦內。吾恐季孫之憂不
　　　　在顓臾，而在蕭牆之內也。』」

（三）〈無為〉第四

1. 故上之化下，猶風之靡草也。

　　按：《論語·顏淵》：「君子之德風，小人之德草，草上之風，必偃。」

（四）〈辨惑〉第五

1. 昔哀公問於有若曰：「年饑，用不足，如之何？」有若對曰：「盍徹乎？」
　　蓋損上而歸之於下，則忤於耳而不合於意，遂逆而不用也。有若豈不知阿
　　哀公之意，為益國之義哉？夫君子直道而行，知必屈辱而不避也。

　　唐晏曰：「此陸生《論語》說也。」

　　按：《論語·顏淵》：「哀公問於有若曰：『年饑，用不足，如之何？』有
　　　　若對曰：『盍徹乎？』曰：『二，吾猶不足，如之何其徹也？』對曰：
　　　　『百姓足，君孰與不足？百姓不足，君孰與足？』」

　　　　《論語·衛靈公》：「子曰：『吾之於人也，誰毀誰譽，如有所譽者，
　　　　其有所試矣！斯民也，三代之所以直道而行也。』」

2. 故曰：「無如之何者，吾末如之何也已矣。」

　　按：《論語·衛靈公》：「子曰：『不曰「如之何？如之何？」者，吾末如
　　　　之何也已矣。』」

3. 不在其位者，則無以齊其政。

　　按：《論語·泰伯》：「子曰：『不在其位，不謀其政。』」（〈憲問〉篇亦
　　　　同）

（五）慎微第六

1. 顏回一簞食、一瓢飲，在陋巷之中，人不堪其憂，回也不改其樂。

　　按：《論語·雍也》：「子曰：『賢哉回也。一簞食，一瓢飲，在陋巷，人
　　　　不堪其憂，回也不改其樂。』」

2. 禮以行之，遜以出之。

　　按：《論語·衛靈公》：「子曰：『君子義以為質，禮以行之，孫以出之，
　　　　信以成之。君哉！』」

3. 故（孔子）謂顏淵曰：「用之則行，舍之則藏，唯我與爾有是夫。」言顏淵施於世而莫之用。

　　唐晏曰：「此古《論語》說。」（王利器《新語校注》引，頁94）

　　按：《論語・述而》：「子謂顏淵曰：『用之則行，舍之則藏，唯我與爾有是夫！』」

4. 君傾而不扶，國危而不持。

　　按：《論語・季氏》：「危而不持，顛而不扶，則將焉用彼相矣。」

（六）〈本行〉第十

1. （孔子）周流天下，無所合意……《詩》、《書》、《禮》、《樂》爲得其所。

　　按：《論語・憲問》：「吾自衛反魯，然後樂正，雅頌各得其所。」

2. 敏於行而愼於言。

　　按：語出《論語・學而》。

3. 故曰：「不義而富且貴，於我如浮雲。」

　　按：語出《論語・述而》。

4. 故聖人卑宮室而高道德，惡衣服而勤仁義。

　　按：《論語・泰伯》：「禹，吾無閒然矣！菲飲食而致孝乎鬼神，惡衣服而致美乎黻冕，卑宮至而盡力乎溝洫。禹，吾無閒然矣！」

（七）〈明誡〉第十一

1. 殷紂無道，微子棄骨肉而亡。

　　按：《論語・微子》：「微子去之，箕子爲之奴，比干諫而死。孔子曰：『殷有三仁焉。』」

（八）〈思務〉第十二

1. 孔子曰：「行夏之時、乘殷之輅、服周之冕，樂則韶舞，放鄭聲，遠佞人。」

　　按：《論語・衛靈公》：「顏淵問爲邦。子曰：『行夏之時，乘殷之輅、服周之冕、樂則韶舞，放鄭聲、遠佞人；鄭聲淫，佞人殆。』」

五、引《孟子》

（一）道　基

1. 后稷乃列封彊、畫畛界，分土地之所宜，闢土殖穀，以用養民。

按：《孟子‧滕文公》：「后稷教民稼穡，樹立五穀，五穀熟而民人育。」

2. 當斯之時，四瀆未通，洪水為害，禹乃決江疏河，通之四瀆，致之於海，大小相引，高下相受，百川順流，各歸其所，然後人民得去高險、處平土。

按：《孟子‧滕文公》：「當堯之時，天下猶未平，洪水橫流，氾濫於天下……禹疏九河，瀹濟、漯，而注諸海；決汝、漢，排淮、泗，而注之江，然後中國可得而食也。」

又，「當堯之時，水逆行，氾濫於中國，蛇龍居之，民無所定，下者為巢，上者為營窟……使禹治之，禹掘地而注之海，驅龍蛇而放之菹，水由地中行，江、淮、河、漢是也，險阻既遠，鳥獸之害人者消，然後人得平土而居之。」

陸賈的說法是綜合二說而成。

（二）〈術事〉第二

1. 文王生於東夷、大禹出於西羌，世殊而地絕，法合而度同。故聖賢與道合，愚者與禍同。

唐晏曰：「即《孟子》舜東夷之人章義。」（王利器《新語校注》引，頁43）

按：《孟子‧離婁》：「孟子曰：『舜生於馮諸，遷於負夏，卒於鳴條，東夷之人也。文王生於岐周，卒於畢郢，西夷之人也。地之相去也千有餘里，世之相後也千有餘歲，得志行乎中國，若合符節。先聖後聖，其揆一也。』」

（三）〈辨惑〉第五

1. 行或合於世，言或順於耳，斯乃阿上之意，從上之旨，操宜而乖方，懷曲而合邪，因其剛柔之勢，為作縱橫之術，故無忤逆之言，無不合之義者。

唐晏曰：「此即《孟子》『以順為正者，妾婦之道』之謂。」（王利器《新語校注》引，頁73）

按：語見《孟子‧滕文公》。

（四）〈慎微〉第六

1. 是以伊尹……居於有莘之野。

按：《孟子・萬章》：「伊尹耕於有莘之野。」

（五）〈明誡〉第十一

1. 昔湯以七十里之封，升帝王之位。

   按：《孟子・公孫丑》：「王不待大，湯以七十里。」

（六）〈思務〉第十二

1. 昔舜、禹因盛而治世，孔子承衰而作功……故聖人不必同道。

   按：《孟子・萬章》：「聖人之行不同也，或遠或近，或去或不去，歸潔其身而已矣。」

2. □□□道而行之於世，雖非堯舜之君，則亦堯舜也。

   按：《孟子・告子》：「子服堯之服、誦堯之言、行堯之行，是堯而已矣。」

六、引《荀子》

（一）〈術事〉第二

1. 善言古者合之於今，能術遠者考之於近。

   唐晏曰：「《荀子》：『善言古者必有節於今，善言天者必有徵於人。』陸生之學出於荀子可證也。」（王利器《新語校注》引，頁38）

   按：語出《荀子・性惡》第二十三。

2. 世俗以爲自古而傳者爲重，以今之作者爲輕，淡於所見，甘於所聞，惑於外貌，失於中情。

   穆少春曰：「言觀遠者不若求之近，慕古者不若反之身，荀卿『法後王』是也。」（《諸子彙函》卷十四，葉三十五）

   唐晏曰：「此論與荀卿『法後王』之說合，見陸生學出於荀子也。」（王利器《新語校注》引，頁39）

3. 治末者調其本，端其影者正其形……故求遠者不可失於近，治遠者不可忘其容。上明而下清，君聖而臣忠。

   王利器案：《荀子・君道》：「譬之是猶立直木而恐其景之枉也，惑莫大焉。」又〈王霸〉：「主道治近不治遠，治明不治幽，治一不治二。主能治近則遠者離，主能治明則幽者化，主能當一則百事正。夫兼聽天下，日有餘而治不足者，如此也，是治之極也。既能治近，又務治遠，既能治明，又務見幽，既能當一，又務正百，是過者也，過猶不及也。辟之

是猶立直木而求其影之枉也。不能治近，又務治遠，不能察明，又務見幽，不能當一，又務正百，是悖者也。辟之是猶立枉木而求其影之直者也。」立論取譬，此文與之從同，亦有以見荀、陸二家之關係也。（《新語校注》引，頁 48）

（二）〈懷慮〉第九

1. 是以制事者不可□，設道者不可通。目以精明，耳以主聽，口以別味，鼻以聞芳，手以之持，足以之行，各受一性，不得兩兼，兩兼則心惑，二路者行窮，正心一堅，久而不忘。

   唐晏曰：「自『制事者』至『久而不忘』，荀卿〈勸學〉之旨也。」（王利器《新語校注》引，頁 140）

七、引《禮記》

（一）〈無為〉第四

1. 昔舜治天下也，彈五弦之琴，歌南風之詩。

   按：《禮語‧樂記》第十九：「昔者，舜作五弦之琴以歌南風。」

2. 君子尚寬舒以褒其身，行身中和以致疏遠；民畏其威而從其化，懷其德而歸其境，美其治而不敢違其政。民不罰而畏、不賞而勸，漸漬於道德，被服於中和之所致也。

   按：《禮記‧中庸》第三十一：「喜怒哀樂之未發謂之中，發而皆中節謂之和。中也者，天下之大本也；和也者，天下之達道也。致中和，天地位焉，萬物有焉。」

3. 孔子曰：「道之不行也。」言人不能行之。

   按：《禮記‧中庸》第三十一：「子曰：『道之不行也，我知之矣。知者過之，愚者不及之。道之不明也，我知之矣。賢者過之，不肖者不及也，鮮能知味也。』」

八、引《穀梁傳》

（一）〈道基〉第一

1. 伯姬以義建至貞。

   唐晏曰：「《穀梁傳》曰：『婦人以貞爲行者也，伯姬之婦道盡矣。』陸生

書引《春秋》，多本《穀梁》。」

王利器案：《春秋》襄公三十年：「五月，甲午，宋災，伯姬卒。」《穀梁傳》：「取卒之日加之災上者，見以災卒也。其見以災卒奈何？伯姬之舍失火，左右曰：『夫人少辟火乎！』伯姬曰：『婦人之義，傅母不在，宵不下堂。』左右又曰：『夫人少辟火乎！』伯姬曰：『婦人之義，保母不在，宵不下堂。』遂逮乎火而死。婦人以貞爲行者也，伯姬之婦道盡矣。詳其事，賢伯姬也。」

2. 《穀梁傳》曰：「仁者以治親，義者以利尊。」萬世不亂，仁義之所治也。

　　按：此引文不見今本《穀梁》，鍾文烝謂出所於《穀梁外傳》或《穀梁章句》中（《穀梁補注・論傳》），嚴可均則認爲，陸賈所引爲《穀梁》舊傳（《鐵橋漫稿》）。考《漢書・藝文志》卷三十著錄《穀梁傳》十一卷，《元和姓纂》卷十引尸子，《穀梁傳》本有十五卷，則《穀梁》在流傳過程中，已有遺缺，因此，嚴氏的說法較爲可信。

（二）〈辨惑〉第五

1. 魯定公之時，與齊侯會於夾谷，孔子行相事。兩君升壇，兩相處下，兩相欲揖，君臣之禮，濟濟備焉。齊人鼓譟而起，欲執魯公。孔子歷階而上，不盡一等而立，謂齊侯曰：「兩君合好，以禮相率，以樂相化，臣聞「嘉樂不野合，犧象之薦不下堂」。夷狄之民何求爲？命司馬請止之。定公曰：「諾！」齊侯逡巡而避席曰：「寡人之過。」退而自責大夫。罷會，齊人使優旃舞於魯公之幕下，傲戲，欲侯魯君之隙，以執定公，孔子歎曰：「君辱臣當死。」使司馬行法斬焉，首足異門而出。於是齊人懼然而恐，君臣易操，不安其故行，乃歸魯四邑之侵地，終無乘魯之心，鄰國振動，人懷向魯之意。

　　按：《穀梁》定公十年：「頰谷之會，孔子相焉。兩君就壇，兩相相揖。齊人鼓譟而起，欲以執魯君，孔子歷階而上，不盡一等而視歸乎齊侯，曰：『兩君合好，夷狄之民何爲來？』爲命司馬止之。齊侯逡巡而謝曰：『寡人之過也。』退而屬其二三大夫曰：『夫人率其君，與之行古人之道，二三子獨率我而入夷狄之俗，何爲？』罷會，齊人使優旃舞於魯君之幕下。孔子曰：『笑君者，罪當死。』使司馬行法焉，首足異門而出。齊人來歸鄆、讙、龜、陰之田。」

（三）〈資質〉第七

1. 昔宮之奇爲虞公畫計，欲辭晉獻公璧馬之賄，而不假夏陽之道，豈非金石之計哉！然虞公不聽者，惑於珍寶之怪也。

   唐晏曰：「《穀梁傳》，晉以璧馬假道，宮之奇諫曰：『晉國之使者，其辭卑而璧重，必不便於虞。』虞公弗聽。」（僖公二年）（王利器《新語校注》引，頁112）

（四）〈至德〉第八

1. 昔者，晉厲、齊莊、楚靈、宋襄，乘大國之權，杖眾民之威，軍師橫出，陵轢諸侯，外驕敵國，內刻百姓。鄰國之讐結於外，群臣之怨積於內，而欲建金石之統，繼不絕之世，豈不難哉？故宋襄死於泓之戰，三君弒於臣之手，皆輕師尚威，以致於斯，故春秋重而書之，嗟嘆而傷之。

   按：宋公與楚人戰于泓，《春秋》三傳皆載。《公羊》褒宋公義行，《左傳》責宋公不知戰。《穀梁》既責宋公不知戰，責其因自己被執的私怨而輕用其兵，較合乎本文「輕師尚威」的說法。參《穀梁》僖公二十二年、二十三年。

   《穀梁》成公十八年：「庚申，晉弒其君州蒲。稱國以弒其君，君惡甚矣。」

   《穀梁》襄公三十五年：「齊崔杼弒其君光，莊公失言，淫於崔氏。」

   《穀梁》昭公十三年：「夏四月，楚公子比自晉歸於楚，弒其君虔于乾溪。自晉，晉有奉焉爾，歸而弒，不言歸，言歸非弒也，歸一事也，弒一事也，而遂言之，以比之歸弒，比不弒也。弒君者日，不日，比不弒也。」

2. 魯莊公一年之中，以三時興築作之役，規虞山林草澤之利，與民爭田漁薪菜之饒，刻桷丹楹，眩曜靡麗，收民十二之稅，不足以供邪曲之欲，繕不用之好，以悅婦人之目，財盡於驕淫，力疲於不急，上困於用，下饑於食，乃遣臧孫辰請糴積於齊，食廩空匱，外人知之，於是爲齊、衛、陳、宋所伐，賢臣出，邪臣亂，子般殺，魯國危也……故不威不強還自亡，立法不明還自傷，魯莊公之謂也。故《春秋》穀（缺）。

   唐晏曰：「《穀梁傳》莊公三十一年：『春，築臺於郎；夏，築臺于薛；秋，築臺于秦。』傳：『不正，罷民三時，虞山林藪澤之利；且財盡則怨，力盡則懟，君子危之。』」

王利器案：《穀梁傳》莊公二十八年：「冬，築微，山林藪澤之利，所以與民共也，虞之，非正也。」（皆見《新語校注》頁124）

按：《穀梁》莊公二十四年：「刻桓宮桷。禮：天子之桷，斲之礱之，加密石焉；諸侯之桷，斲之礱之；大夫斲之；士斲本。刻桷，非正也。夫人之所以崇宗廟也，取非禮與非正而加之於宗廟，以飾夫人，非正也。刻桓宮桷、丹桓宮楹，斥言桓宮以惡莊也。」

按：《穀梁》莊公二十八年：「臧孫辰告糴于齊。國無三年之畜曰國非其國也。一年不升，告糴諸侯。……不正，故舉臧孫辰以為私行也。……古者稅什一，豐年補敗，不外求而上下皆足也，雖累凶年，百弗病也。一年一艾而百姓饑，君子非也。」

又，文末所缺漏的字應是《穀梁傳》。

（五）〈懷慮〉第九

1. 管仲相桓公……身無境外之交。

王利器曰：「此用《穀梁》義。《穀梁》隱公元年傳：『寰內諸侯，非有天子之命，不得出會諸侯，不正其外交，故弗與朝也。聘弓鍭矢，不出竟場，束脩之肉，不行竟中，有至尊者，不貳之也。』」

（六）〈明誡〉第十一

1. 聖人察物，無所遺失，上及日月星辰，下至鳥獸草木昆蟲，□□□鶂之退飛，治五石之所隕，所以不失纖微。

唐晏曰：「《穀梁》僖十六年：『六鶂退飛。』傳：『子曰：「石，無知之物，故日之；鶂，微有知之物，故月之。君子之於物，無所苟而已。石、鶂且猶盡其辭，而況於人乎？」』」（王利器《新語校注》引，頁157）

九、引《公羊傳》

（一）〈無為〉第四

1. 周襄王不能事後母，出居於鄭，而下多叛其親。

按：《公羊傳》僖公二十四年：「冬，天王出居于鄭。王者無外，此其言出，何？不能乎母也。」

（二）〈懷慮〉第九

1.（楚靈王）作乾谿之臺。

按：《公羊傳》昭公十三年：「靈王為無道，作乾谿之臺，三年不成。」

2. 聖人執一政以繩百姓，持一槩以等萬民，所以同一治而明一統也。

　　按：《春秋》隱公元年：「春，王正月。」《公羊傳》：「何言乎王正月？大
　　　　一統也。」

（三）〈明誡〉第十一

1. 十二月李梅實，十月隕霜不煞菽，言寒暑之氣失其節也。

　　按：《公羊傳》僖公三十三年：「十有二月霣霜不殺草、李梅實。何以書？
　　　　記異也。何異爾？不時也。

十、引《孝經》

（一）〈無為〉第四

1. 孔子曰：「移風易俗。」

　　按：《孝經・廣要道章》第十二：「子曰：『移風易俗，莫善於樂。』」

（二）〈慎微〉第六

1. 孔子曰：「有至德要道以順天下。」言德行而下順之矣。

　　按：《孝經・開宗明義章》第一：「子曰：『先王有至德要道以順天下，民
　　　　用無怨，上下和睦。』」

（三）〈明誡〉第十一

1. 周公躬行禮義，郊祀后稷。越裳奉貢而至，麟鳳白雉草澤而應。

　　按：《孝經・聖治章》第九：「周公郊祀后稷以配天，宗祀文王於明堂以
　　　　配上帝。是以四海之內，各以其職來祭。」

2. 故曰：「則天之明，因天之利。」

　　按：語出《孝經・三才章》第七。

十一、引《老子》

（一）〈輔政〉第三

1. 懷剛者久而缺，持柔者久而長，躁疾者為厥速，遲重者為常存……懷急
促者必有所虧，柔弱者制剛強。

　　按：《老子》三十六章：「柔弱勝剛強。」

　　　　《老子》七十六章：「人之生也柔弱，其死也堅強。萬物之生也柔脆，

其死也枯槁。故堅強者，死之徒；柔弱者，生之徒。」

（二）〈思務〉第十二

1. 老子曰：「上德不德」□□□□□□虛也。

按：見《老子》三十八章。

附錄二 《楚漢春秋》佚文考證

按：《楚漢春秋》，陸賈著，今已亡佚，清人洪頤煊、茆泮林、黃奭都有輯佚本，內容大致相同，近人王利器依洪頤煊輯本，作了簡單的校訂（《新語校注》附錄二），但仍有些略誤。本附錄承王書作基礎，略者補詳，謬者加以校訂，並與《史記》的記載對照，比較其異同。

1. 項燕爲秦將王翦所殺。（《史記・項羽本紀・索隱》）

   《史記・項羽本紀》：「其季父項梁，梁父即楚將項燕，爲秦將王翦所殺。」

   裴駰《史記集解》：「駰案：〈始皇本紀〉云：『項燕自殺。』」

   司馬貞《史記索隱》：「此云爲王翦所圍，逼而自殺，故不同也。」

   按：項燕自殺一事，在《史記・秦始皇本紀》卷六，始皇廿四年。《史記會注考證》引梁玉繩《史記志疑》曰：「〈六國表〉、〈楚世家〉、〈蒙恬傳〉皆言始皇二十三年殺項燕，二十四年虜楚王負芻。〈王翦傳〉亦以虜楚王在殺項燕之後。獨此言二十三年虜荊王、二十四年項燕自殺，而又有項燕立昌平君一節。余詳考之，此紀實誤。昌平君雖楚之公子，而久居于秦，嘗爲秦相國，定嫪毐之亂，其時徒居郢，項燕安所得而立之。負芻竄處壽春，未曾親歷戎行，何據被虜？而項燕爲楚名將，燕不死，楚不滅，誰謂項燕後楚死乎？〈項羽紀〉、〈六國表〉、〈王翦〉、〈蒙恬傳〉俱說項燕是王翦殺之，《索隱》引《楚漢春秋》同。惟此以爲自殺，亦屬牴牾。竊意王翦擊破楚軍、殺項燕時，昌平君在郢，楚之諸將必有敗逃于郢者，昌平君知項燕已死，楚淮北之地盡失，難以圖存，藉舊將之依附，僭立爲主，以成犄角之勢，適秦王游至郢陳，謀欲襲之，遂反江南，而王翦等已破楚、虜負芻，計不果

—139—

行，昌平君自殺。是情事之明白可料者，寧有如紀所載耶？然則宜何以書，當云：二十三年，秦王復召王翦，彊起之，使將擊荆，取陳以南至平興，殺項燕，秦王游至郢陳，荆將立昌平君爲荆王，反秦于江南，二十四年，王翦、蒙武攻荆，破荆軍，虜荆王，昌平君遂自殺。」

2. 項梁陰養士，最高者多力，拔樹以擊地。（《太平御覽》三八六）

按：見《太平御覽‧人事部二十七》卷三百八十六。

3. 項梁陰養生士九十人。參木者，所與計謀者也。木佯疾，於室中鑄大錢，以具甲兵。（《太平御覽》八十五）

王利器案：「生」字當衍。

按：《太平御覽‧資產部十五》卷八百三十五：「項梁陰養死士九十人。」，洪頤煊輯作「生士」，誤。又宋洪遵《泉志‧僞品上》卷四：「《楚漢春秋》曰：『項梁陰養死士九十人。參木者，所欲計謀也，木佯疾，於室中鑄大錢也。』」

4. 吳廣說陳涉曰：「王引兵西擊，則野無交兵。」（《文選‧曹子建贈丁儀王粲詩注》）

按：見《文選》卷二十四。

5. 會稽假守殷通。（《史記‧項羽本紀‧正義》、《漢書‧項籍傳注》）

按：見《史記》卷七。《漢書‧陳涉項籍列傳》卷三十一：「會稽假守通。」顏師古注：「張晏曰：『假守、兼守也。』、晉灼曰：『《楚漢春秋》云：「姓殷。」』」

6. 東陽獄史陳嬰（《史記‧項羽本紀正義》）

按：茆泮林輯本作《史記‧秦本紀‧正義》，誤。又，茆氏輯本，此條並見於《通鑑綱目‧秦二世皇帝集覽》。《御批通鑑綱目》卷二下（朱熹撰，清聖祖批），秦二世二年，集覽：「《史正義》曰：『《楚漢春秋》曰：「東陽獄史陳嬰，英布蒲將軍。」』」

7. 上過陳留，酈生求見，使者入通。公方洗足，問何如人？曰：「狀類大儒。」上曰：「吾方以天下爲事，未暇見大儒也。使者出告。酈生瞋目按劍曰：「入言，高陽酒徒，非大儒也。」（《北堂書鈔》一百二十三，《太平御覽》三百四十二、三百六十六）

洪頤煊案：《史通‧雜說篇》：「劉氏初興，書惟陸賈而已。子長述楚漢之事，專據此書。如酈生之初謁沛公、高祖之長歌鴻鵠，非惟文句有別，

遂乃事理皆殊。」

按：《太平御覽》卷三百四十二，「何如人」作「如何人」、「非大儒也」作「非儒者也」。卷三百六十六，「非大儒也」作「非大儒。」

《史記‧酈生陸賈列傳》卷九十七：「沛公將兵略地陳留郊，沛公麾下騎士，適酈生里中子也。沛公時時問邑賢士豪俊。騎士歸，酈生見，謂之曰：『吾聞沛公慢而易人，多大略，此真吾所願從，莫為我先。若見沛公，謂曰：「臣里中有酈生，年六十餘，長八尺，人皆謂之狂生，生自謂我非狂生。」』騎士曰：『沛公不好儒，諸客冠儒冠來者，沛公輒解其冠，溲溺其中，與人言，常大罵，未可以儒生說也。』酈生曰：『弟言之。』騎士從容言，如酈生所誡者。沛公至高陽傳舍，使人召酈生，酈生至，入謁，沛公方倨床，使兩女子洗足，而見酈生。酈生入，則長揖不拜。」與《楚漢春秋》記載不同。

又，《史記‧酈生陸賈列傳》末，附有一段記載，與《楚漢春秋》相近，其言曰：「初沛公引兵過陳留，酈生踵軍上謁曰：『高陽賤民酈食其，竊聞沛公暴露，將兵助楚討不義，敬勞從者，願得望見，口畫天下便事。』使者入通，沛公方洗，問使者曰：『何如人也？』使者對曰：『狀貌類大儒，衣儒衣、冠側注。』沛公曰：『為我謝之。言我方以天下為事，未暇見儒人也。』使者出謝曰：『沛公敬謝先生，方以天下為事，未暇見儒人也。』酈生瞋目案劍，叱使者曰：『走！復入言沛公，吾高陽酒徒也，非儒人也。』」此段應是後人加入，非《史記》原文。

8. 高祖向咸陽，南趣宛，宛堅守不下。乃匿其旌旗，人銜枚、馬束口，龍舉而翼奮。雞未鳴，圍宛城三匝，宛城降。（《史記‧高祖本紀索隱》、《太平御覽》三百五十七。）

洪頤煊案：《北堂書鈔》十二引「龍舉翼起」四字。（茆泮林輯本同）

按：《史記‧高祖本紀》卷八：「圍宛城三匝。」司馬貞《索隱》：「按，《楚漢春秋》曰：『上南攻宛，匿旌旗、人銜枚、馬束口，雞未鳴，圍宛城三匝也。』」與《太平御覽》不同。

9. 樊噲請殺之。（《史記‧高祖本紀‧索隱》）

王利器案：此「秦王子嬰降軹道旁」句，《索隱》所引也。

按：《史記‧高祖本紀》卷八：「諸將或言誅秦王。」《索隱》：「《楚漢春

秋》曰：『樊噲請殺之。』」

10. 沛公西入武關，居於灞上，遣將軍閉函谷關，無內項王。項王大將亞父至關，不得入，怒曰：「沛公欲反耶？」即令家發薪一束，欲燒關門，關門乃開。（《藝文類聚》卷六）

按：《史記》無記載此事。

11. 解先生曰：「遣守函谷，無內項王。」（《史記·高祖本紀·索隱》）

洪頤煊案：「〈項羽本紀集解〉、〈留侯世家索隱〉、《漢書·張良傳注》、臣瓚曰：「《楚漢春秋》：酈生本姓解。」

按：「洪頤煊輯本誤為「遣守函谷關」，衍一「關」字。又，洪氏案語，臣瓚言「酈生本姓解」，只有在《史記·留侯世家·索隱》卷五十五被引用。《史記·項羽本紀·集解》（卷七）、《漢書·張良傳注》（卷四十）所引臣瓚的話為：「臣瓚曰：《楚漢春秋》：酈，姓。」這兩部份，茆氏輯本皆無誤。

《史記》、《漢書》都言「酈生」，而非「解先生」。

12. 項王在鴻門，而亞父謀曰：「吾使人望沛公，其氣衝天，五色相摎，或似龍、或似虵、或似虎、或似雲、或似人，此非人臣之氣也，不若殺之。」
（《水經·渭水注》、《太平御覽》十五、又八十七、又八百七十二）

王利器案：《御覽》八十七引作「五彩相糺」。

按：此綜合各篇文字而成。《水經·渭水注》卷十九：「項王在鴻門，亞父曰：『吾使人望沛公，其氣衝天，五色相摎，或似龍、或似雲、非人臣之氣，可誅之。』」《太平御覽·天部十五》卷十五：「亞父謀曰：『吾望沛公，其氣衝天，五色相摎，或似龍、或似蛇、或似虎、或似雲、或似人，此非人臣之氣也。』」《太平御覽·皇王部十二》卷八十七，同卷十五，前加「項王在鴻門」，後有「不若殺之」。「工父謀曰」改為「亞父進諫曰」。《太平御覽·休徵部一》卷八七二：「項王在鴻門，亞父諫曰：『吾使人望沛公，其氣衝天，五色相繆，或似人，此非人臣之氣，不若殺之。』」各段文字略有差異。

《史記·項羽本紀》卷七：「范增說項羽曰：『沛公居山東時，貪於財貨、好美姬，今入關，財物無所取、婦女無所幸，此其志不在小。吾令人望其氣，皆為龍虎，成五采，此天子氣也，急擊勿失。』」《史記》濃縮《楚漢春秋》的敘述而成。

13. 高祖會項羽，范增目羽，羽不應，樊噲杖盾撞人入，食豕，羽壯之。(《水經・渭水注》)

按：此段洪頤煊輯本未收。茆泮林輯本收錄，併入前文。但為與《太平御覽》引文區隔，而且前文是一件事，此段文又是一件事，所以區分成另一段。

《史記・項羽本紀》卷七：「范增數目項王，舉所佩玉玦以示之者三，項王默然不應⋯⋯。噲即帶劍擁盾入軍門。交戟之衛士欲止不內，樊噲側其盾以撞。衛士仆地，噲遂入，披帷西嚮立，瞋目視項王，頭髮上指，目皆盡裂。項王按劍而跽，曰：『客何為者？』張良曰：『沛公之參乘，樊噲者也。』項王曰：『壯士，賜之卮酒。』則與斗卮酒。噲拜謝，起立而飲之。項王曰：『賜之彘肩。』則與一生彘肩。樊噲覆其盾於地，加彘肩上，拔劍切而啗之。項王曰：『壯士。』」《史記・樊酈滕灌列傳》卷九十五，也記載此事而較簡略。

14. 沛公脫身鴻門，從閒道至軍。張良、韓信乃謁項王軍門曰：「沛公使臣奉白璧一雙大王足下，玉斗一隻獻大將軍足下。」亞父受玉斗，置地，戟撞破之。(《太平御覽》三百五十二)

按：《史記・項羽本紀》卷七：「沛公已去，閒至軍中，張良入謝曰：『沛公不勝桮杓，不能辭。謹使臣良奉白璧一雙，再拜獻大王足下，玉斗一雙再拜奉大將軍足下。』項王曰：『沛公安在？』良曰：『聞大王有意督過之，脫身獨去，已至軍矣。』項王則受璧，置之坐上；亞父受玉斗，置之地，拔劍撞而破之。」《史記》與《楚漢春秋》文意相同，文字上也有因襲的痕跡，唯《楚漢春秋》有韓信，《史記》無。考《史記・淮陰侯列傳》卷九十二，韓信是在劉邦入蜀才歸漢，鴻門宴之時則在項羽麾下，《楚漢春秋》或有誤記。

15. 說者是蔡生。(《史記・項羽本紀・集解》)

按：茆泮林輯本誤為《史記・項羽本紀・正義》。《史記・項羽本紀》卷七：「說者曰：『人言楚人沐猴而冠耳！果然。』項王聞之，烹說者。」《集解》：「《楚漢春秋》、楊子《法言》云：「說者是蔡生。」《漢書》云：「說者是韓生」。

16. 董公八十二，遂封為成侯。(《史記・高祖本紀・正義》)

《史記・高祖本紀》卷八：「三老董公遮說漢王，以義帝死故。漢王聞之，

祖而大哭，遂爲義帝發喪。」

王利器案：《漢書‧高帝紀上》：「新城三老董公遮說漢王曰：『臣聞：順德者昌，逆德者亡。兵出無名，事故不成。故曰：明其爲賊，敵乃可服。項羽爲無道，放殺其主，天下之賊也。夫仁不以勇、義不以利，三軍之眾，爲之素服，以告之諸侯，爲此東伐，四海之內，莫不仰德。此三王之舉也。』漢王曰：『善。非夫子無所聞。』於是漢王爲義帝發喪，祖而大哭。」《漢書》此文，當亦本之陸氏，而《史記》乃略出爲「爲義帝死故」五字一句，不若《漢書》之得其本眞也。

案：王說當是。又，茆泮林引《御批資治通鑑綱目》卷二下，西楚霸王、漢王二年集覽：「董公八十二歲，其名未詳，秦世隱士，遮道而說，遂封爲成侯。」

17. 項王爲高閣，置太公於上，告漢王曰：「今不急下，吾烹太公。」漢王曰：「吾與項王，約爲兄弟，吾翁即汝翁，若烹汝翁，幸分我一杯羹。」（《太平御覽》一百八十四、又六百九十六）

按：此《太平御覽》卷六九六引文。卷一八四，「今不急下」作「今不急告下」；「吾翁即汝翁」作「吾翁即若翁」；「若烹汝翁」作「如烹若翁」。

《史記‧項羽本紀》卷七：「項王患之，乃爲高俎，置太公其上。告漢王曰：『今不急下，吾烹太公。』漢王曰：『吾與項羽俱北面受命懷王，曰：約爲兄弟。吾翁即若翁，必欲烹而翁，則幸分我一桮羹。』」《史記》此段記載承《楚漢春秋》。

18. 韓信常數從其下鄉新昌亭長寄食。（《史記‧淮陰侯列傳‧索隱》）

按：《史記‧淮陰侯列傳》卷九十二作「南昌亭長」，與《楚漢春秋》不同。

19. 從閒道卑山而望趙軍。（《史記‧淮陰侯列傳‧索隱》）

按：《史記‧淮陰侯列傳》卷九十二作「萆山」。與《楚漢春秋》不同。

20. 北郭先生獻帶於淮陰侯曰：「牛爲人任用，力盡猶不置其革。」（《太平御覽》六百九十六）

按：此事《史記》沒有記載。

21. 項王使武涉說淮陰侯。淮陰侯曰：「臣故事項王，位不過中郎，官不過執戟。及去項歸漢，漢王賜臣玉案之食、巨闕之劍，臣背叛之，內愧於

心。」（《北堂書鈔》一百三十三、《藝文類聚》六十九、《文選張子平四愁詩注》、《太平御覽》七百十）

茆泮林曰：「《文選四愁詩注》（卷二十七）引淮陰侯曰：『臣去項歸漢，漢王賜臣玉案之食。』又，《閒居賦注》（案：卷十六）引韓信曰：『臣內愧於心。』」

按：《藝文類聚・服飾部上》卷六十九：「淮陰侯曰」作「信曰」；「故事項王」作「事項王」；「巨闕之劍」作「玉貝之劍」。《太平御覽・服用部十二》卷七百十：「臣背叛之」作「臣背之」。

《史記・淮陰侯列傳》卷九十二：「項王恐，使盱眙人武涉往說齊王信曰：『天下共苦秦久矣，相與戮力擊秦，秦已破，計功割地，分土而王之，以休士卒。今漢王復興兵而東，侵人之分，奪人之地，已破三秦，引兵出關，收諸侯之兵以東擊楚，其意非盡吞天下者不休，其不知厭足，如是甚也。……當今二王之事，權在足下，足下右投則漢王勝，左投則項王勝，項王今日亡，則次取足下。足下與項王有故，何不反漢，與楚連和，參分天下王之。今釋此時而自必於漢以擊楚，且為智者固若此乎？』韓信謝曰：『臣事項王，官不過郎中，位不過執戟，言不聽、畫不用，故倍楚而歸漢。漢王授我上將軍印，予我數萬眾，解衣衣我，推食食我，言聽計從，故吾得以至於此。夫人深親信我，我倍之，不詳。雖死不易，幸為我謝項王。』」《史記》根據《楚漢春秋》而更加詳細。

22. 上東圍項羽，聞樊噲反，旄頭公孫戎明之卒不反，封戎二千戶。（《漢書王莽傳上晉灼注》）

按：《史記》沒有記載此事。

23. 上欲封侯公，匿不肯復見，曰：「此天下辯士，所居傾國，故號平國君。」（《史記・項羽本紀・正義》、《文選・陸士衡漢高祖功臣頌注》）

按：《史記・項羽本紀》卷七：「漢王乃封侯公為平國君，匿弗肯復見。曰：『此天下辯士，所居傾國，故號平國君。』」《史記》承《楚漢春秋》。

24. 歌曰：「漢兵已略地，四方楚歌聲，大王意氣盡，賤妾何聊生。」（《史記・項羽本紀・正義》）

茆泮林案：王應麟《困學紀聞》（按：卷十二）云：「太史公述《楚漢春

秋》，其不載於書者，《正義》云：『項羽歌，美人和之。《楚漢春秋》云：
「漢兵已略地，四面楚歌聲，大王意氣盡，賤妾而聊生？」』是時已為五
言矣。」

按：王說是。

25. 高帝初封侯者，皆賜丹書鐵券，曰：「使黃河而帶，泰山如礪，漢有宗廟，
爾無絕世。」（《太平御覽》五百九十八、六百三十二，《困學記聞》十二）

茆泮林案：《困學紀聞》原注云：「下二句不同。」《史記·功臣年表》（按：
即《高祖功臣年表》卷十八）云：「使河如帶，泰山若厲，國以永寧，爰
及苗裔。」故云：「下二句不同也。」

按：《太平御覽》卷五百九十八：「皆賜丹書鐵券」作「皆書券」；「爾無
絕世」作「無絕世也」。《困學紀聞·考史》卷十二：「高帝」作「高
祖」。

26. 漢已定天下，論群臣破敵禽將，活死不衰，絳灌、樊噲是也。功成名立，
臣為爪牙，世世相屬，百世無邪，絳侯、周勃是也。（《文選·劉子駿移
書讓太帝博士注》）

洪頤烜曰：案，《漢書·禮樂志注》、〈陳平傳注〉云：「《楚漢春秋》，高
祖功臣，別有絳灌。」

王利器案：《文選注》引《楚漢春秋》此文，復下以己意曰：「然絳灌自
一人，非絳侯與灌嬰。」

27. 上敗彭城，薛人丁固追上，上被髮而顧曰：「丁公，何相逼之甚？」乃迴
馬而去。上即位，欲陳功，上曰：「使項氏失天下者，是子也。為人用兩
心，非忠也。」使下吏笞殺之。（《太平御覽》三百七十三，又六百四十
九）

茆泮林案：《前漢書·季布傳注》引晉灼曰：「《楚漢春秋》云：『薛人名
固。』」

按：《史記·季布欒布列傳·集解》卷一百亦引晉灼曰：「《楚漢春秋》云：
『薛人，名固。』」

《史記·欒布列傳》：「季布母弟丁公為楚將，丁公為項羽逐窘高祖
彭城西，短兵接。高祖急顧丁曰：『兩賢豈相戹哉？』於是丁公引兵
而還，漢王遂解去。及項王滅，丁公謁見高祖，高祖以丁公徇軍中
曰：『丁公為項王臣，不忠，使項王失天下者，迺丁公也。』遂斬丁

公。曰：『使後世爲人臣者，無效丁公。』」《史記》承《楚漢春秋》
而更詳。

《史記會注考證》：「《史記桃源抄》引《楚漢春秋》云：『薛人丁固與
彭城人賴齮騎而追之，上被髮而顧丁公曰：「吾非不知公，公何急之
甚？」於是回馬而去之。』」

28. 上封許負爲鳴雌亭侯。（《史記‧周勃世家‧索隱》）

按：茆氏輯本，《輟耕錄》二十九也引此文。且「上」作「高祖」，考《史
記索隱》也作「高祖」，《輟耕錄》（明陶宗儀著）同，茆氏當是。另
外，《史記》沒有記載此事。

29. 正彊數言事而當，上使參乘，解玉劍以佩之。天下定，以爲守。有告之
者，上曰：「天下方急，汝何在？」曰：「亡。」上曰：「正彊沐浴霜露，
與我從軍，而汝亡，告之何也？」下廷尉劾。（《太平御覽》六百四十八）

按：「正彊」，依《太平御覽》引文，當作「王彊」，茆氏輯本不誤。

30. 淮陰武王反，上自擊之，張良居守。上體不安，臥輼車中，行三四里。
留侯走，東追上，簪墮被髮，及輼車，排戶曰：「陛下即棄天下，欲以王
葬乎？以布衣葬乎？」上罵曰：「翁，天子也。何故以王及布衣葬乎？」
良曰：「淮南反于東、淮陰害于西，恐陛下倚溝壑而終也。」（《太平御覽》
三百九十四）

按：茆輯本作「若翁，天子也。」

31. 謝公也。（《史記‧淮陰侯傳‧索隱》、《漢書‧韓信傳注》）

王利器案：此「其舍人得罪於信，信囚，欲殺之。」句，《索隱》所引也。

按：《史記‧淮陰侯列傳‧索隱》引姚氏案：「〈功臣表〉（即〈高祖功臣
侯者年表〉卷十八）云：『愼陽侯樂說，淮陰舍人，告信反，未知孰
是？』此《史記》與《楚漢春秋》不同。

32. 人相我當刑而王，豈是乎？（《史記‧黥布列傳》）

按：《史記‧黥布列傳》卷九十一：「人相我當刑而王，幾是乎？」《索
隱》：「《楚漢春秋》作『豈是乎？』故徐廣云：『一作豈。』劉氏：『音
祈。祈者，詞辭也。義亦通。』《史記》從《楚漢春秋》。

33. 黥布反，羽書至，上大怒。（《文選‧泳將軍北伐詩注》）

按：《史記‧黥布列傳》卷九十一：「（淮南王布）發兵反，反書聞。上迺
赦賁赫，以爲將軍。」與《楚漢春秋》不同。

34. 下蔡亭長罵淮南王曰：「封汝爵爲千乘，東南盡日所出，尙未足黔徒群盜所邪？而反，何也？」（《大選陸士衡五等論注》）

茆泮林曰：《困學紀聞》原注謂英布。史、漢不載。

按：《困學紀聞・原史》卷十二引此文，原注指何焯、閻若璩的評注。

35. 斬告蕭何者。（《北堂書鈔》七）

茆泮林案：「史及《漢書》無此事。蕭何在高祖時，嘗以爲功當第一，亦素無疑何之心。《書鈔》所引，無從編次，今因上有淮陰舍人告信事，故附載於此。」

按：茆氏言高祖對蕭何不曾有疑心，並不合史實。考《史記・蕭相國世家》，高祖對蕭何始終放心不下，其懷疑蕭何的心事，司馬遷透過鮑生、召平表達無疑，高祖甚至爲了蕭何請求開放上林苑一事，將蕭何關入大牢。因此，有人密告蕭何，是可以理解的。

36. 滕公爲御。（《史記・夏侯嬰列傳・索隱》）

《史記・樊酈灌滕列傳》卷九十五：「汝陰侯夏侯嬰，沛人也，爲沛廄司御。」

《索隱》：「《楚漢春秋》：『滕公爲御也。』」

37. 孔將軍居左（《前漢書・功臣表注》）

按：見《漢書・高惠高后文功臣表第四》卷十六，「侯孔聚」顏師古注曰：「擊項籍者，即《楚漢春秋》及《史記》所謂『孔將軍居左者』」。

38. 叔孫通名何。（《史記・叔孫通傳・集解》、《索隱》、《漢書・叔孫通傳注》）

按：此條據茆氏輯本補。

39. 叔孫何曰：「臣三諫不從，請以身當之。撫劍將自殺。」上離席曰：「吾聽子計，不易太子。」（《史記・叔孫通列傳・索隱》）

按：《史記・劉敬叔孫通傳》卷九十九：「陛下必欲廢適而立少，臣願先伏誅，以頸血污地。」

40. 四人冠韋冠，佩銀環，衣服甚鮮。（《後漢書・馮衍傳注》）

按：四人指四皓。又《史記・留侯世家》卷五十五：「四人從太子，年皆八十有餘，鬚眉皓白，衣冠甚偉。」

41. 惠帝崩，呂太后欲爲高墳，從未央宮坐而見之。諸將諫，不許。東陽侯垂泣曰：「陛下日夜見惠帝家，悲哀流涕無已，是傷生也。臣竊哀之。」於是太后乃止。（《藝文類聚》三十五、《太平御覽》四百五十七、四百八

十八、五百五十七、《困學紀聞》卷十二）

按：《困學紀聞·考史》卷十二，最後多「東陽侯，張相如也。」一句。
「階下日夜見惠帝家」無「日夜」二字。「於是太后乃止」無「於是」
二字。「從未央宮坐而見之」作「使從未央宮而見之」。《藝文類聚·
人部十九》卷三十五，無「諸將諫，不許」一句。

42. 田子春說張卿云：「劉澤，宗家也。」（《史記·燕王世家·索隱》）

洪頤煊案：世家云：「高后時，齊人田生游，乏資，以畫干營陵侯澤。」
《集解》：「晉灼曰：『《楚漢春秋》：「田子春」。』《漢書·燕王傳注》作
字子春。」

按：《楚漢春秋》較《史記》詳細。

43. 趙中大夫曰：「臣聞：越王句踐素甲三千。」（《文選·潘岳關中詩注》）

按：洪氏、茆林輯本皆言〈關中詩〉，當作〈開中詩〉（《文選》卷二十）。

44. 吳太子名賢，字德明。（《史記·吳王濞世家·索隱》）

45. 韓王信都。（《史記·韓王信列傳·索隱》、《漢書·功臣表注》、《史通·
雜說篇》）

茆泮林案：「《史索隱》云：『《楚漢春秋》云：「韓王信都」』恐誤也。按：
韓初爲韓司徒，後訛云申徒，因誤以爲韓王名耳。而何《義門讀書記》
云（筆者按：何焯著，見該書卷十七）：『《楚漢春秋》：「韓王本名信都。」
見《史通》。』按：信都之信與申同，然則讀當爲平聲，與淮陰侯名異也。
小顏功臣表（筆者按：即顏師古《漢書·高惠高后文功臣表注》）留侯下
亦引之。」

按：清閔萃祥〈楚漢春秋序〉：「史公作史，去漢初不遠，其曰『韓王信
者』，正欲別於淮陰耳。古人著書，具有義例，不當如劉氏所云，且
《漢書》傳贊亦既稱之爲兩韓信（《漢書》卷三十四），不以見韓王、
淮陰同名之證乎？劉氏殆未詳考，何氏尤涉穿鑿。至於信都之說，似
索隱爲近也。」

又，瀧川龜太郎《史記會注考證》：「齊召南曰：『案：劉知幾謂韓王
本名信都，史削去一字，遂與淮陰無別。此臆說也。史無削人名之理，
兩人姓名偶同，故稱韓王信以別之。知幾因表有信都二字，妄爲此解。
不知司徒訛爲申徒，因申徒又訛爲信都，官名本一，而音轉字別，遂
致不同，非王本名信都。』」

46. 清陽侯王隆。(《史記‧高祖功臣年表‧索隱》)

洪頤煊案：《索隱》云：「《史記》與《漢表》同，而《楚漢春秋》則不同者。陸賈記事在高祖、惠帝時，《漢書》是後定功臣等列。

王利器案：《史記‧高祖力臣侯者年表》第六，《索隱》引姚氏曰：「蕭何第一，曹參二，張敖三，周勃四，樊噲五，酈商六，奚涓七，夏侯嬰八，灌嬰九，傅寬十，靳歙十一，王陵十二，陳武十三，王吸十四，薛歐十五，周昌十六，丁復十七，蟲逢（當作「達」）十八。《史記》與《漢表》同，而《楚漢春秋》則不同者，陸賈記事，在高祖、惠帝時，《漢書》是後定功臣等列，及陳平受呂后命而定，或已改邑號，故人名亦別。且高祖初定惟十八侯，呂后令陳平終竟以下列侯第錄，凡一百四十三人也。」

按：姚氏說法可信。

47. 陰陵侯傅寬。(《史記高祖功臣表索隱》)

按：《史記‧高祖功臣侯者年表》卷十八：作「陽陵侯」。《史記會注考證》：「當作陰陵。陰陵，九江縣。」《楚漢春秋》較《史記》正確。

48. 博陽侯陳隤。(《史記‧高祖功臣表‧索隱》)

按：《史記‧高祖功臣侯者年表》作「曲成侯蟲逢（當作達）」。《索隱》：「《楚漢春秋》云：『夜侯蟲達。』蓋改封也。」

50. 南宮侯張耳。(《史記‧高祖功臣表‧索隱》)

按：《史記‧高祖功臣侯者年表》：「宣平侯張敖。」《索隱》：「《楚漢春秋》云：『南宮侯張耳。』此作宣平侯敖。敖，耳子。陳平錄第時，耳已薨故也。」

51. 封周緤為憑城侯。(《史記‧周緤列傳索隱》、《漢書‧周緤傳注》)

《史記‧傅靳蒯成列傳》卷九十八：「蒯成侯緤者。」

王利器案：《索隱》云：「姓周，名緤，音薛。蒯者，鄉名。案：『《三蒼》云：「蒯鄉，在城父縣，音斐。《漢書》作䣊，從崩，從邑。』今本書並作蒯，非也。蘇林音薄壞反。《楚漢春秋》作憑成侯，則裴、憑聲相近，此得其實也。」

王充自然思想研究

陳麗桂　著

作者簡介

陳麗桂，臺北市人，一九四九年生，曾任國立臺灣師範大學國文系主任、實習輔導處長等職，現為國立臺灣師範大學國文系教授兼文學院院長。多年來從事於黃老之學、漢代學術思想，與近二、三十年出土簡帛文獻之研究，著有《王充自然思想研究》、《淮南鴻烈思想研究》、《戰國時期的黃老思想》、《秦漢時期的黃老思想》、《中國歷代思想家——王充》、《中國歷代思想家——葉適》、《新編諸子——淮南子》等書，並發表相關於上述三領域之研究諸文七、八十篇。又曾受國家圖書館漢學中心之委託，主編《兩漢諸子研究論著目錄 1912~1996》、《兩漢諸子研究目錄 1997~2001》等書。

提　　要

　　王充是漢代思想史，也是中國思想史上的異數。他一無依傍，憑其自學，崛起於儒學早定一尊的東漢學術界，有別當時師徒相承，重師法、家法的經院學風，講效驗、重實證，以極富科學之懷疑精神，摧毀傳統迷信，為當時陰陽災異與讖緯迷信充斥的學術界，注入一股清新之流。

　　他以先秦道家自然無為的天道觀為基礎，視天道為機械運行的自然，視一切災變為適偶的現象，以切斷天人之間的繫聯，去摧毀董仲舒一系的天人感應說；掃除讖緯的無根附會與鬼神迷信；視古今為同一自然循環，打破時人貴古賤今之迷思。並以無徵不信的態度，去一一解析漢儒與古籍中許多天人感應記載與鬼神為祟說之繆誤無根，力求還原真相，還「天」以規律性與物理性之自然。其切斷一切無謂的天人糾纏，呼籲人實事求是的治學精神，是漢代哲學界的清音與良知。惜過度強調「天」之機械性規律，視「命」為此規律之一環，不免跌入宿命之窠臼；雖否定鬼神作祟之說，卻相信妖孽之存在，終究不能完全擺脫陰陽家與時代思潮之影響。

目

次

序

漢自武帝以後，學定於一，百家盡黜，唯儒獨存。其後，董仲舒治公羊春秋，明天人感應，劉向、桓寬、京房、翼奉繼演其說，大抵挾陰陽以入儒，推災異而解經，闡天人之相感，述五行之生勝，忠恕之義既淹，感應之說大昌。下迄後漢，光武應讖中興，繼而拜將，賜爵，興祀、議禮多以讖決。於是風動草偃，蔚成風氣。雖有尹敏、桓譚諫之於前，鄭興、張衡籲之於後，要皆孤掌薄力，無預大局。「虛僞顯於眞，實誠亂於僞」，漢代百餘年之學術思想（自武帝至光武），遂無一方淨土矣。

至仲任繼起，蒿目時疾，心潰湧，筆手擾，作論衡等書，以萬鈞雷霆之勢，求廓清污瘴，去虛妄而顯實誠，疑其不信，難其難安，必求愜理厭心，有徵可驗然後止，從此一掃兩漢思想詭異神祕之風，開啓懷疑實證之科學精神。此種「無徵不信」絕不苟同之效驗精神與魄力，兩千年前固屬獨絕，兩千年來亦罕其匹。

唯以問孔、刺孟，致啓釁端，譽者雖謂其卓犖獨識，一代英偉，毀者則詆爲非聖無法，離經叛道，宋儒本衛道宗聖之旨，尤視之爲洪水猛獸，妖妄之言。因而儒生裹足，學士不研，遂令此萌發於兩千年前之科學嫩芽，幾以一眚而淹滅，吾國之自然科學亦高臥而長眠，良可痛已。

近百年來，國人力圖振作，科學雖有起飛之勢，而傳統韁索依然未去，姑聽且信之蠹，猶擾於心。是故人且登越太空，我方步趨道塗。其影響於學術者，則因襲守舊唯尊，人云亦云是鶩，飣餖零星，委痺不振，遍觀思想界，求能獨闢蹊徑，引發來世者，寥寥而可數。回顧仲任之說，非唯所以治學，實可以療心也。

　　余既懷斯志，故不付淺陋，一本初犢之勇，直探其理，冀能不爲韁絆，稍近其眞。唯大家之鴻論，既無因襲積病，其博雅之創解，又合仲任精神，則雖支紙零篇，迴異余心者，亦不敢略，務求博覽發覈，庶免短隘之譏。

　　唯才本中下，涉學復疏，故著手以來，或以思緒欠密，紕漏屢出，幸蒙林師耀曾循循辨析教誨，並於天人觀念再三糾正，始克勉強成篇。自知資廩愚鈍，又復時日倉促，匪敢稱作，但祈無譏而已。淵雅先進，幸有以教。

　　　　中華民國六十三年歲次甲寅端午陳麗桂謹序於國立台灣師範大學。

第一章　思想淵源

　　王充全部自然思想發軔於其機械之「天道觀」，然苟分析其「天道觀」，則得二大重心：一日天道之運行，係「不故」與「適偶」，一日人事不能感天。前者之思想來自老莊之「無爲自化」，後者之精神則襲自荀卿之「天論」。

第一節　老莊之無爲自化

一、「無爲自化」與「不故」「適偶」

　　老莊之學，人稱「道家」，道家崇「道」，好稱「自然」。老子曰：

　　　　道生一，一生二，二生三，三生萬物。（四十二章）

宇宙萬物之遷化流行，自道家視之，似皆出於一定之條理與準則，此一定之條理與準則，若有若無，似實似虛，甚難把握，亦無以致詰，姑名之曰「道」。《老子》曰：

　　　　道之爲物，惟恍惟惚，惚兮恍兮，其中有象，恍兮惚兮，其中有物，

　　　　其精甚眞，其中有信。

此「道」，維繫一切宇宙之現象與規律：天得之以清，地得之以寧，神得之以靈，谷得之以盈，萬物得之以生，侯王得之以爲天下貞（詳見三十九章）。萬物之生成化育，即此道體之流行。因之，「道」始終「獨立而不改，周行而不殆」（二十五章）。

　　然「道」何以能「獨立而不改」「周行而不殆」？老子以爲：此純係「自然而已然」、「無所謂而爲」。《老子》曰：

道法自然。（二十五章）

又曰：

道常無爲而無不爲，侯王若能守之，萬物將自化。（三十七章）

宇宙間但有秩序，無有任何超乎秩序與規律之主宰，萬物之遷化生滅，雖循一定之軌則，雖受「道」之支配，然而，「道的作用，只是萬物自己的作用。」，〔註1〕道之作用，仍是「自然」，道之於萬物，特「生而不有，爲而不恃，長而不宰。」（五十一章）「功成而弗居」（二章），以其自然而必然，無爲無造於萬物也。此老子「自然無爲」之天道觀也。

迨至莊子，於一切宇宙現象之生成，更具體提出質疑。〈天運〉曰：

天其運乎？地其處乎？日月其爭於所乎？孰主張是？孰維綱是？孰居无事推而行是？意者其有機緘而不得已邪？意者其運轉而不能自止邪？雲者爲雨乎？雨者爲雲乎？孰隆施是？孰居无事，淫樂而勸是？風起北方，一西一東，有上彷徨，孰噓吸是？孰居無事而披拂是？

天地、日月、雲雨之變化交替，冥冥中果有「推行主張」者與？何爛然有秩而不繆也？然而經一番反覆推測與思索，莊子終求得解答：

吹萬不同而使其自已也，咸其自取，怒者其誰邪？（〈齊物論〉）

萬象之生成，原來僅一「自」字，百物之長養亦由「自化」，〈天道〉曰：

天不產而物自化，地不長而萬物育。

天地之於萬物，既不曾「產」之，亦未嘗「育」之，一切都因萬物之自遷自化。故〈秋水〉曰：

物之生也，若馳若驟，無動而不變，無時而不移，何爲乎？何不爲乎？夫故將自化。

紛雜之大宇宙無時無刻不在變化生滅，此種變化生滅，其實僅是萬物本身，依循固定之「自然律」而循環無已。因之，宇宙間除有「自然律」以約束其條理與秩序外，無任何有意志而超立場之「主宰」存在，常人之所謂「天」，自莊子視之，特爲一無爲自化之萬象而已。〈天地〉曰：

無爲爲之之謂天。

萬物就其所呈現之生成死滅而言，似爲「爲」，然就其「自生」「自死」「自成」「自滅」而論，仍是「無爲」，老子所謂「不有」「不恃」「不宰」，莊子所謂

〔註1〕胡適，《中國古代哲學史》，頁52，（臺灣商務印書館，人人文庫，1968年）。

「自取」「自化」，要皆「無爲」之意。此道家「無爲自化」之宇宙觀。

王充爲道家「自然主義」之崇拜者，《論衡・自然》一再稱「試依道家論之」，〈譴告〉亦云：

> 黃老之家，論說天道，得其實矣。

足見王充之自然天道觀，誠有源自道家者矣。就基本觀念而言，王充於老莊「無爲自化」之天道觀確甚激賞，王充曰：

> 夫天道自然也，無爲。（〈譴告〉）

〈自然篇〉亦云：

> 春觀萬物之生，秋觀其成，天地爲之乎？物自然也。

萬物之生成，唯根源於本身「自然」之循環演化，充其量，不過受循環演化之固定規律支配而已，無意識，亦無目的，王充曰：

> 天道無爲，故春不爲生而夏不爲長，秋不爲成，冬不爲藏。陽氣自
> 出，物自生長；陰氣自起，物自成藏。（〈自然〉）

於萬物之生成，王充同於老莊，以爲僅一「自」字，「不爲生」、「不爲長」、「不爲成」、「不爲藏」即是「自」，王充所謂「自出」、「自起」、「自生長」、「自成藏」與老子之「自化」，莊子之「自取」，根本無二致。

夫天地萬物之運行生成，既因無爲之自化，則天地之於萬物，絕無所謂「生養長育」之恩，老子嘗曰：

> 天地不仁，以萬物爲芻狗。（五章）

「不仁」者，「不愛」之謂也，不愛者，無「愛育」之意，無「愛育」之恩，故王弼注云：

> 天地任自然，無爲無造，萬物自相治理，故不仁也，仁者必造立施
> 化，有恩有爲……地不爲獸生芻而獸食芻，人生狗而人食狗，無爲
> 於萬物，而萬物各適其所用。

苟依王弼之說，天之生狗生芻，本不爲人獸設食，其生狗生芻，僅是一種「無目的」、「非故意」之行爲，然萬物在天地「無目的」、「非故意」之行爲下，偏得自安與自足，故王充曰：

> 萬物之生，含血之類，知饑知寒，見五穀可食，取而食之，見絲麻
> 可衣，取而衣之。（〈自然〉）

此種「見可食，取而食之。」「見可衣，取而衣之。」之行爲，正爲「萬物自化」、「天地無恩」之最好說明。莊子所謂「天不產」、「地不長」（〈天道〉）亦

正是「非故意」、「無恩德」之意。

　　唯萬物之生成與流行，老莊雖同有「非故意」、「無目的」之意，然特以「無爲自化」籠統概括，莊子雖或直稱「天不產」、「地不長」，又嫌過分徑捷，易啓疑端，王充則緊扣「無爲」二字之意，徑以「不故」代之，王充曰：

> 儒者論曰：「天地故生人」此言妄也。夫天地合氣，人偶自生也，猶夫婦合氣，子則自生也。夫婦合氣，非當時欲得生子也，情欲動而合，合而生子矣。且夫婦不故生子，以知天地不故生人也。（〈物勢〉）

> 天不能故生人，則其生萬物亦不能故也。（〈物勢〉）

是故，道家之「無爲」，至王充，竟一易而爲「不故」。〈自然〉曰：

> 夫天之不故生五穀絲麻以衣食人，猶其有災變，不欲以譴告人也。

其次，道家於萬物之遷易流行，乃至生滅，除稱「自然」而外，於此「自然」生成之萬象，何以能雜然而並呈？又何以有時而越軌失序？道家均未有更進一步之解釋，王充則因時潮「災異譴告」說之刺激，因就道家「自生」、「自化」之理論，更進一步推求，竟發現：萬物之遷化生成，除「自然」而外，更有「適偶」之成分。天地合氣生萬物固屬自然，然亦有幸不幸之「偶然」成分。自然規律之錯謬失序，不過陰陽之氣不幸與時運相「偶會」耳。〈物勢〉曰：

> 天地合氣，物偶自生矣。

〈順鼓〉亦云：

> 久雨，湛水溢，……陰陽之氣偶時運也。

王充之「適偶」說，一方面固爲其「不故」之理論，下另番注解，一方面亦顯示出：萬象之雜呈，除「自然」而外，似爲一種難以名狀之「機遇」，此「機遇」雖難以名狀，卻屬具體可察，且確實存在，王充稱之曰「適偶」，即謂「適逢其時而相偶也」。王充即以此「適偶」，解開一切「自然」與「人事」相纏不清之死結，進而否定「人事感天」之說。

　　夫王充於天道之運行，一則稱「不故」，足見其無意識，無主宰，再則稱「適偶」，謂其係機械式之巧合偶會，重以近受淮南子之影響，以天地爲廣大之物質體，（詳見第三章第一節），天體之運轉，自是機械式循環，因而，宇宙運行儼然一機械作業矣。

　　至此，道家「無爲自化」之自然天道觀，竟轉化爲王充「不故」、「適偶」之機械宇宙論。

二、宿命論

　　另一方面，道家因過度信任「自然」，強調「自然」之結果，於許多人事已有，而難以解說之問題，諸如貧富、貴賤、窮達，死生等，亦委之「自然」，而稱之曰「命」。《莊子‧德充符》曰：

　　　　死生、存亡，窮達、貧富，賢與不肖，毀譽、饑渴、寒暑，是事之
　　　　變、命之行也。

莊子甚而更進一步解釋「命」之絕對性，《莊子》曰：

　　　　未形者有分，且然無間，謂之命。（〈天地〉）

依據莊子此種說法，個人之「命」，在未成形之初，似已有分際，此一分際既定之後，則永遠絕對而無間隙偏差。甚至，「命」根本決定於先天之稟賦，朝菌不知晦朔，蟪蛄不知春秋，褚小不可懷大，綆短不可汲深，形有所適，命即有所成，或者，稟賦之「長短」、「大小」，本身即是一種「命」。因之，「命」根本不能預疇，亦無可防範。是故，一切無可奈何，不能解說者，除稱「天命」、「自然」而外，又待如何？〈大宗師〉戴子桑之歌貧曰：

　　　　吾思夫使我至此極者而弗得也。父母豈欲吾貧哉？天無私覆，地無
　　　　私載，天地豈私貧我哉？求其為之者而不得者也，然而至此極者，
　　　　命也夫。

「求其為之者而不得」，因之委之「命」，此道家宿命論之最坦白供詞。「命」既如此無可奈何，道家因而教人「樂天而知命」，然後可以釋懷而弗憂。因此，道家所謂「命」，其實僅是於無可再加解說之「自然」之另一消極稱法而已。

　　夫道家既由自然而推演出「宿命論」，王充之自然思想本承自道家，其推演成「宿命論」，亦必然之勢也。首先，王充因道家無為自化，而推得並衍化成其「不故」與「適偶」之機械宇宙論（前既言之矣），再就此機械宇宙論推衍：全宇宙之運行規律，可視為一大機械作業，機械作業無生命、無意志，僅有固定之公式，全公式作業之歷程係一定而不可變者，此固定而不可「命」，換言之，自然界萬物萬象自有規律，自有定數，即自有其「命」。因而王充所謂「命」，同於道家，原不過為固定「自然律」之另一稱謂而已。唯王充更進一步劃人事遭遇於自然條理中，重以己身懷才未顯之體驗，因之，其所稱之「命」，竟多偏指人事際遇矣。〈命祿〉曰：

　　　　凡人偶遇及累害皆由命也，有死生壽夭之命，亦有貴賤貧富之
　　　　命，……凡有首目之類，含血之屬，莫不有命。

〈初稟〉曰：

> 人生受性則受命矣，性命俱稟，同時並生。

〈無形〉更云：

> 性成命定，……形不可變化，命不可增減。

凡此，皆可視為《莊子》「未形有分，且然無間」之淺白注解。足見王充之宿命論，確源於道家，所不同者，王充之宿命論，因其「適偶」說之強調，較之莊子益形激切，益見無可奈何而已。王充曰：

> 命，吉凶之主也，自然之道，適偶之數，非有他氣旁物厭勝感動，使之然也。（〈偶會〉）

「命」一方面為「適偶之數」，一方面又為「無使之然」之「自然之道」。王充宿命論之源自道家「自然說」者，於此可見矣。

第二節　荀卿之物理天論

　　王充機械化天道觀之第二重點在強調「天人不相感應」，此種思想來自荀子之天論。儒家中之荀子亦同於道家，視天為一「無意識」之「自然」。荀子曰：

> 列星隨旋，日月遞炤，四時代御，陰陽大化，風雨博施，萬物各得其和以生，各得其養以成，不見其事而見其功，夫是之謂神。皆知其所以，莫知其無形，夫是之謂天功。（〈天論〉）

宇宙間一切現象之變化流行，皆屬自然，「不知其所以然而已然」。不見其事，但見其功；不見其形，但見其成。而所謂「天」，亦不過此已然之「列星隨旋，日月遞炤，四時代御，陰陽大化，風雨博施」等諸種自然現象之總稱而已，根本無意識、亦無生命，但有其常行之規律與固定之條理。〈天論〉曰：

> 天有常道矣，地有常數矣。

「天」之功能，即在循環此「常道」與「常數」。此種循環，僅有「規律性」，而無「意識性」，換言之，僅是一種機械運動，無主宰，亦不能隨外力而改常。荀子曰：

> 天行有常，不為堯存，不為桀亡。

又曰：

> 天不為人之惡寒也輟冬，不為人之惡遼遠也輟廣。（〈天論〉）

因之，天律苟有錯謬，僅是本身循環系統發生故障，絕非任何外力使然。故曰：

> 雩而雨，何也？曰無何也，猶不雩而雨也。（〈天論〉）

> 星墜木鳴，國人皆恐，曰是何也？曰無何也，是天地之變，陰陽之化，物之罕至者也，怪之可也，而畏之非也。夫日月之有蝕，風雨之不時，怪星之黨見，是無世而不常有之，上明而政平，則是雖並世起，無傷也，上闇而政險，則是雖無一至者，無益也。（〈天論〉）

換言之，天律循行自有規則，人事治亂自有因果，天律之有變，不因感於人事所致，人事有治亂，天不能知，自亦不能因之而感應改常，則人事之治亂禍福，完全在人，絕非天受感而反應者。荀子曰：

> 治亂天邪？曰日月星辰瑞曆，是禹桀之所同也，禹以治，桀以亂，治亂非天也。時邪？繁啟蕃長於春夏，畜積收藏於秋冬，是又禹桀之所同也，禹以治，桀以亂，治亂非時也。地邪？曰得地則生，失地則死，是又禹桀之所同也，禹以治，桀以亂，治亂非地也。

上天所呈現之現象與規律，古今若一，禹之時如此，桀之時亦然，此之謂「常道」、「常數」。然而一治一亂，足見問題出於主觀條件：禹能順此常道與常數，桀偏逆其常道與常數，一順一逆，是以一治一亂。然而不論其順或逆，「常道」始終不變，「常數」亦千古若一，人苟不明根由，而強問天道以治亂，是「錯人而思天」，南轅而北轍，則將繆以千里矣。

總之，天根本不能為人改常，以其僅有規律而無知識生命也。

王充深受荀子此種思想之影響，亦以天為一有規律而無知識生命之「自然」。〈自然〉曰：

> 天地不能為，亦不能知也。

〈感虛〉亦云：

> 日月行有常度。

「有常度」而「不能為」、「不能知」，足見天道唯有規律性而無意識性，因此，其運行苟有錯謬失序，亦僅是規律性失去調和，運行系統本身發生故障而已。

〈順鼓〉曰：

> 夫天地之有湛也，何以知不如人之有水病也；其有旱也，何以知不如人之有瘅疾也。

〈自然〉亦曰：

> 身中病，猶天有災異也，血脈不調，人生疾病，風氣不和，歲生災
> 異。

因之，災異之產生，僅是規律性失調問題，而非意識性感應問題，天道自有規律，人事自有因果，人事或有意識性，天道則無意識性，唯有規律性。無意識性則不能受感，有規律性則忠實於軌道，絕不改常；然則，天道之不能受人事感應亦明矣。故〈感虛〉駁襄公援戈揮日三反舍日：

> 日月行有常度，不得從星之好惡也，安得從襄公之所欲。

〈變動〉曰：

> 寒溫之氣繫於天而統於陰陽，人事國政，安能動之？

〈寒溫〉亦云：

> 寒溫，天地節氣，非人所爲。

「非人所爲」，言非人事所感而生也。王充甚而進一步以分析、推理、實證諸法、證明「天」確不能爲人所感。〈感虛〉駁鄒衍歎霜一事曰：

> 言其無罪見拘，當夏仰天而歎，實也。言天爲之雨霜，虛也。夫萬
> 人舉口，並解吁嗟，猶未能感天，鄒衍一人冤而壹歎，安能下霜？
> 鄒衍之冤，不過曾子伯奇，曾子見疑而吟，伯奇被逐而歌，疑與拘
> 同，吟歌與歎等，曾子伯奇不能致寒，鄒衍何人，獨能雨霜？

因而歸結出：

> 寒溫自有時不合，變復之家且從變復之說……或時燕王好用刑，……
> 衍囚拘而歎，歎時霜適自下，世見適歎而相下，則謂鄒衍歎之致也。

〈雷虛〉甚而以實證驗說「雷非天怒」云：

> 雷者，火也。以人中雷而死，即詢其身，中頭則鬚髮燒燋，中身則
> 皮膚灼燆，臨其尸上，聞火氣，一驗也。道術之家，以爲雷燒石，
> 色赤，投於井中，石燋井寒，激聲犬鳴，若雷之狀，二驗也。人傷
> 於寒，寒氣入腹，腹中素溫，溫寒分爭，激雷氣鳴，三驗也。當雷
> 之時，電光時見，大若火之燿，四驗也。當雷之時，或燔室屋及地
> 草木，五驗也。夫雷之爲火有五驗，言雷爲天怒無一效；然則，雷
> 爲天怒，虛妄之言。

天雖無意識，不能受人感應，然而，人生於天之下，處於自然之中，難免受環境影響，而有各種反應，換言之，天雖不能爲人所感，人則常因天道而得啓示，人事不能動天律，天律則常可感人心。荀子所謂「備其天養，順其天

政，養其天情。」固在勸人由「順天」進而「制天」。其實所謂「順天」本隱含「感於天道而順之」之意。苟無有所感，何以思「順」？是荀子意念中早已默認自然能啓示人，特以所重在彼，故未暇言明也。

　　王充既承襲荀子「人事不改天常」之精神，更進一步分析：人雖不「感」天，天則可「動」人。〈變動〉曰：

　　　　天能動物，物焉能動天？……人物繫於天，天爲人物主也。… 天氣

　　　　變於上，人物應於下矣。

蓋「天本而人末」也（〈變動〉）。試舉例以明之：天且風，則「巢居之蟲動」，且雨，「穴處之物擾」，但可謂「風雨之氣感蟲物」而起，不得謂天因蟲動物擾而生風雨。是故，亦但可謂「寒溫感動人君，人君起氣而以賞罰」，不可謂人君「以賞罰感動皇天，天爲寒溫以應政治也。」（詳見〈變動〉）

第二章　時代刺激

　　王充之思想，一方面固因老莊與荀卿之啓發；另一方面，實深受當代陰陽災異說之影響，而欲提出反駁。夫先秦之學術思想至戰國末期，漸呈混合，法家是一例，陰陽家是一例，道家尤然。〔註1〕下迄兩漢，陰陽家學益見昌熾，是故，兩漢之學術思朝，名義上雖以儒道二家爲主脈，實則於時各家之學，莫不浸染濃厚之陰陽色彩，已非先秦原貌矣。重以戰國以來，讖緯新興，自武帝罷黜百家，獨尊孔子，又篤信方士神仙之術後，下迄東漢，世祖以讖中興，流風所及，眾草斯偃，儒生方士乃援飾經文，雜以圖讖，以售其術，遂令兩漢學術思想成一深含迷信與神祕色彩之宗教哲學。於時大家，若董仲舒，若劉向、鄭康成、許叔重，莫不深受影響，董仲舒甚而大倡「天人感應」、「災異譴告」之說，欲以覺人君之失政，即以道家自然主義爲倡之《淮南子》，亦未免五行之窠臼。斯則王充所謂「虛妄勝眞」「眞實亂僞」之時也。王充既疾時俗之「虛妄」，乃作論衡，以自然思想爲天下倡。是故，欲瞭解王充之自然思想，不得不先知當代之學術思潮，欲知當代之思潮，又不得不自支配當代思潮之「讖緯」與「陰陽五行」始。

第一節　讖緯與陰陽五行

甲、讖　緯

一、《釋名》：讖緯為秦漢間所流行之占驗術數之書

　　　　《說文解字》云：「讖、驗也，有徵驗之書，河洛所出書曰讖。」

〔註 1〕胡適，《中國中古思想小史》，頁 19，（南港中央研究院胡適紀念館，1969 年）。

《釋名》亦曰:「讖,識也,其義微而大效驗也。」

知:讖者乃河洛之類,前定徵兆、預決吉凶之隱語。

「緯」者:

《釋名》曰:「緯,圍也,反覆圍繞以成徑也。」《文心雕龍・正緯
篇》曰:「經顯,聖訓也;緯隱,神教也。」

「緯」蓋依經以成說,爲經之旁支流裔,大抵依附聖言,竄入經義。

由此可知:「讖」之與「緯」,原本有別,至其作用,則無二致,要皆「假
託先民,以成其支離怪誕之說」(語本程師旨雲《國學概論》。)

二、源起:圖讖之起,始於戰國末年。

據《史記》所載,〈秦本紀〉曰:「燕人盧生使入海還,以鬼神事因奏錄
圖書曰:『亡秦者胡也。』」又曰:「今年祖龍死。」

〈項羽本紀〉曰:「楚雖三戶,亡秦必楚。」

〈孟荀列傳〉曰:「鄒衍乃深觀陰陽消息,而作怪迂之變,終始大聖之篇
十餘萬言,其語閎大不經,必先驗小物,挫而大之,至於無垠。」

蓋燕齊近海,方士好作怪迂之論,重以始皇好神仙之術,是以圖讖之驗,
以秦爲多。初時特爲方士之說,入漢以後,博士經生競相誦習,圖讖之術,
以是大昌。

「緯」書之起,後於圖讖,「成哀以後,乃始聞之。」(《後漢書・張衡
傳》)。

夫讖緯之起,雖前後有別,然大抵假託聖人(孔子)之言,《論衡・實
知》載:

……孔子將死,遺讖書曰:「不知何一男子,自謂秦始皇,上我之堂,
踞我之牀,顛倒我衣裳,至沙丘而亡。」又曰:「董仲舒亂我書。」
又書曰:「亡秦者胡也。」

若此之類,皆方士假託之辭,然俗儒信之不疑,轉相附會,讖緯之說因以大
盛。

三、兩漢讖緯盛行之因:

夫讖緯之起,固由戰國方士,然兩漢讖緯所以大盛,帝王之崇信與儒生
之推波助瀾尤爲要因:

(一)帝王以讖緯起家立政:漢孝武皇帝爲一篤信方士之君主,自即位

後，「尤敬鬼神之祀……求神君，舍之上林中蹏氏觀。」（見《史記・武帝本紀》），其後，又信方士李少君丹砂黃金益壽之術，使方士入海求仙。《史記・武帝本紀》曰：

> 天子……遣方士入海求蓬萊安期生之屬，而事化丹砂諸藥劑爲黃金矣。居久之，李少君病死，天子以爲化去不死也，而使黃錘、史寬舒受其方，求蓬萊安期生莫得，而海上燕齊怪迂之方士多相效，更言神事矣。

又大行封禪，祀太一，立后土，祠汾陰，燕齊方士常參與其事。自李少君之死，齊人少翁繼起，以方術爲天子夜致王夫人及竈鬼之貌，封文成爲將，又作柏梁銅柱承露僊人臺之屬。後文成雖伏誅，然武帝好仙之意未已，嘗置「壽宮神君」以問病除祟，封欒大（亦齊方士）爲五利將軍，堅信「黃金可成，而河可塞，不死之藥可得，仙人可致。」更妻以衛長公主，齎金無數，寵渥有加，「數月，佩六印，貴振天下。」自是之後，「海上燕齊之間，莫不搤腕而自言有禁方，能神僊矣。」後五利雖誅，而另一齊方士公孫節繼起，天子甚而以神仙封禪事問儒生，儒生不能順帝心，於是盡罷群儒而一任方士。（以上詳見《史記・武帝本紀》與〈封禪書〉，〈郊祀志〉）〈武帝本紀〉曰：

> 天子既聞公孫卿及方士之言：黃帝以上封禪，皆致怪物與神通，欲放黃帝以嘗接神僊人蓬萊士，高世比德於九皇，而頗采儒術以文之，群儒既以不能辨明封禪事，又牽拘於詩書古文而不敢騁，上爲封祠器示群儒，群儒或曰不與古同，徐偃又曰：太常諸生行禮不如魯善，周霸屬圖封事，於是上絀偃霸，盡罷諸儒弗用。

影響所及，群儒爲售其術，亦不得不轉而習方士之術。此方士之見重於西漢也，然時所論，止於神仙之術而未及讖緯。

下洎新莽，以符命奪位，於是符命起矣。《後漢書・王莽傳》曰：

> 是歲（元始年間），莽……立樂經，益博士員經各五人，徵天下通一藝，教授十一人曰上，及有逸禮、古書、毛詩、周官、爾雅、天文、圖讖、鐘律、月令、兵法、史篇、文字，通知其意者，皆詣公車。
> 圖讖亦在其中。其後（平帝崩後），前輝光謝囂奏武功長孟通浚井，得白石，上圓下方，有丹書著石，文曰：「告安漢公莽爲皇帝。」

符命之起，自此始。後廣饒侯劉京等奏符命，言齊郡新井，車騎將軍扈雲言巴郡石牛，太保屬臧鴻言扶風雍石，王莽白太后，皆使迎入京師未央前殿，

當時果然「天風起塵，冥風止，得銅符帛圖於石前，文曰：『天告帝符，獻者封侯，承天命，用神令。』」（《後漢書‧王莽傳》）及莽得帝位，並按符命求得十一人姓名，以為四輔三公四將，四將之中，王興、王盛，係以「容貌應卜相，逕從布衣登用。」（《後漢書‧王莽傳》）

後劉伯升兵起，關中震恐，多聞漢兵言莽鴆殺平帝，莽乃會公卿以下，開視金縢之策，令人稱說其德及符命事，因曰：

> 易言「伏戎于莽，升其高陵，三歲不興」，莽，皇帝之名；升，謂劉伯升；高陵，謂高陵侯子翟義也。言劉升翟義為伏戎之兵於新皇帝世，猶殄滅不興也。

群臣以是皆稱萬歲。

至乎東漢，光武以圖讖中興，其說益昌。《後漢書‧鄧晨傳》：

> 光武微時，與鄧晨在宛，有蔡少公者，學讖，云：「劉秀當為天子。」

又〈李通傳〉云：

> 李通素聞其父說讖云：「劉氏復興，李氏為輔。」（又見《光武帝紀》）

〈光武帝紀〉亦云：

> 光武先在長安時，同舍生彊華自關中奉赤伏符曰：「劉秀發兵捕不道，四夷雲集龍鬥野，四七之際火為主。」群臣因復奏曰：「受命之符人應為大，萬里合信，不議同情，周之白魚，曷足比焉。」

因即位於鄗南，由是益信其說。據赤伏符，以野王令王梁為大司空，又以讖文拜孫咸為大司馬，甚而祀太廟，議靈臺，悉以讖決，中元元年，宣布圖讖於天下。群臣有不學讖緯，不信讖緯者，均貶斥而弗用。嘗使尹敏校圖讖，「敏曰：『讖非聖人所作，其中多近鄙別字，恐疑誤後生。』帝不聽，敏乃因其闕文，增之曰：『君無口，為漢輔。』帝召敏，詰之，對曰：『臣見前人增損圖書，故學為之耳。』帝深非之。」（見《後漢書‧儒林傳》）

又後《漢書‧桓譚傳》曰：

> 光武帝有詔，會議靈臺處所，帝謂譚曰：「吾欲以讖決之如何？」譚默然良久曰：「臣不讀讖。」帝問其故，譚復極言讖之非經，帝大怒曰：「桓譚非聖無法。」將下斬之，譚叩頭流血，良久乃得解。

〈鄭興傳〉亦載：

> 帝嘗問興郊祀事，曰：「吾欲以讖斷之，何如？」興對曰：「臣不為

識。」帝怒曰：「卿不爲讖，非之邪。」興惶恐曰：「興於書有所未

學而無所非也。」帝意迺解。興數言政事，依經守義，文章溫雅，

然有不善讖，故不能任。

夫上好則下必甚，在位者既以讖緯準政，其鼓動時潮，蔚成風氣，亦必然之

勢也。自是之後，經生方士競相慕習，學風流而難反。

　　（二）經師以讖緯說經陳義：於時大儒若賈逵、鄭玄、何休、宋均、許

愼莫不篤信其說。或爲緯作注，或以緯說經。《後漢書・鄭玄傳》：

融素驕貴，玄在門下，三年不得見……會融集諸生考論圖緯，聞玄

善算，迺召見於樓上。

其後，玄注二禮，多引《易》說，《書》說、《樂》說、《春秋》說、《禮家》

說、《孝經》說，皆緯候也。鄭玄與宋均並爲讖律作注：

《春秋・文耀鉤》曰：「庶人爭權，赤帝之精。」

宋均注：

庶人，項羽劉秀也。爭權，並欲起也。

《書・考靈曜》：

卯金出軫，握命孔符。

鄭玄注：

卯金，劉字之別；軫，楚分野之星；符，圖書。劉所握天命，孔子

制圖書。

類此不經之語，二氏竟不惜穿鑿附會其說。

　　鄭、宋而外，賈逵、何休、景鸞，亦一時碩彥，然亦信讖不疑，《後漢書・

賈逵傳》曰：

臣曰永平中上言左氏與讖合者。……五經家皆無以讖圖讖，明劉氏

爲堯後者，而左氏獨有明大。

天子因使逵自選公羊嚴、顏諸生高材者二十人，教以左氏。〈循吏傳〉亦云：

（休）注訓孝經論語風角七分，皆經緯典謨，不與守文同說。

其注公羊，幾全引讖說，竟至入魔。〈儒林傳〉曰：

（景鸞）能理齊詩，施氏易，兼受河洛圖緯，作易說，及詩解，文

句兼取河洛，以類相從，名爲交集，又抄風角雜書，列其占驗，作

興道一篇。

即號稱「五經無雙」之許叔重，亦牽於俗流，以緯解字，大乖於六書。

帝王既倡導於上，經師復鼓動於下，重以方士廖扶，樊英、韓說、董扶等之推闡與倡導。風燄益熾，推讖說緯，竟成一代風氣。

乙、陰陽五行

漢代學術思想之另一支伏流為陰陽五行。陰陽五行之說，由來久矣，至若「陰陽」二字，則《易・繫辭》曰：

> 一陰一陽之謂道。（《周易》卷七）

又曰：

> 易有太極，是生兩儀。（《周易》卷七）

兩儀即是陰陽。先民嘗分析宇宙之現象與變化，得知：萬物萬事之生成與變化，常呈一剛一柔，一施一受之相對形態，生命之來源，宇宙之形成，悉來自此剛柔相濟，施受相輔之原理，因名其剛者施者曰陽，柔者受者曰陰。是故，陰陽之說，本先民用以解說宇宙變化與現象者，亦即先民探究天人之際所得系統之結論。

下迨戰國，有鄒衍鄒奭等人，「深觀陰陽消息，而作怪迂之，……因載其機祥度制，推而遠之，至天地未生。」（《史記・孟荀列傳》）稱為「陰陽家」。其所言者，初本根據陰陽施受消長之理，以推求人事生活之準則，頗能「敬順昊天、歷象、日月、星辰，敬授民時。」（《漢志》）而為天文學之探討。惜至末流，不免混於雜占術數，「牽於禁忌而泥於小數，舍人事而任鬼神。」矣。

「五行」之名，首見於尚書，〈甘誓〉曰：

> 有扈氏威侮五行，怠棄三正。

然〈甘誓〉未明言何謂五行？至洪範始有五行之目，洪範云：

> 五行，一曰水，二曰火，三曰木，四曰金，五曰土。水曰潤下，火
> 曰炎上，木曰曲直，金曰從革，土爰稼穡。

據此，則五行本天地間五種物質，此五種物質，各有其特殊之性質與作用，水能潤下，火常炎上，木能曲直，金可從革，土以稼穡，此五行之最原始意義也。

其後，有以五行立官者，左昭二十九年：

> （晉太史）蔡墨曰：「五行之官，是謂五官，……木正曰句芒，火正
> 曰祝融，金正曰蓐收，水正曰玄冥，土正曰后土。……少昊氏有四
> 叔，曰重曰該曰脩曰熙，實能金木及水，使重為句芒，該為蓐收，

脩及熙爲玄冥⋯⋯。」

　　五行各設其「正」，專理其事。足見其時五行已施用於人事制度矣。戰國以後，鄒子之徒起，乃「論終始五德之運」(《史記〈封禪書〉》)「稱引天地剖判以來，五德轉移，治各有宜。」(《史記・孟荀列傳》)其所謂「五德轉移」之內容，雖以書亡佚而無從得知，然後人輯其〈主運〉有「五行相次轉用，事隨方面爲服，五德從所不勝，虞土、夏木、殷金、周火。」之文，由此吾人可以得知：鄒子之五德轉移，或即漢儒五行生剋說之濫觴，大抵合陰陽與五行爲一，就陰陽消息之原理，以推論其「相代勝」或「相繼生」，〔註 2〕故有「虞土、夏木、殷金、周火」之說。陰陽之與五行，原屬二脈，混陰陽與五行，當自鄒子始。〔註 3〕

　　入漢以後，陰陽五行說更因得諸家之培養與呵護，而益見蓬勃，竟榮茂茁壯而蔚成一代思潮。於時大家若董仲舒、劉向、揚雄、鄭玄、班彪莫不篤信其說，因取日常事物，凡數五者，悉以配之，甚而以五行徵驗人事之休咎吉凶，而預爲趨避。或以配四時與方位，則若《白虎通》所言：

> 木居東方主春氣，火居南方主夏氣，金居西方主秋氣，水居北方主冬氣⋯⋯土居中央。(《春秋繁露・五行對》亦然)

或以配五常，則若鄭玄《中庸》注所載：

> 仁屬木、禮屬火、智屬土、信屬水、義屬金。(董仲舒則以知屬火、信屬土、禮屬水。)

或配以聲、色、臭、味：《白虎通》以爲：

> 木在東方，於聲爲角，於色爲青，於臭爲羶，於味爲酸。
> 火在南方，於聲爲徵，於色爲赤，於臭爲焦，於味爲苦。
> 土在中央，於聲爲宮，於色爲黃，於臭爲香，於味爲甘。
> 金在西方，於聲爲商，於色爲白，爲臭爲腥，於味爲辛。
> 水在北方，於聲爲羽，於色爲黑，於臭爲杇，於味爲鹹。

或配以五臟，大抵：

> 木臟脾，金臟肝，火臟肺，水臟腎，土臟心。(揚雄太玄、許慎《說文》。)

〔註 2〕以上讖緯部分參見陳延傑〈讖緯考〉，(《東方雜誌》二一卷六期，頁 56～66，1924 年 3 月)。

〔註 3〕見王夢鷗《鄒衍遺說考》，(臺灣商務印書館 1966 年 1 月發行)。

亦有言木藏肝、火藏心、土藏脾、金藏肺、水藏腎者。（鄭玄〈駁五經異義〉從今文《尚書》說）

或配以五事：

貌木、視火、思土、言金、聽水。（董仲舒、劉歆、班固〈五行志〉、鄭玄注《尚書大傳》等皆爲今文家說）

古文家則以言配火，視屬金、聽配水。

或以配干支：

（一）十干：甲乙屬水，丙丁屬火，戊己屬土，庚辛屬金，壬癸屬水。（《白虎通‧五行》）

（二）配十二支：《淮南子》以爲木生於亥，壯於卯，死於未；火生於寅，壯於午，死於戌；土生於午、壯於戌，死於寅；金生於巳，壯於酉，死於丑；水生於申，壯於子，死於辰。（〈天文〉）

《白虎通》則以爲：木見於寅，壯於卯，衰於辰；火見於巳，壯於午，衰於未；金見於申，壯於酉，衰於戌；水見於亥，壯於子，衰於丑，土則闕而未有配者。（〈五行〉）

舉凡日常生活之事物與條理，幾無不取以配五行。然何以某物必配某行，則亦無明確之標準或依據。甚者，更以人事傅會五行，或強說其庶、徵、福、殛，妄斷災異妖孽，如：

（文帝七年）六月癸酉，未央宮東闕罘罳災。（《漢書‧文紀帝》）

劉向以爲乃漢興大封諸侯王所致，賈誼等則以爲違古制度所招。大抵火配視，凡視不明、察不審，悉歸之火不炎上，因而，「水旱寒暑有不時，即求其所屬君臣之失。」其他水土金木莫不如此。

配以庶徵福殛者，則：

木之失措，「厥咎狂，厥罰恆雨，厥殛惡……順之，其福曰攸好德。」

言屬金（今文家說），金之失措，言不從，「厥咎僭，厥咎僭，厥罰恆陽，厥殛憂，……順之，其福曰康。」

視屬火，視之不明，「厥咎舒，厥罰恆奧，厥殛疾……順之，其福曰壽。」

聽屬水，聽之不聰，「厥咎急，厥罰恆寒，厥殛貧……順之，其福曰富。」

思屬土，思心之不容，是謂不聖，厥咎霧，厥罰恆風，厥疾凶短折……

順之，其福曰考終命。」（以上見《漢書・五行志》）

尤甚者，竟以妖妄附會之。大抵：

金沴木，則有服妖，龜孽、雞禍、下體生上之痾，青眚青祥。

木沴金，則有詩妖，介孽、犬禍、口舌痾、白眚白祥。

水沴火，則有草妖，蠃孽、羊禍、目痾、赤眚赤祥。

火沴水，則有鼓妖，魚蠃、豕禍、耳痾、黑眚黑祥。

金、木、水、火沴土，則有脂夜妖、華孽、牛禍、腹心痾、黃眚黃

祥。（詳見《洪範・五行傳》）

董仲舒《春秋繁露》亦以爲：咎及於木，其孽鱗；咎及於火，其孽羽；咎及於土，其孽倮；咎及於金，其孽毛；咎及於水，其孽介。（五行順逆）〔註4〕

夫〈洪範〉之「五行」，本所以利用而厚生，自配以陰陽、災異、妖孽之說，其質大壞，漢儒偏孜孜焉，唯此是務，一時相衍成風，其意初或欲假此妖孽災異以勸政怵君，然影響所及，竟使清淨之學術空間，漢佈妖風與孽氛，先秦以來，蓬勃之儒學、道學，至此皆因漸染而變質矣。

第二節　漢代學者之天論

經讖緯與陰陽五行浸染而變質之兩漢學術思想，苟由根本於「天」之觀念而論，可得儒、道兩大派別。道家一派，以《淮南子》之思想爲代表，謂天道無爲而「自然變化」。儒家一派，若董仲舒、劉向、桓寬等人，則多主「天人感應」，而董仲舒最爲代表，非特極力提倡「天人感應」說，更重行組織先秦以來之陰陽五行說，使之系統化，並融合陰陽五行說於其「天人感應」與「災異譴告」之理論中。然不論其爲儒爲道，莫不夾濃厚陰陽家色彩，儒家一派固無論矣，道家之《淮南子》，雖以《老子》「自然無爲」爲基礎，然言及風、霜、雨、露之形成，則仍不脫「陰陽相感」「同類相動」之窠臼（見〈天文〉），蓋時潮所浸，雖大家亦不能自持，況其成書本非出自一人一派！

甲、自然派（陰陽派之道家）

此派思想大抵承自先秦道家，以天道爲自然無爲，其中以《淮南子》爲

〔註4〕以上五行部分參見王煥鑣〈漢代講五行者之異同〉，（《史地學報》二卷六號，頁89～102，1924年2月）。

代表。〈原道〉曰：

> 夫太上之道，成萬物而不有，成化像而弗宰。

蓋源出《老子》「生而不有，爲而不恃，功成而弗居」（第十章）之論。唯《老子》雖一再推崇「天」與「自然」，欲人「法天」，然始終未嘗具體言明「天」之內容。《淮南子》則不然，〈天文〉曰：

> 夫天墜未形，馮馮翼翼，洞洞灟灟，故曰太始，太始生虛廓，虛廓生宇宙，宇宙生元氣，元氣有涯限，［註5］清陽者薄靡而爲天，重濁者凝竭而爲地，清妙之合專易，重濁之凝竭難，故天先成而地後定。天地之襲精爲四時，四時之散精爲萬物。積陽之熱氣生火，火氣之精者爲日，積陰之寒氣爲水，水氣之者爲月，日月之淫爲精者爲星辰。天受日月星辰，地受水潦塵埃。

以爲天係由宇宙清陽之氣薄靡而成，地則因重濁之氣凝竭而來，天之生成當布地之先，天地既形成，然後天地間仍有游散之精氣，此游散之精氣再因「自然之變」而生成各日月星辰。因之，天地宇宙之形成，本由自然之氣，長期轉化，自然變遷之結果，除「自然」與「無爲」外，再無任何可資說解之明確主宰。其所稱述天地日月星辰之形成，雖不必悉合後世科學家所推論者，然自古以來，論宇宙之起源，以此最爲具體而大膽。惜其終不敵陰陽五行之潮流與「天人感應」之窠臼，故一面大倡其自然無爲之宇宙觀，一面以五行配十二支（見前），一面又發出「麒麟鬥而日月食，鯨魚死而彗星出，蠶珥絲而商弦絕，賁星墜而渤海決」之論（見天文訓），甚而偶亦論起「天人感應」來，〈天文〉曰：

> 人主之情，上通於天，故誅暴則多暴風，枉法令則多蟲螟，殺不辜則國赤地，令不收則多淫雨。

枉法令，殺不辜能致災招異，竟與「天人感應」派同一歸趨。

乙、天人感應派（陰陽派之儒家）

此派學者，以天爲有意志，能與人相感相應，人主一切行爲之善惡，可招致天之喜怒與賞罰。此種思想之形成，起於傳統天人合一思想與敬祖觀念之融合。吾國傳統思想有二大特徵：一爲發之天人思想，一爲蒂固之敬祖觀念。先哲意識中，天與人原係一體而不可分，天之爲天，與人之爲人，均由

［註5］上數句本作「故曰太昭，道始于虛霩，虛霩生宇宙，宇宙生氣，氣有涯垠。」茲依王引之校改。說詳《讀書雜志‧淮南內篇》卷三。

一氣之轉化，〔註6〕天雖高居於上，人雖偃伏於下，實則，天之與人，仍有相通之處，天之一切性狀，都可由與之相通之人以求得。《尚書》曰：

> 天視自我民視，天聽自我民聽。

因之，吾人由民之喜怒好惡中，可得知天之喜怒好惡。民好善而惡惡，天亦必好善而惡惡，人有賞善罰惡之意志與衝動，天亦必有賞善罰惡之意志與衝動；甚而，人之善惡與行為，可牽動天之喜怒與意志。

其次，先民重本源，祖先為家庭之根源，先民因而崇祀敬祖，據天人一氣之觀點推論，祖先死後，其精氣勢必復返，而與天合一，因之，先民祭祖，亦祀天，敬祖亦尊天。甚而，祖先身死歸土，形滅魂消；天則赫然在上，下監萬民，較之歸土消滅之祖先，更見尊威，於是，擴充其敬祖之心而為畏天之志。天人思想與敬祖觀念融合，天竟具有類似鬼神之權威，成一有生命、有意識，能降禍，能賜福，足法式，足畏懼之主宰矣。《書》所謂「天命誅之」、「天命殛之」（〈泰誓上〉），《詩》所謂「天降慆德」（〈大雅·蕩〉），《左傳》所言：「天所福也。」（昭三年），要皆此「天人感應」觀念之最好說明。《墨子》甚而視天為一萬能之「神」，〈天志〉曰：

> 天子為善，天能賞之；天子為暴，天能罰之。天子有疾病禍祟，必齋戒沐浴，潔為酒醴粢盛，以祭祀天鬼，則天能除之。

即以民主思想為天下倡之孟子，亦有「畏天者保其國」之論。於是人人以天為能與人相感，視天為一萬能之主宰，天竟披上權威與神祕之外衣。

此種「天道福善禍淫」之觀念，自《詩》、《書》而下，經先秦儒墨兩家之推闡，迄於漢代，配以五行庶徵之說，重以大家若董仲舒等人之組織與倡導，益見嚴密，由是，人之行為真能感應天矣。

甲、董仲舒之天人論

其時於「天人感應」說發揮最力者，首推董仲舒。董仲舒一方面承襲傳統天人感應說，以天為能主宰，能因人之行為而感應，一方面因組織陰陽五行系統之結果，以天為一「以陰陽五行順序循環之自然」。因之，吾人分析董仲舒之所謂「天」，約可得二義：一為有意識之主宰，一為以陰陽五行順序循環之自然。

〔註6〕見林師耀曾〈人理學研究讀後〉，（《國魂》三二五期，頁41～46，1972年12月）。

一、主宰之天——承襲傳統天人感應說而來

董仲舒第一義之「天」，係指一有意識、有情感、能生養萬物，具有最高權威之主宰。《春秋繁露》曰：

> 春氣暖者，天之所以愛而生之；秋氣清者，天之所以嚴而成之；夏氣溫者，天之所以樂而成之；冬氣寒者，天之所以哀而藏之。(〈王道通三〉)

天既能「愛」、能「生」，能「嚴」、能「成」，能「樂」，能「養」，能「哀」，能「藏」，足見其有意識、有情感。故〈天辨在人〉曰：

> 喜怒之禍，哀樂之義，不獨在人，亦在於天……。天無喜氣，亦何以暖而春生育？天無怒氣，亦何以清而秋就殺？天無樂氣，亦何以竦陽而夏長養？天無哀氣，亦何以激陰而冬閉藏。故曰天乃有喜怒哀樂之行。

〈順命〉又曰：

> 天者，萬物之祖，萬物非天不生。

其次，天非特能生、養、長、育萬物，節其喜怒之情以成四時，更能降「災異」、示「威譴」，有絕對主宰宇宙之權威。〈必仁且智〉曰：

> 災者，天之譴也；異者，天之威也。譴之而不知，乃畏之以威。

天高居於上，下臨萬民，物有失措，事有失宜，天必用其最高權威以震駭之，俾匡亂而返諸正，自董仲舒觀之，此正上天眷顧下民之仁也。故曰：

> 凡災異之本，盡生於國家之失，國家之失，乃始萌芽，而天出災異，以譴告之；譴告之而不知變，乃見怪異，以驚駭之；驚駭之尚不知畏，恐其殃咎乃至，以此見天之仁而不欲害人也。(〈必仁且智〉)

一切災異之產生，董仲舒以爲：皆因政治有失，亦即天子不克奉承天命，以仁愛百姓。源天子之所以立，本天所予，〈郊祀〉曰：

> 天若不予是家者，是家安得立爲天子，立爲天子者，天予是家。

天之所以予「是家」者，本謂其能「德侔於己」，代己行道，撫愛群生，是以佑而子之，號曰「天子」。〈順命〉曰：

> 德侔天地者，皇天右而子之，號稱天子。

今天子既逆子道，而違天心，不克承其未遂之願，天乃失望於「是家」。然天本有好生之德，「是家」雖不克紹箕裘，天猶存庶幾之望，故姑降小災，以譴告之，冀其覺非而反正，誠不能覺非以反正，而又剛愎怙惡，天於是始怒而

降異示威，由是知天之降異示威，實有其不已之苦衷。要之，災異之所起，咎在人主，非天之不仁愛也。故〈王道〉曰：

> 王正，則元氣和順，風雨時，景星現，黃龍下；王不正，則上變天，賊氣並見。

賊氣並見，則：

> 日爲之食，星霣如雨，雨螽，沙鹿崩，夏大雨水，冬大雨雪，霣石於宋五，六鷁退飛，霣霜不殺，草李梅實，正月不雨，至於秋七月。梁山崩，壅河，三月不流，晝晦，彗星見於東方，孛于大辰，鸐鵒來朝。

因而，人主見此，當知天有以警我，因反躬自省，禱天以救之。〈必仁且智〉曰：

> 見天意者之於災異也，畏之而不惡也，以爲天欲振吾過，救吾失，故以此報我也。

總之，董仲舒第一義之天，係一能喜能怒，能福能禍，可調變風雨，改易四時，有絕對主宰宇宙之權威。

二、物質之天 —— 以陰陽五行順序循環之自然

董仲舒第二義之「天」，係指以陰陽五行順序循環之自然。此乃戰國以來，陰陽五行說再度系統化之發揮。〈陰陽義〉曰：

> 天道之常，一陰一陽。

〈五行對〉亦云：

> 天有五行，木、金、水、火、土是也。

董仲舒以爲：天道之循環，冥冥中似有二大相反而相成之動源，一曰陰，一曰陽，由此二大動源所推動而循環之「天道」，當其循環時，常呈五種狀態，曰：木、金、水、火、土，因此，所謂「天」即是此藉陰陽二源之推動，而以五行姿態循行之自然。董仲舒即以此陰陽五行之生剋循環來解說，並統括一切宇宙現象與人事規律。

（一）陰陽：首先，董仲舒以陰與陽分別支配任何相反之兩物質與現象，陽統一切剛實，陰統一切柔虛，陽爲「善」爲「德」，陰爲「惡」爲「刑」。〈陽尊陰卑〉云：

> 惡之屬盡爲陰，善之屬盡爲陽，陽爲德，陰爲刑。

陽，天之德，陰，天之刑也。陽氣煖而陰氣寒，陽氣予而陰氣奪，
陽氣仁而陰氣戾，陽氣寬而陰氣急，陽氣愛而陰氣惡，陽氣生而陰
氣殺。是故，陽常居實位而行於盛，陰常居空虛而行於末。

然陰陽二者之間仍以陽爲尊爲主，陰爲卑爲輔，陰特成陽之過渡現象而已。
因而，二氣之順逆出入，總相反而不並出：

陽顯則陰藏，陰出則陽伏。（〈陰陽出入上下〉）

春出陽而入陰，秋出陰而入陽，夏右陽而左陰，冬右陰而左陽。（〈陰
陽出入上下〉）

天道總以陽位爲主，陰位爲輔，故能恆保一而不二之狀況，董仲舒故而歸納
出「天任陽不任陰，好德不好刑。」（〈天道無二〉）之結論。其次，董仲舒更
將此自然條理運用於人事尊卑順序，而得「丈夫雖賤皆爲陽，婦人雖貴皆爲
陰。」之結論。（〈陽尊陰卑〉）卑者隨尊，尊者兼卑，因之，父母雖有賢德，
必繫於子。凡屬陰者，終統於陽。一經一權，一出一入，一尊一卑，此陰陽
所以統攝宇宙大系也。

（二）五行：其次董氏更以五行說明天道循環之情形。

〈五行對〉曰：「天有五行：木、火、土、金、水是也。」董仲舒以爲：
此五者，乃天所以循環之五種形態。任何自然現象與物質，莫不有此五行主
之。就四時言：

水爲冬，金爲秋，土爲季夏，火爲夏，木爲春。春主生，夏主長，
季夏主養，秋主收，冬主藏。（〈五行對〉）

就方位言：

木居東方……火居南方……金居西方……水居北方……土居中央爲
之天。（〈五行之義〉）

就五音言：

木爲角，火主徵，金主商，水主羽，土主宮。（〈同上〉）

就五色言：

木色青，火色赤，金色白，水色黑，土色黃。（〈同上〉）

五行間彼此又有固定之循環順序，大抵始於木而終於水。〈五行之義〉曰：

木，五行之始也，水，五行之終也，土，五行之中也，此其天次之
序也。……木生火，火生土，土生金，金生水，水生木。

自成緊密之連鎖關係，此之謂「比相生」。五行除以固定順序相生外，更常相

剋勝，〈五行相勝〉曰：

> 金勝木……水勝火……火勝金……土勝水。

一切自然規律之維持與循環，即仗此五行之「比相生」與「間相勝」。天道之循環既如此有規律，有系統，天人本合一，若能法天五行以施人事制度，則必得與天相同之條理與秩序，故董仲舒又以五行配五官與五德。〈五行相生〉曰：

> 東方者木，農之本，司農尚仁，進經術之士，道之以帝王之路，將順其美，匡救其惡，執規而生，至溫潤下。……南方者火也，本朝司馬尚智，進聖賢之士，上知天文，其形兆未見，其萌芽未生，昭然動見存亡之機，得失之要。……中央者土，君官也，司營尚信，卑身賤禮，夙興夜寐，稱述往古，以屬主意，明見成敗，微諫納善。……西方者金，大理司徒也，司徒尚義，……執權而伐，兵不苟克，取不苟得，義而後行。……北方者水，執法司寇也，司寇尚禮……升降揖讓，般伏拜謁，折旋中矩，立而磬折，拱則抱鼓，執衡而藏，至清廉平，畧遺不受，請謁不聽。據法聽訟，無有所阿。

所以如此相配者，要在求五行之隨各如其序，五行之官各致其能。

夫人事之條理秩序，既由「自然五行」而來，為政者若能協調人事規律，使和諧有序，則五行之氣亦必和諧有序，風雨時，百瑞出，萬象寧。否則，五行錯謬，萬象失序，災害出，妖孽現。換言之，政治措施之順逆，足以感天而應之以災、祥。

〈五行順逆〉曰：

> 木者，春生之性，農之本也，勸農事，無奪民時，使民歲不過三日，行什一之稅，進經術之士，挺群禁，出輕繫，開門闔，通障塞。恩及草木，則樹木華美而朱草生；恩及鱗蟲，則魚大為，鱣鯨不見，群龍下。如人君出入不時，走狗試馬，馳騁不反……好淫樂，飲酒沈湎，縱恣不顧政治……咎及於木，則茂木枯槁，工匠之輪多傷敗，毒水涫群，漉陂如漁；咎及鱗蟲，則魚不為群，龍深藏，鯨出現。

其餘火、水、金、土之失序，其象大抵如此。

然而，董仲舒所謂「陰陽五行」之天，本屬物質性而無意識，既屬物質性而無意識，何以能因政治之順逆，而感應？於此，董仲舒解釋為「同類相動」，蓋人事之各項制度與措施，本取法於自然五行，因之，二者似為同類，

同類之物，易起共鳴，大抵「氣同則會，聲比則應」，是謂「相動」，是以「平地注水，去燥就溼，均薪施火，去溼就燥」、「調琴瑟而錯之，鼓其宮則他宮應之，鼓其商則他商應之。」百物之相比，本有「去其所與異而從其所與同」之特性，故美事常召美類，惡事常召惡類，類之相應，如馬唯應馬鳴，牛唯應牛鳴，絕非有神，「其數然也。」（以上所引皆見〈同類相動〉）自然物之相感應如此，人事禍福之產生亦是。故〈同類相動〉曰：

> 天有陰陽，人亦有陰陽，天地之陰氣起，而人之陰氣應之而起，人
> 之陰氣起，而天地之陰氣亦宜應之而起，其道一也。……雖不祥禍
> 福所從生亦由是也，無非己先起之，而物以類應之而動者也。

因而，一切災異之發生，董仲舒以爲皆因惡事所招。然則曷以救之？則唯有反求諸本，當：

> 救之以德，施之天下，則咎除；不救以德，不出三年，天當雨石。（〈五
> 行變救〉）

木之變既因徭多、賦重，救之則當「省徭役、薄賦斂。」火之變因善惡不明，賢愚失序，救之則當「舉賢良、賞有功、封有德。」土之變因不孝不悌，荒淫過度，救之則當「省宮室、去雕文，舉孝悌，恤黎元。」金之變因棄義重利，救之則當「舉廉潔，立正直，隱武行文，束甲械。」水之變因法令緩，刑罰不行，救之則當「憂囹圄，案奸宄，誅有罪，夏五日。」（以上所引見〈五行變救〉）

　　總之，董仲舒之所謂天，不論其屬第一義或第二義，均能與人相感應。主宰之天，固有絕對權威與意志，可賞善罰惡，降福示譴。五行之天，雖無意識，卻能受人事美惡之感應而起共鳴，或和順，或錯謬。因而，天道之順逆，竟繫於政治之德荒，政有失措，災異隨至矣。此董仲舒「天人感應」之天道觀，亦漢儒「天人感應」說之總代表。

　　其時，與董氏持相同見解之大儒，不一而足，若劉向、桓寬等，要皆天人感應說之支持者，諸人發論，雖不若董氏之積極，然於其論著中，時或得見董氏之和音，蓋時潮所趨，有不可避免者。

乙、劉向之天人論

> 《說苑·辨物》曰：「《易》曰：『天垂象，見吉凶。……』昔者高宗
> 成王惑於雊雉暴風之變，脩身自改，而享豐昌之福也。逮秦皇帝即
> 位，彗星四見，蝗蟲蔽天，冬雷夏凍，石隕東郡，大人出臨洮，妖

> 孳並見，熒惑守心，星茀太角，太角以亡，終不能改。二世立，又
> 重其惡，及即位，日月薄蝕，山林星辰出於四孟，太白經天而行，
> 無雲而雷，枉矢夜光，熒惑襲月，孽火燒宮，野禽戲庭，都門內崩，
> 天變動於上，群臣昏於朝，百姓亂於下，遂不察，是以亡也。」

日月星辰之錯謬失序，劉向歸之於主荒政怠，因而天垂象，見吉凶以警之，高宗成王改政脩身，終去災受福，始皇二世剛愎不察，竟亡天下，則此天亦是善受感應，能福能禍者。

丙、桓寬之天人論

其後，桓寬《鹽鐵論》言之尤為鑿鑿，〈水旱〉篇答大夫「水旱饑穰，天之所為，陰陽之運，非有司之罪」曰：

> 古者，政有德則陰陽調、星辰理、風雨時，故循行於內，聲聞於外，
> 為善於下，福應於天。周公載記而天下太平，國無夭傷，歲無荒年；
> 當此之時，雨不破塊，風不鳴條……。

有德之政，足以調陰陽、理星辰，時風雨，天人之相感，有如是者。因而，為政者但需行善政於下，則祥福自應於天，否則惡事所召，將作邪氣而生妖孽矣。〈執務〉曰：

> 獄訟平、刑罰得，則陰陽調、風雨時。上不苛擾，下不煩勞，各脩
> 其業，安其性，則螟螣不生而水旱不起，……吏不奉法以存撫，倍
> 公任私，各以其權，充其嗜欲……則惡政行而邪氣作，邪氣作則蟲
> 螟生而水旱起。

〈論菑〉又曰：

> 臣不臣則陰陽不調，日月有變，政教不均，則水旱不時螟螣生，此
> 災異之應也。

甚而，董仲舒陽經陰權，陽貴陰賤，先德後刑之義，亦深得桓寬之共鳴，〈論菑〉曰：

> 天道好生惡殺，好賞惡罰，故使陽施於實而宣德施，陰藏於虛而為
> 陽佐輔，陽剛陰柔，季不能加孟，此天賤冬而貴春，申陽而屈陰，
> 故王者南面而聽天下，背陰向陽，前德而後刑也。

天「好生惡殺，好賞惡罰」，天之好惡，人何由得知？則不過由「天人合一」之觀點，從己身推得而已。當時大儒之論天，大抵不出「天人合一」、「天人

感應」之範疇。「天人感應」說，至董仲舒，可謂集大成矣。諸儒之倡「感應」，初或欲以約束一統帝國之君王，故標舉一超人事權威之「天」，以震駭之；然嘩聲既眾，天竟失其「超然」地位，而成爲宗教性之主宰矣。於是漢代學術思想界，竟爲讖緯、陰陽五行，與天人感應說所充塞，天人感應與陰陽五行，尤其盛行，當代大儒，稍不自持，旋爲浸染。於時稍自具形貌，不爲左右，甚而發論以拒時潮者，若桓譚之流，多不見容。

　　王充生於此陰陽災異說甚爲猖獗之時代，重以好「考論實虛」、「不安俗言」（《論衡·自紀》自稱）之個性，「意奮於心」故「筆擾於手」，發不平之論數萬言，兼欲匡「時俗之失」，立「眞僞之平」，標舉道家自然之宇宙觀，欲還天以「自然」面貌。

第三章　王充之自然思想

　　王充全部哲學理論之重心在「疾虛妄」,〈佚文〉曰:

　　　　《論衡》篇以十數,亦一言以畢之,曰疾虛妄。

漢人之虛妄在好談災異感應,喜說讖緯五行,其所以好談災異感應,喜說讖
緯五行,王充分析其原因,要在缺乏實證精神,亦即缺乏求眞精神。不能求
眞,坐令「虛妄蔽眞」,故〈對作〉曰:

　　　　論衡之造,起眾書並失實,虛妄之言勝眞美也。

爲匡救此「虛妄」,王充標舉道家與荀子「無爲自化」之天道觀,欲以取代漢
儒相感相應之「天人說」,從而否定陰陽五行之附會與無稽。因之,王充哲學
理論之重心固在疾虛妄,然推其「疾虛妄論」之基礎,又似根源於其機械運
行,無爲自化之天道觀,此《論衡》全部學說之起點。

第一節　機械運行之宇宙觀

　　首章已言:王充於天之觀念,蓋源自先秦之道家與荀子,道家言天無爲而
自化,荀子亦謂:天特爲規律化之自然而已,無有意識,亦不能感應。王充承
受二家之精神,亦以天爲但有規律,無有意識而自化之自然。然另一方面,王
充又受西漢以來陰陽派道家,若《淮南子》一支之影響,求更具體探出天之爲
物。

　　源陰陽說之起,本始於人於天文之探討,《漢書・藝文志》曰:「陰陽家
者流,蓋出於羲和之官,敬順昊天,歷象日月星辰,敬授民時。」因之,先
秦道家無爲自化之天,迄於西漢,經與陰陽說合流之結果,竟有趨於物理性

天文探討之傾向，《淮南子・天文》中所載天、地、日、月、星辰、風霜、雨露之形成，最爲具體代表。（參見第三章第二節）

　　王充所生時代，與之相去不遠，加之，王充於道家之自然思想，本甚心醉，故雖反對陰陽五行，然亦不免受此派學說之影響。〈天文〉言天地之形成云：天係宇宙「有涯限」之「清陽氣」薄靡而成，地則因其「重濁氣」凝滯而來，薄靡易而凝竭難，故天先成而地後定。據《淮南子》此種說法，天似乎仍是一片薄靡之宇宙氣，地則爲由宇宙氣凝竭而成之體。王充受其影響，故亦以地爲體，然於天之究爲氣？爲體？亦常猶疑而未敢遽斷。〈自然〉論天之自然、無口目、不能譴告曰：

　　　　地以土爲體，使天體乎？宜與地同。使天氣乎？氣若雲烟，雲烟之屬，安得口目？

惟王充視天與地爲一類，因之，亦好由地以推天，地既爲體，由地以推天，天似亦應爲體，是故，大致上王充仍贊成天體之說。〈談天〉曰：

　　　　儒者曰：「天，氣也，故其去人不遠，人有是非，陰爲德害，天輒知之，又輒應之，近人之效也。」如實論之，天，體，非氣也。

〈祀義〉亦曰：

　　　　夫天者，體也，與地同。

〈道虛〉又云：

　　　　天之與地皆體也。

天與地既皆爲「體」，自可以里數度之，人以里數度之，知其廣大不可窮。〈祀義〉曰：

　　　　天地之廣大以萬里數。

天與地皆廣大之「體」，一覆於上，一偃於下，皆能無爲以自動，天體動能施氣，地體動亦能施氣，二氣相交和，萬物於是「自生」焉。〈自然〉曰：

　　　　天之動行也，施氣也，體動，氣乃出，物亦生矣。

明言天能「動」而施「氣」。至若地之能「動」，則〈變虛〉引晏子駁大卜之姦對，大卜俯首認罪曰：「地固將自動。」

　　何況，王充本視天與地爲同類，又好以地推天，天既能動行施氣，則地亦必能動行施氣，故〈自然〉曰：

　　　　天覆於上，地偃於下，下氣烝上，上氣降下，萬物自生其中間矣。

萬物因天地之氣交和生後，天地間之廣大空間，即其變化活動之大場所，萬

物生於斯，長於斯，遷化於斯。此王充基本之「天體」論。

考王充「天體論」之內容，不難鉤勒出其天道觀之輪廓。首先，天既爲一廣大之「體」，此「體」據〈自然〉所載：無口目，非特無口目，根本無知識無生命，不能思慮，不能知覺，〈自然〉曰：

> 夫天地不能爲，亦不能知也。

僅能規律化以運動施氣，交和生物而已。甚而，其交和生物、運行施氣均係「無爲」，亦即「不知其所以然而然」之自動，既無所以動之者，亦無所以使動之因。〈自然〉曰：「夫天無爲。」

又曰：

> 天地合氣，萬物自生，猶夫婦合氣，子自生矣。

> 春觀萬物之生，秋觀其成，天地爲之乎？物自然也。

大宇宙運行之奧祕，王充僅以一「自」字點破，「自」者，無他之意。此「無他」，一則謂無他外力，一則謂無他目的。無他外力即主動，無所以動之者；無他目的即無所以使動之故，換言之，即是「不故」，即是「無爲」，即是「不欲」。王充曰：

> 夫天之施氣也，非欲以生子，氣施而子自生矣。天動，不欲以生物物自生，此則自然也。施氣不欲爲物而物自爲，此則無爲也。（〈自然〉）

又曰：

> 天道無爲，故春不爲生，而夏不爲長，秋不爲成，冬不爲藏。陽氣自出，物自生長；陰氣自起，物自成藏。

夫天地之運、行、施、生既爲「不欲」、「不故」之自動行爲，且又不能意識，則此種運、行、施、生不啻一種機械化作業，宇宙是一機械系統，萬物萬象既即在此機械作業，「不故」且「自動」之進行中，「適偶」而生。〈物勢〉曰：

> 天地合氣，物偶自生矣。

因之，王充自然無爲之「天道觀」雖承自老莊與荀子，然強調於「不故」與「適偶」。尤其「適偶」之說，其後竟成其宿命論之基礎。更由於對「不故」與「適偶」之強調，益見其天道觀之機械無爲。

其次，王充以爲天道之運行循環，非特自然無爲，且是並行普施。〈自然〉曰：

> 萬物之葉自爲生也，故能並成。如天爲之，其遲當若宋人刻楮葉矣。

觀鳥獸之毛羽，毛羽之彩色，通可爲乎？鳥獸未能盡實，春觀萬物之生，秋觀其成，天地爲之乎？物自然也。如謂天地爲之，爲之宜用手，天地安得萬萬千千手，並爲萬萬千千物乎？

上文一則強調天道以「無爲自化」，故能成大功；一則亦顯示出：萬物在無爲之天道下「自化」，其方式係同時並行而逐一施爲。宇宙無異一機械系統，其中包含許多小組合，大系統之作業，固爲小組合之總集合。小組合之結爲大系統，其作業係同時進行，同時呈現者，不待一一推動，一一連結。鳥獸毛羽之自生，春時萬物之自長，秋時萬物之自成，莫不如此。萬物萬象竟於同一時間內，並行其生、成、長、養之事，故得收繁富多彩之功，宇宙之所以神奇美麗，即緣萬物同時存在並同時進行之「自化」。然此「同時進行」之「自化」，亦非無原則，而必各以種類相產。〈物勢〉曰：

然則人之生於天地間也，……因氣而生，種類相產，萬物生天地之間皆一實也。

至此，吾人於王充之「天道觀」可有初步了解：

一、天係一無知識生命之廣大物質體，能自動成氣生物。

二、天道僅是一種機械作業，自然無爲，且並行而施。就其「自然無爲」而言，萬物萬象之呈現，唯有「不故」與「適偶」。就其並行而言，其「適偶」其「不故」仍有原則，仍遵循其「種類相產」之固定條理。大自然即因此「機械偶合」與「並行自生」之作業，而繁富美麗。

據王充此種天道觀進一步分析：宇宙間似乎僅有規律與條理，除此無生命之規律與條理外，絕無任何超乎其上之主宰，前文所謂「自生」，所謂「無他外力」，要皆意味「無有操縱之主宰」。此王充「無爲自化」天道觀之第一層結論。

其次，王充既以「天」爲機械之自然，其生萬物亦僅是「不故」，僅爲「適偶」，則萬物之生否，乃至生後之行爲活動，皆非天地所能知、所能料者，〈物勢〉曰：

夫天地合氣，人偶自生也，猶夫婦合氣，子則自生也。夫婦合氣，非當時欲得生子，情欲動而合，合而生子矣。且夫婦不故生子，以知天地不故生人也。

其實，夫婦之「生子」雖屬「不欲」，其「合氣」則因「情欲動」，仍是有「知」有「欲」。天地則根本「無知」，「不能動欲」。因而萬物（人）產生後之一切

行為，天既不能知，自亦不能受感，唯恆自循行其機械化之固定規律而已，換言之，天律絕不因人事而改度，〈變動〉曰：

> 論災異者，已疑於天用災異，譴告人矣。更說曰：災異之至，殆人
> 君以政動天，天動氣以應之，譬之以物擊破，以椎扣鐘，鼓猶天，
> 椎猶政，鐘鼓聲猶天之應也。人主為政於下，則天氣隨人而至矣。

王充甚不以為然，曰：

> 寒溫之氣繫於天地而統於陰陽，人事國政安能動之？（〈變動〉）

於〈明雩〉言之尤為明捷，曰：

> 夫人不能以行感天，天亦不隨行而應人。

然而，天道偏有時而乖常失度，又何說乎？王充以為：此無足怪。蓋天道不過一機械作業，機械有時而故障，作業自因之以失常，其故障、其失常，本自然而必然，無須訝異。〈感虛〉曰：

> 天地之有水旱也，猶人之有疾病也。

又曰：

> 山崩河壅，猶人之有癰腫，血脈不通也。

血脈不通，甚或疾病，皆因生理機能之故障，生理機能之故障，亦是自然而不得免者，無須大驚小怪，庸人自擾。故〈順鼓〉云：

> 夫天地之有湛也，何以知不如人之有水病也，其有旱也，何以知不
> 如人之有瘅疾也。

〈自然〉亦曰：

> 身中病，猶天有災異也。血脈不調，人生疾病；風氣不和，歲生災
> 異。

要皆「陰陽之氣偶時運」爾，絕非人事感之也。〈亂龍〉曰：

> 東風至，酒湛溢；鯨魚死，彗星出。天道自然，非人事也。

「非人事者」，非人事感之也。此王充「無為自化」天道觀之第二層結論。

第二節　機械之宿命論

自王充機械化天道觀推演而出，第一步得其機械之宿命論。蓋命之為物，渺冥難知，似有似無，若實若虛，推之不可詳，究之不能窮，古來論者多矣，而未能有定，是以孔子罕言，墨家非之，王充則斷其為「有」，又肯定其有絕

對之權威與影響力。自來讀論衡者，多以王充之宿命論來自其懷才未顯之遭遇。其實，王充之宿命論，一方面固來自切身之體驗，一方面實爲機械天道觀推衍之必然結果。或者，機械化天道觀始爲其眞正根源，切身懷才未顯之體驗，不過更增強其立論時之把握，使於剖析駁論之際，有更具體之證據而已。此探究王充宿命論之初，所不可不知者。

甲、命之定義

前節已言，王充視宇宙爲一「無爲自化」之機械系統，此機械系統之「無爲」、運行，有其固定之條理與規律，亦即在固定之某時，必然運行至某階段，而產生某種現象，冥冥中似早有定數，王充稱之曰「命」。換言之，宇宙是一大系統，有其固定之大公式，其所包含之無數小組合，亦有其固定之小公式，大公式固然爲小公式之總組合，即小公式與小公式間之組合，似亦有其固定之公式，比大大小小之公式，王充統名之曰「命」。簡言之，王充所謂「命」，其實僅是「機械自然律」之代稱。王充曰：

> 凡人偶遇，及遭累害，皆由命也。……自王公逮庶人聖賢及下愚，
> 凡有首目之類、含血之屬，莫不有命。（〈命祿〉）

凡有首目之類，有血氣之屬，上自王公，下逮至愚，個人有個人固定之「公式」，個人即有個人固定之「命」。〈偶會〉亦云：

> 命，吉凶之主、自然之道、適偶之數，非有他氣旁物厭勝感動，使之然也。

機械律本就是「自然」之「適偶」，何來「厭勝感動，使之然者」？是故，王充所謂「命」，其實僅是「機械自然律」之另一稱謂而已。唯自然律眾多繁雜，王充所稱之「命」，則側重於有關人之一切公式。

乙、命之種類

王充分命爲二大類，一曰國命，一曰人命。何謂國命？〈異虛〉曰：

> 國之存亡在期之長短，不在於政之得失。

知「國命」者，治期長短之謂也。至若「人命」，則〈命祿〉曰：

> 凡人偶遇及累害，皆由命也，有死生夭壽之命，亦有貴賤貧富之命。

是王充所謂「人命」，非等指死生夭壽之「壽命」，又包含貴賤貧富之「祿命」，〈氣壽〉亦云：

> 凡人稟命有二品，一曰所當觸值之命，二曰彊弱壽夭之命。所當觸

值，謂兵燒壓溺也；彊壽弱夭，謂稟氣渥薄也。

「彊弱壽夭」之命，即〈命祿〉所謂「死生夭壽」之「壽命」。「所當觸值」之命，謂外在之幸與不幸，其實同於〈命祿〉所謂「貴賤貧富」之外來遭遇，換言之，即是「祿命」。然王充所謂「命」與「祿」，似二實一，似異實同。〈命義〉曰：

> 人有祿、有命……命者，貧富貴賤也；祿者，盛衰興廢也。以命當富貴，遭當盛之祿，常安不危；以命當貧賤，遭當衰之祿，則禍殃乃至，常苦不樂。

富貴之「命」，常隨之以興盛之「祿」；反之，貧賤之「命」，常隨之以衰廢之「祿」，「祿」之與「命」，常相隨而不離，故〈初稟〉曰：

> 人生性命，當富貴者，初稟自然之氣，養育長大，富貴之命效矣。

《論衡》屢稱「命善祿盛」、「善命盛祿」、「與命祿離」，知「命」之與「祿」，雖時或分稱，其實一也。明乎此，而後論其命矣。

丙、命所從來（命之形成）

命既是「機械自然律」之代稱，則其形成，亦是「自然」，大抵由「稟氣之厚薄」，與生俱來，有其形體，即有其「命」矣。〈無形〉曰：

> 人稟元氣於天，各受壽夭之命，以立長短之形，猶陶者用土爲簋廉，冶者用銅爲柈杅矣。器形已成，不可以小大；人體已定，不可減增。
>
> 用器爲性，性成命定，……形不可變化，命不可增減。

此所謂「氣」，固指「天體」運動所生「自然無爲」之「氣」。蓋天地之「氣」，交和而生「人」，人一出生，「形體」既定，則「命」運亦成。換言之，宇宙是一大公式，人一加入此大公式中，即有其固定之「公式」，此後之生成長養，不過循此公式，在其固定之軌道上行進而已，公式與形俱成，固定而永不可改易，「命」亦與形俱成，既成之後，永不改易。

命非特與「形」俱生，亦與「性」俱成，〈初稟〉曰：

> 人生受性則受命矣，性命俱稟，同時並得，非先稟性，後乃受命也。

人之命，既同稟之於自然（天），又何以有夭壽之異，貴賤之別，換言之，每一「公式」之形成方式既都相同，又何以有如此紛雜而迥異之公式。於此，王充解釋爲「稟氣有厚有泊」、「有彊有弱」。〈命義〉曰：

> 死生者，無象在天，以性爲主，稟得堅強之性，則氣渥厚而體堅強，

堅強則壽命長，壽命長則不夭死。稟氣軟弱者氣少泊而性羸窳，羸窳則壽命短，短則蚤死。

〈氣壽〉亦有類似之論：

夫稟氣渥則其體強，體強則其命長；氣薄則其體弱，體弱則命短。

非特壽命，祿命亦然。〈命義〉曰：

至於富貴所稟，猶性所稟之氣。

又曰：

人稟氣而生，含氣而長，得貴則貴，得賤則賤。

唯王充雖以「命」與「性」為同稟自然之氣，同時與「形」俱成，然二者究有不同。

丁、「命」、「性」之異

「命」與「性」，就其義界而言，即已不同，〈命義〉曰：

夫性與命異，……操行善惡者，性也。禍福吉凶者，命也。

「性」，指「操行之善惡」，「命」則為禍福吉凶，二者顯然不同。其次，「性」雖有「善惡」，然其惡者，可以教化之功，使之積漸而成善。〈率性〉曰：

論人之性，定有善有惡，其善者固自善矣，其惡者故可教告率勉，使之為善，……善漸於惡，惡化於善。

又云：

夫人之性猶蓬紗也，在所漸染而善惡變矣。

後天修養之功，有遷善去惡之力，教化有絕對改造本性之功能，此種理論恰與《荀子·勸學》所言如出一轍，《荀子》曰：

木質中繩，輮以為輪，其曲中規，雖有槁暴，不復挺者，輮使之然也。

善之為惡如此，惡之積染為「善」，何嘗不然？故王充曰：

今夫性惡之人使與性善者同類乎？可率勉之，令其為善，使之異類乎？……教導以學，漸漬以德，亦將日有仁義之操。(〈率性〉)

總之：性隨時可易，但在其能否服聖教，受訓化而已。

命則不然，其稟氣而成之初，固因幸、不幸而有「厚」「泊」之不同，既稟之後，則終不可易。因之，「命」係無可逃避者，常人妄想以後天之努力免除賤、辱之命，終屬枉然。〈命祿〉曰：

> 命當貧賤，雖富貴之，猶涉禍患矣。命當富貴，雖貧賤之，猶蓬福
> 善矣。故命貴，從賤地自達；命賤，從富地自危。

足見命係絕對者，絕對則不能移，故曰：

> 命貴之人，俱學獨達，並仕獨遷；命富之人，俱求獨得，並為獨成，
> 貧賤反此，難達、難遷、難成，獲過受罪，疾病無遺，失去富貴而
> 貧賤矣。

強以才力矯天命，即或得之，終必失敗。〈命祿〉曰：

> 命貧，以力致富，富至而死。命賤，以才能取貴，貴至而免。才力
> 而致富貴，命祿不能奉持。

因而歸出「貴富之福不可求致，貧賤之禍不可苟除。」（〈命祿〉）之結論。可見「命」誠永恆之定式，「性」則暫時之情狀。

再次，夫命與性既迥不相同，性既可變，命既不可移，則性之賢、善、才、德，不能救命之貧賤於萬一，換言之，命之夭壽、貴賤、貧富，與其性之賢不肖、善惡，絕無必然之因果關係，善性不能致貴命，賤命不因惡性，故曰：

> 人高行厚，未必保其必富貴，知寡德薄，未可信其必貧賤。（〈命祿〉）

富貴貧賤有「命」，非關其性。〈逢遇〉亦云：

> 脩身正行，不能來福；戰栗戒慎，不能避禍。禍福之至，幸不幸也。

幸、不幸，有「命」在焉。故〈累害〉曰：

> 凡人仕宦有稽留不前，行節有毀傷不全，罪過有累積不除，名有闇
> 昧不明，才非下，行非悖也，又知非昏，策非昧也，逢遭外禍，累
> 害之也。

〈命祿〉亦云：

> 富貴有命，福祿不在賢哲與辯慧。……懷銀紆紫，未必稷契之才；
> 積金累玉，未必陶、朱之智，或時下愚而千金，頑魯而典城。故官
> 御同才，其貴殊命，治生均智，其富異祿。
>
> 才高行潔不可保以必尊貴，能薄操濁不可保以必卑賤。

如此說來，「性」誠不可靠，「命」誠無可奈何矣。

戊、「命」之特質

根據前文論證，統括王充論「命」，約有數特質：

一、命有絕對「自然性」：命形成之初，固因稟氣厚薄而來，稟氣之所以

厚有泊，則純屬幸不幸之自然遇合機緣。〈偶會〉曰：

> 命，……自然之道，適偶之數……。

此林師耀曾於《中國哲學史講義》中闡述已詳。就此推論，常人所謂窮、達，亦在幸與不幸，遇與不遇而已。其不達、不貴者不必歸咎於才性，蓋操性美善，設或不遇，亦不能有成。〈逢遇〉曰：

> 操行有常賢，仕宦無常遇，賢不賢才也，遇不遇時也。

「時」，則但可耐心順其自然，〈逢遇〉又曰：

> 進在遇，退在不遇，處尊居顯，未必賢，遇也，位卑在下，未必愚，不遇也。故遇，或抱污行尊於桀之朝；不遇，或持潔節，卑於堯之廷，所以遇不遇非一也。

〈幸偶〉亦云：

> 凡人操行有賢有愚，及遭禍福，有幸有不幸，舉事有是有非，及觸賞罰，有偶有不偶。……俱欲納忠，或賞或罰，並欲有益，或信或疑。賞而信未必真，罰而疑未必偽，賞信者偶，罰疑不偶也。

蒙信遭疑，見賞見罰，無他緣故，唯「幸」與「不幸」，「偶」與「不偶」之機緣耳。此「幸」、「不幸」，「偶」、「不偶」之機緣，於性命稟氣之初，早已決定。換言之，何時當「遇」，何時「不遇」，早有定焉。

　　二、命有絕對主動性，統一切禍福吉凶，非任何外來因素所可影響或改變。林師耀曾《中國哲學史講義》剖論亦已精。〈偶會〉曰：

> 命，吉凶之主也，自然之道，適偶之數，非有他氣旁物厭勝感動使之然也。

命係獨立自主，不受任何力量影響，因此，世人所謂善惡報應，因果循環之說，皆屬虛妄，故作〈福虛〉、〈禍虛〉二篇，堅決否定禍福之來，與其人平日言行之善惡有關，禍不因惡來，福不由善至，有「命」定焉。於此，王充尤大逞其科學之析理本事，茲舉眾所周知之「叔敖埋蛇為楚令尹」為例，以見其智。人皆謂叔敖埋蛇，積陰德，終得陽報——為楚令尹。王充難之有數，曰：

（一）「埋一蛇，獲二福，埋十蛇，得幾祐乎？」此其一。

（二）「埋蛇，惡人復見，叔敖賢也，賢者之行豈徒埋蛇一事哉？」是孫叔敖之賢，必不自埋蛇始，既生性賢，天何賜之以兩頭蛇？「豈叔敖未見蛇時有惡，天欲殺之；見其埋蛇，除其過，天活之哉？」

此其二也。

經一番懷疑與分析後，王充求得答案，蓋「見兩頭蛇輒死」者，俗言也；「陰德必得陽報」者，俗議也。叔敖信俗言，其母必俗議，後人見叔敖之果爲令尹，因然其說矣。

此外，於宋人父子三世行善，終以盲而免禍一事，王充剖判尤精，王充以爲：

（一）果宋父子有善，神報之，「何必使之先盲後視」？「不盲，常視，不能護乎？」此其一。

（二）「宋楚相攻，兩軍未合，華元子反結言而退，⋯⋯雖有乘城之役，無死亡之患，⋯⋯使時不盲，亦猶不死，盲與不盲俱得脫免，神使之盲，何益於善？」言「神報善」者，本欲以贊神之偉功，今竟不惜拐彎抹角，多此一舉，豈非欲褒而反貶？此其二。

（三）又當宋國乏糧之時也，盲人之家，亦不免於「易子析骸」，竟不能以善而去厄窮，反「獨盲無見」，較之他人，尤多一層不幸，則神之報祐人，未免善惡失實。此其三。（以上所引皆見〈福虛〉）

取史實與常理兩相印證，誠足以去百年之愚。

己、命運偶會之說

根據王充「命」之兩大特質，進一步推衍，則有所謂「命運偶會」之說，破除古來「命運相剋」之迷信。

自來史家及世人皆以爲子胥遭讒而伏劍，屈原含謗而沈江，歸子胥與屈原之死，咎在伯嚭與子蘭。王充則大不以爲然，認爲：此係各人互不相涉之「命運」適會偶合，非相剋也。王充曰：

> 世謂子胥服劍，屈原自沈，子蘭宰嚭讒誣讒，吳楚之君冤殺之也。偶二子命當絕，子蘭宰嚭適爲讒，而懷王夫差適信姦也，君適不明，臣適爲讒，二子之命偶自不長。

兩條獨立無爲之「軌道」適偶爲一，人乍見之，以爲相互影響，「其實自然，非他爲也。」（〈偶會〉）。是屈原之沈江，子胥之伏劍，皆命中本已註定，非其他因素所牽致者。因之，舉凡將相名臣之冤死或顯赫，自後世觀之，似若有以致之者，其實不過「命有吉凶，不肖之主與之相逢耳。」（〈偶會〉）

是故，秋氣亦非能肅殺萬物，特物至秋而熟老，「適自枯死，陰氣適盛，

與之會遇」耳。夫亦非能剋妻也，妻於此時命當死，夫於此時命當鰥，二命適偶其會，譬之猶水之沃火，「火適自滅，水適自覆，兩名各自爲敗，非相賊也。」必究其因，則「命自然也」。俗目好外觀，不能深察，見「命相小大適相應」，無爲之軌道適相交，則妄斷因果，強說本末，誤會因生。

庚：難三命

王充既如此篤信「命」之權威，故於俗稱「三命」之說，極不以爲然。自來言命者，分命爲三：曰正命，曰隨命，曰遭命。

一、正命：正命者，謂「本稟之，自得吉，性然骨善，故不假操行而福自至。」此種人生來好命，性善，命亦善，有其德，亦有其祿。

二、隨命：隨命者，「戮力操行而吉福至，縱情施欲而凶禍到。」，此種「命」，不好不壞，但隨其性而轉移，自脩則來福，自孽則取禍。

三、遭命：遭命者，「性善命凶，非所冀望，遭逢於外，而得凶禍」，如顏淵、伯牛，伍員，生來命惡，有其德，偏無其命，竟不得其死。（以上所引，皆見〈命義〉篇）

王充以爲：分「命」爲三，不足道盡天下之「命」，蓋據「隨命」所稱：「縱情施欲而凶禍到」，然而：

> 盜跖、莊蹻橫行天下，聚黨數千，攻奪人物，斷斬人身？無道甚矣，宜遇其禍，乃以壽終。

於三命中，竟無所屬。足見「三命」之分，本身已欠圓賅。

其次，「隨命」既言「戮力操行而吉福至」，「遭命」偏又曰：「行善得惡」。同樣行善，何以一則「吉福至」，一則「凶禍到」？足見命之三分，毫無標準，「隨命」、「遭命」僅是歸納而得之大概情況，不足稱焉。其實，由「隨命」與「遭命」之同善行，而不得同善命，尤足證明：「性」之與「命」原本不同，善性不必致善命，惡性不必有惡命，蓋命本早定之公式，而性不過暫時之狀況而已，「性自有善惡，命自有吉凶」焉。

第三節　進步之歷史觀

王充機械化天道觀之另一推演，爲其進步之歷史觀。俗好稱「古」、「今」，又多是「古」而非「今」，自王充觀之，「古」之與「今」，不過劃分時間歷程之相對代號而已，並無價值上之高低分野。據機械天道觀推論，古今同一自

然循環，同一機械作業，古之「天」猶如今之「天」，古之「地」同於今之「地」，古之人物稟天地之氣而生，今之人物亦稟天地之氣而至，其「天」既同，其「氣」亦同，則稟此氣而生之人物，因此氣而循環運行之現象與條理，何爲而當異？王充曰：

> 上世之天，下世之天也，天不變易，氣不改更；上世之民，下世之民也，俱稟元氣，元氣純和，古今不異，則稟以爲形體者，何故不同？（〈齊世〉）

> 上世之人所懷五常也，今世之人所懷亦五常也，俱懷五常之道，共稟一氣而生，上世何以質樸？下世何以文薄？（〈齊世〉）

其稟氣既同，則所稟性形自當相同，上世下世固當齊一。是故，王充曰：

> 稟氣等則懷性均，懷性均則形體同，形體同則醜好齊，醜好齊則夭壽適，一天一地，並生萬物，萬物之生，俱得一氣，氣之渥薄，萬世若一。（〈齊世〉）

何謂「若一」？上世之稟氣，既因「自然機緣」而有厚泊，厚者爲「聖賢」、爲「壽考」、爲「質樸」，泊者爲「愚拙」、爲「夭殤」、爲「文薄」，則今世之稟氣亦當不均而有「聖」「愚」、「夭」「壽」、「文」「質」之分，其有「賢」有「愚」、有「夭」有「壽」，一「文」一「質」，古今一也。故王充曰：

> 文質之法，古今所共，一文一質，一衰一盛，古而有之，非獨今也。

（〈齊世〉）又曰：

> 上世之士，今世之士也，俱含仁義之性，則其遭事，並有奮身之節，古有無義之人，今有建節之士，善惡雜廁，何世無有？（〈齊世〉）

〈自然〉亦云：

> 今之天，古之天也，非古之天厚，而今之天薄也。

是知，王充所謂「稟氣等」、「懷性均」、「萬世若一」，不過強調古今同一循環，古有好有壞，今亦有優有劣，其間出入，諒不甚鉅，今不必遜古，古不必踰今而已。非謂古今同稟一氣，則絕對無二致也。否則，上世之人，不亦同稟一氣，又何以有「文」有「質」，有「夭」有「壽」耶？近人或有以「萬世若一」爲王充病者，要皆刻舟求劍，拘泥不通之論也。

　　然而，人多貴古而賤今，畫工好畫上代之人，不肯圖今世之士，辨士則談其久者，文人則著其遠者，稱俗則古質而今文，論德則古渥而今泊，總謂「今不如古」，王充曰：

俗儒好長古而短今，言瑞則渥前而薄後。(〈須頌〉)

〈宣漢〉亦云：

> 俗好襃遠稱古，講瑞上世爲美，論治則古王爲賢，睹奇於今，終不
> 信然。

癥結在：人唯任耳不任目，故少所見而多所聞，好稱遠而不務近。王充曰：

> 世俗之性，好襃古而毀今，少所見而多所聞。(〈齊世〉)

分析其原因：大抵「古」遠難察，「今」近易觀，難察則略，易觀則詳，略則糟粕盡去，精妙獨留，詳則醇疵並包，枝蘖不免，換言之，歲月常能汰渣而存精，是以古多質，而今常文也。

其次，古者邈邈，死無對證，人得憑三分傳聞，而恣意想像，甚而過度渲染，無庸負責，今則現實在目，不容作假而自我陶醉，是以遠聞易奇而近觀難巧也。使古之人生乎今之世，亦將同其文、拙，使今之賢生乎古之世，則人有尊高之行，而事有特異之名矣。故〈宣漢〉曰：

> 使堯舜更生，恐無聖名。

〈問孔〉亦云：

> 夫古人之才，今人之才也，今謂之英傑，古以爲聖神。… 使當今有
> 孔子之師，則斯世學者皆顏閔之徒也；使無孔子，則七十子之徒，
> 今之儒生也。

是故，使當今之士，誠有「說道深於孔墨」者，「名不得與同」，「行崇於曾顏」者，「聲不得與之均」矣，要皆賤見貴聞，尊古卑今之所致也。

此種「貴鵠賤雞」(〈齊世〉)之偏見，苟進一步分析：蓋源於兩種心理：一爲畸形之相輕心，一爲消極之自卑感，兩種心理交湧胸臆，是以人多卑今而高古。

甲、畸形之相輕心理

同世之人，常以怨妒而相輕，甚或相害，所謂「鄉里三累」、「朝廷三害」，〈逢遇〉論之詳矣。相害者固已甚，其相妒相輕則常見者也。相妒相輕，故有異而不察，有善而弗稱。王充曰：

> 有人於此，立義建節，實核其操，古無以過，爲文書者，肯載於篇
> 籍，表以爲行事乎？作奇論，造新文，不損於前文，好事者肯捨久
> 遠之書而垂意觀讀之乎？

舉其尤淺近之例：

> 揚子雲作《太玄》，造《法言》，張伯松不肯壹觀，與之併肩，故賤
> 其言，使子雲在伯松前，伯松以爲金匱矣。(〈齊世〉)

此世人相輕心理之最好說明。

乙、消極之自卑感

此種心理起於人過度信耳之病。蓋古有文有質，傳聞多稱其「質」，不道其「文」，今世亦有文有質，人多見其文，不信其質。換言之，人於今世之美好，每欠缺信心與把握，於古之勝處，偏又過度信任與渲染，聞古之賢，見今之不肖，因謂古皆賢，今盡不肖矣。〈齊世〉曰：

> 世人見今之文薄也，狎侮非之，則謂上世質朴，下世文薄，猶家人
> 子弟不謹，則謂他家子弟謹良矣。

正爲此種自卑心理之最好寫照。

平心反觀：今世果如流俗所謂「常不如古」，歷史豈非永遠退化？則堯舜以下，不待百年而絕滅矣，又何今古之稱？其實，自進化學之眼光觀之，今非特不遜於古，更當踰古。蓋今之先天條件固與古齊一，其後天條件，則常因社會之自然進化而改良，今之踰古，本必然之勢也。王充雖未嘗明言「今過於古」，然觀〈宣漢〉、〈恢國〉、〈驗符〉、〈須頌〉諸篇之極力辯漢過周，足見王充觀念中，今固可勝古也。

蓋漢自武帝罷黜百家，獨尊孔子以來，儒學大昌。孔子推三代，言必稱堯舜。漢儒尊孔，亦崇三代而舉堯舜，頌太平則五帝，美聖人則三王，似謂五帝三王以後再無聖人。王充於此種消極自卑之奴隸心理甚爲不滿，王充曰：

> 漢儒稱五帝三王致天下太平，漢興以來，未有太平，彼謂五帝三王
> 致太平，漢未有太平者，見五帝三王聖人也，聖人之德，能致太平，
> 謂漢不平者，漢無聖帝也，賢者之化，不能太平，……此言妄也。(〈宣
> 漢〉)

又曰：

> 漢儒稱聖太隆，使聖卓而無跡，稱治亦泰隆，使太平絕而無續也。(〈宣
> 漢〉)

察世儒所以稱古治世者，唯曰太平，祥瑞，其實所謂「太平」、所謂「祥瑞」本無定貌，各代有各代之「祥瑞」；各聖有各聖之「太平」，前世之瑞不必同

後，古聖之治亦不必照今，豈可準古而非今，王充曰：

> 今瑞未必同於古，古應未必合於今，遭以所得，未必相襲……太平瑞應，何故當鈞？以已至之瑞，效方來之應，猶守株待兔之蹊，藏身破置之路也，天下太平，瑞應各異，猶家人富，殖物不同也。（〈宣漢〉）

準是以觀，漢世立國，於茲二百餘年矣，其間百姓安樂，明君賢相連屬，瑞應不一，是亦太平隆世也。漢儒多稱三代，三代之隆者，姬周爲最，誠取周之「隆盛」與漢相較，王充以爲，漢尤隆於周也。蓋周有三聖：文、武、周公並時偶出，漢亦有高祖、光、武，足以侔周之文武，漢之文、武、宣，孝明尤過周之成康，是以聖主而言，周誠不如漢。就其領域而言：「周時惟治五千里，漢家廓土，收荒服之外。」是周亦不如漢也。就其德化而言：「周家越裳獻白雉」，漢家「匈奴鄯善哀牢貢獻牛馬」，戎狄爲中國，躶人被朝服，露首端章甫，跣跗履商舄，盤石爲沃田；子暴成良民，牂柯化均平，不賓既附，四海歸一，較之周家德不卒被者，漢誠隆盛多矣（以上詳見〈宣漢〉）。再就其符瑞而言，漢自高祖以來，瑞應頻見，不可枚數，較之有周，亦絕無遜色。

　　夫論領域、德化、瑞物，周皆不敵漢，則漢世之過周，無庸贅言，今之過古，亦可能之勢也，時儒何必長他人氣燄，滅自家威風哉？

　　是故，王充之歷史觀，雖以「齊心」爲重心，及其終也，仍以「進化」爲結，此於迷古信古思潮泛濫，五帝三王頌聲雷鳴之兩漢，可謂不移之砥柱，清亮之黃鐘矣。

第四章　疾虛妄論

　　《論衡》之創作宗旨在「疾虛妄」，〈對作〉曰：

　　　　《論衡》之造也，起眾書並失實，虛妄之言勝眞美也。虛妄之語不
　　　　黜，則華文不見息；華文放流，則實事不見用。故論衡者，所以權
　　　　輕重之言，立眞僞之平。

〈佚文〉亦云：

　　　　《論衡》篇以十數，亦一言也，曰疾虛妄。

世俗蔽於讖緯五行，惑於天人感應，此時俗之虛妄也，因之，王充之「疾虛
妄」，重心亦在駁「感應」與「五行」。唯漢人之感應五行說，本源於人對天
道之附會與誤解，天爲一機械運行之自然，人則誤解爲一有意識、能感應之
權威，是以，王充標舉道家「天道自然」說以廓正之，求還天以自然面貌，
從而解釋時俗之迷誤與虛妄，今《論衡》八十五篇中，（缺〈招致〉一篇，實
八十四篇）除〈九虛〉而外，其他難災異、感應、五行、迷信者過全書之半，
尤足見王充於「疾虛妄」之不遺餘力，「疾虛妄」本王充自然說之主要目的。

第一節　虛妄之形成

　　王充以其「不故」、「適偶」之天道觀爲出發點，分析時俗之所以生虛妄，
其因約有數端：

一、虛妄起於天道人事之巧相偶合

　　漢人之論災異者，謂災異之起，因人君政刑失措，故天降災異以譴告之，

王充不以爲然，王充曰：

> 人君急舒而寒溫遞至，適偶自然，若故相應。(〈寒溫〉)

天氣之或寒或溫，此宇宙之自然規律，本固定而必然者，其寒其溫，均屬自然機械律之一環。甚至，何時當溫，何時必寒，冥冥中似亦早有所定，不待急舒而後至也。

然而，寒溫之至，何以與人君急舒而共來，且昭然若有所應？王充以爲：此係無爲之巧合，不故而適偶，致引起誤會。天道本無爲而運行，其溫其寒自有規律，國君政令亦自有急舒，天道循行於上，人事演變於下，方其溫時，苟國君政令適自舒，俗目睹政令之舒，又見天氣之溫，倉卒而喜，不暇細察，因謂天溫應政舒矣。方其寒時，國君政令適自急，人古其急，又見天之寒，倉卒之際，竟謂天寒應令急矣。其實，人君未有急舒之先，天氣早有寒溫之勢矣。故王充曰：

> 天道自然，自然無爲，二令參偶，遭適逢會，人事始作，天氣已有。
> (〈寒溫〉)

因此，世所謂杞梁妻哭而城崩，鄒衍呼歎而霜降，亦是誤會，原其情，不過：

> 杞國且圮，而杞梁之妻適哭城下，……燕國適寒，而鄒衍偶呼也。(〈變動〉)

即傳所言武王麾旄止風之事，苟加分析，亦不過「武王適自麾之，風偶自止。」而已。或者，就宿命論之觀點而言，此種「不故」之「偶會」，本身即是一種「命」，一種無可奈何之定數，人不察其原委，徒見一哭一崩，一歎一霜，一麾一止，因謂感應而至矣。〈遭虎〉論「虎食人非功曹爲姦」曰：

> 天道偶會，虎適食人，長吏遭惡，故謂變應上天矣。

「虎食人」與「長吏惡」，「鄒衍呼」與「天隕霜」，「杞妻哭」與「城崩」，皆機械之偶合，充其量，特有其「命」而已。常人不明就裏，徒見天象人事巧相偶合，因謂感應而至。〈商蟲〉於此種誤會解釋尤爲明白，〈商蟲〉論蟲災非部吏所致曰：

> 天道自然，吉凶偶會，非常之蟲適生，貪吏遭署，人察貪吏之操，
> 又見災蠧之生，則謂部吏之所爲致也。

非特災異，「瑞應」之因亦猶是也，人多謂瑞物應聖而至，王充以爲：此不過各自生成，相逢遇也，非瑞物爲聖而來也，〈指瑞〉曰：

> 物生爲瑞，人生爲聖，時其長大，相逢遇矣……聖王遭見聖物，其

實相遇，非相爲出也。

要之，「命定之逢遇」與「自然之偶合」此虛妄之最大成因也。

二、虛妄起於人心之准況

人之性，莫不好奇而多怪，本此多怪之性，以觀察事物，天象未起，人心先懼，及天變猝起，因是其揣想，而成其偏說矣。〈感篇〉曰：

> 陰陽不和，災變時起，或時先世遺咎，或時氣自然，聖賢感類，懍懼自思，災變惡徵，何爲至乎？引過自責，恐有罪，畏愼恐懼之意，未必有其實事也。

「懍懼自思」、「引過自責」，此人心之自我覺醒，因而以此心准上天，則天果能因吾行而起感應。蓋依王充天道觀之理論，天雖不能爲人所感，人則常因天道而得啓示，因之，所謂「災異譴告」之，其實僅是人心對渺茫無以把握之天道，所生之冥想而已。〈感類〉分析古傳「成王不以天子禮葬周公，天爲雷風拔禾」曰：

> （成王）心疑於不以天子禮葬公，卒遭雷雨之至，則懼而畏過矣。
>
> 夫雷雨之至，天未必責成王也，雷雨至，成王懼以自責也。要皆人先懷嫌疑之計，遭暴至之氣，以類之驗見，則天怒之效成矣。

換言之，人心先自有鬼，猝遭意外之變，因謂天怒。〈雷虛〉駁「雷非天怒」亦云：

> 人有喜怒，故謂天喜怒，推人以知天，知天本於人。

「推人以知天，知天本於人。」此傳統「天人合一」思想演變之必然結果也。因而，人之一切行爲都可附會於上天，無意識之「天」，竟同於可主宰宇宙之人，虛妄以是而生。故王充曰：

> 凡言譴告者，以人道驗之也。（〈自然〉）
>
> 譴告之言生於今者，人以心准況之也。（〈感類〉）

三、虛妄起於聖人之神道立教

夫虛妄之起，固緣「天人」不幸之「偶會」，與人心草率之准況，然苟非儒生援引聖賢之說以爲後盾，或不至引起軒然大波，知聖賢之言，亦導致虛妄之因素也。

唯聖人者，知足以「疾虛妄」，明足以「辯昭然」，是以夫子不語怪、神、

知其「虛妄」也。今何以竟有「獬豸決獄」等無稽之論，王充以為：斯則聖人有其立教之苦衷也。蓋聖人負勸化導俗之責，有移風宣教之志，恐人不從，故因其心而導之，俗人之心多怪奇而信鬼神，聖人因假神奇以立教，冀幸人心之畏從也。〈是應〉辯「皋陶以獬豸決疑」曰：

> 皋陶欲神事助政，惡受罪者不厭服，因獬豸觸人則罪之，欲人畏之
> 不犯，受罪之家沒齒無怨言也……斯皆人欲神事立化也。

獬豸非能「決疑」，然有「觸人」之性，聖人因之以定獄，非所以定是非，蓋用以立教化耳。是故，師尚父渡孟津而號倉光，非倉光果能覆人之舟，特水有此物，師尚父「因以威眾」也（〈是應〉），斯皆聖人之「因神而化」也。

夫世人既見天象之異，又睹人事之變，重以漢儒之虛吹，經傳之有例，與傳統天人說之作祟，因益堅其說，此虛妄之所以籠罩一代也。

第二節　難天人感應

漢儒之虛妄，以感應說與五行說為主，然不論感應說或五行說，皆以董仲舒之天論為代表，原董仲舒之所謂「天」，本含二義：一曰天係一有意識之主宰。一曰天係由陰陽二氣之推動，而以五行循環之「自然」。漢儒之論天者，不外以上二種，唯不論其為有意識之主宰，或以陰陽五行循環之自然，皆能因人行為之善惡而起感應，有意識之主宰能受感應固無論矣，即無意識之「五行自然」，亦常因「同類相動」之理，而與善人善事或惡人惡事起「共鳴」（詳見第二章第三節漢代學者之天論，儒家部分），是皆能「感應」也。人道善，則天受感而應之以瑞；人道惡，則天受感而應之以災。是故，總歸漢儒之論天，可得三大結論：

一、天能受人感應

二、人道順，則天感而降瑞

三、人道逆，則天感而致災

王充之駁難，亦就此三項加以發揮。

（一）辯感應

首先，王充據其機械天道觀之理論，否定漢儒「天有意志、能感應」之說。依據機械天道觀之理論，「天」特為一無知生命之物質體，人雖有知識，天則無知識，「無知」不能為「有知」所感，則「天」亦不能為人所感。〈自

然〉曰：

> 夫天無爲，故不言，災變時至，氣自爲之，夫天地不能爲，亦不能
> 知也。

〈感虛〉亦云：

> 雍門子哭對孟嘗君，孟嘗君爲之於邑，蓋哭之精誠，故對嚮之者悽
> 愴感慟也。夫雍門子能動孟嘗之心，不能感孟嘗衣者，衣不知惻怛，
> 不與人心相關通也。

雍門子之哭，能慟孟嘗君而不能感孟嘗衣者，君有知而衣無知也，無知，則
不與人心相關通，何能受感？今天之爲物，猶孟嘗衣也，根本無知，則其不
通人心，不能受感可知。

其次，天之高大以萬里數（見〈祀義〉），人之渺小若一粟，以萬里之高
大，察一粟之微渺，是猶處萬仞高臺，察地之螻蟻也。人處高臺之上，不聞
螻蟻之聲，天居萬里之高，其大非止高臺比，何由知人之言行而感應？〈變
虛〉曰：

> 天之去人，高數萬里，使身附天，聽數萬里之語，弗能聞也。人坐
> 樓臺之上，察地之螻蟻，尚不見其體，安能聞其聲，何則？螻蟻之
> 體，不若人形大，聲音孔氣不能達也。令天之崇高，非直樓臺，人
> 體比於天，非若螻蟻於人也……謂天聞人言，隨善惡爲吉凶，誤矣。

〈卜筮〉亦有類似之論，〈卜筮〉曰：

> 人在天地之間，猶蟻虱之著人身也，如蟻虱欲知人意，鳴人耳傍，
> 人猶不聞，何則？小大不均，音語不通也。今以微小之人，問巨大
> 天地，安能通其聲音？天地安能知其旨意？

蟻虱不通其意，螻蟻無以達音者，以其細小也，然則小固不足撼大，細固不
足以動巨，〈感虛〉曰：

> 微小之感，不能動大巨。

因此，謂「人行」足以感「天」者，是猶謂螢火可以爨鼎，短篙可以鳴鐘（〈變
動〉），蚍蜉可以撼樹，斯皆未達情旨之論也。故王充曰：

> 夫人不能動地，而亦不能動天，……天至高大，人至卑小，篙不能
> 鳴鐘，而螢火不爨鼎者，何也？鐘長而篙短，鼎大而螢小也，以七
> 尺之細形，感皇天之大氣，其無分銖之驗必也。（〈變動〉）

〈感虛〉亦以「筋撞鐘，莕擊鼓」喻人行之動天，要皆難能之事也。然則，

言天能感應,竟虛妄也。

若實論之,當謂天感人,而非人感天。〈變動〉曰:

> 夫天能動物,物焉能動天?

又曰:

> 人物繫天,天爲人物主也,天氣變於上,人物應於下矣。

蓋人生於天地之間,難免受自然環境影響而起變化,環境有改,人物隨遷,「天」氣有異,生於其下之萬物,莫不隨之而動,此當然之理,亦必然之勢也。換言之,「天」爲感應之本,人則感應之末,變化在天,感應在人天之變化,苟自其機械天道觀而論,不過「無知無爲」之機械作業而已。王充曰:

> 天且風,巢居之蟲動,且雨,穴處之物擾,風雨之氣感蟲物也。故人在天地之間,猶蚤虱在衣裳之內,螻蟻在穴隙之中。蚤虱螻蟻爲逆順橫縱,能令衣裳穴隙之間氣變動乎?蚤虱螻蟻不能,而獨謂人能,不達物氣之理也。(〈變動〉)

衣裳穴隙之氣,不能因蚤虱螻蟻之橫從變動而改,以其「無知」,不能「爲」,今「天」亦「無知無爲」,其不能受感而應必也。唯蚤虱螻蟻之橫縱,雖不能變動衣裳穴隙之氣,反之,試使衣裳穴隙之氣有變,則蚤虱螻蟻必隨而出伏。何則?「天氣動物,物應天氣之效也。」(〈變動〉)是故,風至而樹枝動,此樹枝因風至而動也,可謂風因枝動而至乎?他若雷動而雉驚,發蟄而蛇出,理莫不然。然則,何者爲本?何者爲末?固無庸贅言,而觀者立判。人謂天能感應,其理亦猶是也。無非見天象之異,內心自起感悟驚懼,因推此心於天意,而譴告之說成矣。實則,天象之有異,特爲其「無爲」而行之偶然現象而已,非因「感應」而至也。故王充曰:

> 陰陽不和,災變發起,或時先世遺咎,或時氣自然,賢聖感類,慊懼自思,災變惡微,何爲至乎?引過自責,恐有罪,畏慎恐懼之意,未必有其實事也。(〈感類〉)

漢儒「天能感應」之說不足信。

況驗之以事理,漢儒之感應說本身常不能圓眹。如稱:武王伐紂渡孟津,波湧風起,天冥日晦,人馬不見,武王操執黃鉞白旄而麾之,於是天感而霽風罷波一事。今推之以理:

1. 武王之伐紂,依儒者之說,本屬以仁伐暴,天與人歸之義舉,渡孟津時,士眾喜樂,前歌後舞。天人既同應,則人喜、天亦當喜,今掀波

起風，是人喜而天怒，失感應之實。

2. 其次，使武王討紂是，則天當安靜以祐之，如誅紂非，則風者，天怒武王之逆也，武王不求索己過，反瞋目咆哮，是怙惡不悛，而重增天怒也，風何肯止？

儒者又稱：湯遭七年之旱，以身禱於桑林，自責以六過，天感而雨。王充亦以爲未達情旨。蓋：

1. 苟依儒者之說，湯本聖君，聖君在世，天何應之以旱？

2. 使旱因湯而至，則湯不與天地同德，不與天地同德而遭譴，禱過何益？天何肯雨？

3. 其次，湯於何時而禱？使旱一年而禱，七年乃雨，天之應善，何其遲也？使旱七年乃禱，湯之爲德，大不仁矣，天何肯應而雨？（以上皆見〈感虛〉）

然則，言天能因人而感應者，虛妄之說也。

（二）說災異

漢儒既倡感應之說，又曰：「人君失政，則天降災異以譴告之。」董仲舒〈對策〉曰：

> 國家將有失道之敗，而天迺先出災害以譴告之，不知自省，又出怪異以警懼之，尚不知變，而傷敗乃至。

《白虎通・災變》亦云：

> 天所以有災變何？所以譴告人君，覺悟其行，欲令悔過修德，深思慮也。

〈譴告〉曰：

> 論災異，謂古之人君爲政失道，天用災異譴告之也，災異非一，復以寒溫爲之效，人君用政非時則寒，施賞違節則溫，天譴告人君，猶人君責怒臣下也。

此漢人天人感應派之一致論調，王充甚不以爲然。王充揭露「災異」之眞象，以爲：所謂「災異」，不過平凡之自然現象，加上人心之自我警覺和揣度而已。〈亂龍〉曰：

> 夫東風至，酒湛溢，彗星出，天道自然，非人事也。

> 寒溫，天氣也。（〈變動〉）

雷雨之至也，殆且自天氣也。(〈感類〉)

〈明雩〉言之尤爲明確，〈明雩〉曰：

> 夫一歲之中，十日者一雨，五日者一風，雨頗留，湛之兆也，暘頗
> 久，旱之漸也。湛之時，人君未必沈溺也，旱之時，未必亢陽也。
> 人君爲政，前後若一，然而一湛一旱，時氣也。

又曰：

> 水旱饑穰，有歲運也，歲值其運，氣當其世，變復之家，指而名之，
> 人君用其言，求過自改，暘久自雨，雨久自暘，變復之家，遂名其
> 功，人君然之，遂信其術，試使人君安處，……天猶自雨，雨猶自
> 暘，暘濟雨濟之時，人君無事，變復之家猶名其術，是則陰陽之氣，
> 以穰爲主，不說於天也。

一湛一旱係天道自然，「水旱饑穰自歲運」「暘久自雨，雨久自暘」，足見所謂
「災變」，其實僅是平凡之自然現象而已，類此平凡之自然現象，幾無世無年
而不有，王充曰：

> 無妄之應，水旱之至，自有期節，百災萬變，殆同一曲，變復之家，
> 疑且失實。(〈寒溫〉)

何時當水？何時當旱？自有其固定之時限與週期，而依據其天道觀與機械宿
命論之說法，此種時限與週期本屬一種機械條理，係一「有定數之宇宙規律」。
不雨不旱是自然規律，大水大旱亦是自然規律，其間之差別，唯在出現次數
之多少，出現時間之久暫，換言之，亦即常見與不常見而已。

唯此種平凡現象之出現，苟適逢不平凡之人事，則常引起人不平凡之感
受，因而賦予特殊之意義，〈感類〉分析天雷風拔禾，譴成王不以禮葬周公曰：

> 要皆人先懷嫌疑之計，遭暴至之氣，……則天怒之效成矣。

賢君（如堯湯）在世，何以多水旱，暴君之世，翻有不聞，使水旱風雷誠政
所致，豈非仁暴易說而善惡相反？王充曰：

> 世之聖君，莫有如堯湯者，堯遭洪水，湯遭大旱，如謂政治所致，
> 堯湯惡君也。(〈明雩〉)

總之，一切災異之說，悉出於人心之擬度，根本虛有，故王充曰：

> 譴告之言生於今者，人以心准況之也……災變時至，氣自爲之，天
> 地不能爲，亦不能知也。

夫「災異」既非政治所致，天既不能知，不能爲，則儒者所謂禱天悔過可以

平反災異之說，自屬無稽，王充曰：

> 天之運氣，時當自然，雖雩祭請求，終無補益。（〈明雩〉）

> 天地之有湛也，何以知不如人之有水病也？其有旱也，何以知不如
> 人之有癉疾也？禱請求福，終不能愈，變操易行，終不能救！（〈明
> 雩〉）

是以湯遭旱，禱於桑林，七年乃雨，使天誠有知，禱誠有功，則當即時雨，
何待七年？言七年者，足見天之無知。

　　然而，人君逢變，當何以自處？王充以為：無須震駭，只須怵惕自反，
甚而雩祭慰民。唯王充既謂「雩祭不能平反災變」，〈順鼓〉曰：「雖雩祭禱求，
終不能救。」何以又言當「雩」？為此，〈明雩〉中曾再三申述其理，首先王
充分災變為二，曰：

> 夫災變大抵有二：有政治之災，有無妄之災。

何謂「政治之災」？王充曰：

> 德衰政失，變應來者，政治也。

何謂「無妄之災」？王充曰：

> 德酆政得，災猶至者，無妄也。

唯此所謂「德衰政失，變應來者」，非謂「德衰政失，『故而』變應來者」，何
以知其然？蓋「政之得失，無能感天致應」之思想，本王充之所強調，而未
嘗須臾忽之者，《論衡》中最費筆墨以駁辯者，正為此一問題，王充何致出爾
反爾，於最重要處，自亂陣腳。是故，知：上文所謂「德酆政得，災猶至」
與「德衰政失，變應來」者，皆當作「平行」觀，不當作「因果」觀，（蓋王
充思想中，「人事之得、失」與「天象之和、變」始終作「平行」觀，無有作
「因果」觀者。）「德酆政得，災猶至者。」當指：政無缺失，而天有變象之
情況。「德衰政失，變應來者。」當謂：政有缺失，而天象適變之情況，苟就
王充一貫之適偶理論而言，此種情況正謂「政治之缺失」適與「天象之變異」
無為而偶合，換言之，即是「政治有失，天象適變」之情形，非謂「德衰政
失，『因而』變應來」也。此於論述之初，所不可不知者。

　　唯不論其為「政治之災」或「無妄之災」，王充以為：身為人君者，皆當
怵惕自反，甚而雩祭慰民。苟為「政治之災」，則當「外雩而內改」，以復其
虧；苟為「無妄之災」，則當「守內舊政，外修雩禮」，以慰民心。換言之，
當天象有變時，人君固知其為自然現象，無涉於政治，然亦當藉此怵惕自反，

誠無缺失，則仍守其舊政，然百姓不知，必謂非常之變，爲君者故仍須外修
雩禮，以慰民心。王充曰：

> 無妄之災，百民不知，必歸於主，爲政治者，慰民之望，故亦必雩。
> （〈明雩〉）

苟忧惕自反而有缺失，則一方面即時遷改，一方面仍當雩祭二民，唯此種「雩
祭」，僅是一種「明知其不可爲而不得不爲」之舉動，王充以「慈父孝子惻隱
惠愍之心」爲喻，曰：

> 政治之災，……求之雖不能得，而惠愍惻隱之恩，不得已之意也。
> 慈父之於子，孝子之於親，……知病之必不可治，治之無益，然終
> 不肯安坐待絕，猶卜筮求祟，召醫和藥者，惻痛愍勳，冀有驗也。
> 既死氣絕，不可如何，升屋之危，以衣招，復悲恨思慕，冀其悟也，
> 雩祭者之用心，慈父孝子之用意也。（〈明雩〉）

換言之，此種情況下之雩祭，不過一種出自情感，不忍不爲之舉動，非眞信
雩祭能平反災異也。因之，雩祭禱求，要在取其不可忽視之人事意義，非冀
其直接功效。蓋王充意念中，天象特爲平凡之自然，人事則較爲重要，其視
災變爲虛有，正爲此種心理之最好說明。將此種思想推究至極，王充甚而認
爲「崇聖」遠比「尊天」更有意義。王充曰：

> 夫大人之德則天德也，賢者之言，則天言也，大人剌而賢者諫，是
> 則天譴也，而反歸告於災。……（〈譴告〉）

又曰：

> 上天之心在聖人之胸，及其譴告，在聖人之口，不信聖人之言，反
> 然災異之氣，求索上天之意，何其遠哉？（〈譴告〉）

「天心」即是「聖賢之心」，「天德」不過「聖人之德」，因而，爲政者所措意
者，當在「聖賢」之意，而不在「上天」，明乎此，而後一切於天無謂之「迷
信」與「敬畏」，可以釋除矣。

（三）解「祥瑞」

儒者之言又謂：人君政治和順，天下太平，則祥瑞應至，麒麟鳳凰生於
郊，「風不鳴條，雨不破塊，五日一風，十日一雨」（〈是應〉），甘露下，景星
見，嘉禾出。《春秋繁露》〈王道〉曰：

> 王正，則元氣和順，風雨時，景星見，黃龍下。

《鹽鐵論·水旱》曰：

周公之時，風不鳴條，雨不破塊，旬而一雨，雨必以夜。

漢人之論「瑞應」者，大抵如是，故王充曰：

> 儒者論太平瑞應，皆言氣物卓異，朱草、醴泉、翔鳳、甘露、景星、嘉禾、蓂脯、蓂莢、屈軼之屬，又言山出車，澤出舟，男女異路、市無二價，耕者讓畔、行者讓路、頒白不提挈、關梁不閉，道無虜掠，風不鳴條，雨不破塊，五日一風、十日一雨，其盛茂者，致黃龍、騏驎、鳳凰。（〈是應〉）

於漢人此種觀念，王充甚有駁正，王充以爲：漢儒之說瑞應，同於其論災變，論其物或者有之，言其實則常太過。王充曰：

> 夫儒者之言，有溢美過實，……言其鳳翔甘露，風不鳴條，雨不破塊可也，言其五日一風，十日一雨，褒之也。……言男女不相干，市價不相欺可也，言其異路無二價，褒之也。此皆有其事，而褒增過其實也。（〈是應〉）

是故，既作〈是應〉，以明瑞物瑞徵之或有其物，復作〈講瑞〉、〈指瑞〉（黃暉《論衡校釋》引《離騷》王注曰：「指、語也。」）諸篇，揭去瑞物瑞徵之神祕外衣，還之以平凡本貌，從而否定「瑞應太平」之說。

大抵漢儒之言「瑞」者，喜稱鳳凰騏驎，頌太平，褒聖世則舉鳳凰騏驎以爲說，王充曰：

> 儒者說鳳凰騏驎爲聖王來，以爲鳳凰騏驎，仁聖禽也，思慮深，避害遠中國，有道則來，無道則隱。（〈指瑞〉）

王充則以爲：苟自當代屢傳「鳳凰見、甘露降」之事觀之，古來所謂「鳳凰騏驎」之物，或者眞有。〈講瑞〉曰：

> 案永平以來，訖於章和，甘露常降，故知眾瑞皆是，而鳳凰騏驎皆眞也。

然所謂「鳳凰騏驎」，亦絕非如漢儒所耳聞口傳者，所謂「鳳凰騏驎」，其實同於一般鳥獸，充其量，特爲其中之俊出者而已。王充曰：

> 鳳凰騏驎與鳥獸等也。（〈講瑞〉）

又曰：

> 瑞物皆起和氣而生，生於常類之中，而有詭異之性，則爲瑞矣。（〈講瑞〉）

> 鳳凰亦或時出於鵠鵠，毛奇羽殊，出異眾鳥，則謂之鳳凰耳，安得

與眾鳥殊種類也。(〈講瑞〉)

鳳凰騏驎之與庸鳥凡獸，僅在毛羽、質性之差異而已。凡鳥毛羽粗拙，質性庸頓，鳳凰體色悅澤，生性明敏；凡獸野獷粗暴，騏驎溫順馴良而已，同為禽獸，則無不同。此恰如人，性雖有智愚，貌雖有醜妍，西施無鹽同為女子，聖賢庸愚，出無二致。因此，所謂「鳳凰騏驎」，苟就其「出類拔萃」一端而言，確可稱「瑞」，然苟就「生於常類」一端而言，其實極為「平凡」。他若朱草、醴泉、甘露、屈軼、觟觝之屬，莫不皆然，雖性稍俊異，其實不出羣類。或者以其俊異，不能常得，為世罕見，世人本貴希之性，因有種種附會與臆想。王充曰：

> （鳳凰）生於中國，長於山林之間，性廉見希，人不得害也，則謂
> 之思慮深，避害遠矣。(〈指瑞〉)

或者，因物有異常之性，聖人假以立教，故不得不有神異怪誕之說，冀收怵惕警懼之效，其駁「屈軼能指」曰。

> 司南之杓，投之於地，其柢指南……今草能指，亦天性也。聖人因
> 草能指，宣言曰：「庭末有屈軼，能指佞人。」百官臣子懷姦心者，
> 則各變性異操，為忠正之行矣。(〈是應〉)

其論「觟觝夬獄」一事尤為精警。〈是應〉曰：

> 儒者說云：「觟觝者，一角之羊也，性知有罪，皋陶治獄，其罪疑者，
> 令羊觸之，有罪則觸，無罪則不觸……此則神奇瑞應之類也。」(〈是
> 應〉)

王充則不以為然。王充推求常人之所以以觟觝為神奇瑞應者，一則在其一角，羊多兩角，觟觝一角，是以為奇。次則在其能觸人。有關前者，王充以為：一角兩角，實無不同，禽獸之殊類者多矣，龜鼈四足，賁能唯三，狌狌知往，鸚鵡能言，凡此之屬，未嘗稱「神」，觟觝一角，何足稱聖？王充曰：

> 羊本二角，觟觝一角，體損於群，不及眾類，何以為奇？鼈三足曰
> 能，龜三足曰賁，案能與賁不能神於四足之龜鼈，一角之羊，何能
> 聖於兩角之禽？(〈是應〉)

夫「狌狌知往，乾鵲知來，鸚鵡能言」，斯皆禽獸之有稟異者也，常人不以為異者，「天性能一，不能為二」。今觟觝一角，何以異是？

至若「觸人」，亦其天性而已，未必真知罪人也。王充曰：

> 或時觟觝之性，徒能觸人，未必能知罪人。(〈是應〉)

大抵：

> 皋陶欲神事助政，惡受罪者之不厭服，因觟䚡觸人則罪之，欲人畏
> 之不犯，受罪之家沒齒無怨言也。（〈是應〉）

因而得出結論：「斯皆人之欲神事立化也。」至此，觟䚡疑雲始得眞象大白。

　　然而，瑞物何以常與聖人聖世而俱來，王充以爲：此則無爲之「巧合」，
不故而「適偶」。源瑞物之所以生，本出於天地交和之氣。王充曰：

> 醴泉、朱草、和氣所生，……鳳凰騏驎亦和氣所生也。（〈指瑞〉）

又曰：

> 和氣生聖人。（〈指瑞〉）

> 瑞物皆起和氣而生。（〈講瑞〉）

據王充自然天道觀之說法：萬物本因天地交氣而生，唯天地之交氣，有時遷
善，有時遇惡，其遭善者生「瑞」生「聖」，其遇惡者，生「災」致「變」，
王充曰：

> 天地之氣，遭善而爲和，遇惡而爲變。（〈講瑞〉）

既名之爲「遭」，爲「遇」，足見其生「瑞」，戶「變」，不過決定於一種無爲
之自然機緣，即天地交氣之初，亦無以逆料者，此則〈自然〉所謂「天地不
故生人」、「天地和氣，萬物自生」也。王充曰：

> 陰陽之氣，天地之氣也，遭善而爲和，遇惡而爲變，豈天氣爲善惡
> 之故，更生和變之氣乎？（〈講瑞〉）

又曰：

> 瑞應之出，殆無種類，因善而起，氣和而生。

其實，非特「瑞物」之起，屬於一種無以逆料之自然機運。即聖人與聖世之
產生，苟就其宿命論之說法，「國命」由「稟氣厚泊」而來，性之智愚，亦由
先生稟氣厚泊而決定，則聖人聖世之出現，亦爲無可逆料，無可奈何之自然
機緣。（詳見第三章第一、二兩節）夫瑞物之生唯賴自然機運，聖人聖世之產
生，亦爲自然機運，二者或亦無爲以相逢遇，人見其逢遇，以爲相爲而出矣。
若實論之，此種「逢遇」，本身亦是一種自然機緣，充其量特受機械自然律之
限制，有其冥冥中之定數（命）而已，絕非任何力量所可致使，亦非任何一
方有意而至也。王充曰：

> （鳳驎）生與聖王同時，行與治平相遇，世間謂之聖王之瑞，爲聖
> 來矣。（〈指瑞〉）

若實論之。

> 聖王遭見聖物，猶吉命之人逢吉祥之類也，其實相遇，非相爲出也。
> （〈指瑞〉）

何以知其「非相爲出」？今求之載籍，孔子生於周末，騏驎出於魯郊，衰世亦有聖人聖物，足見瑞物之出不必應太平也。王充曰：

> 衰世亦有和氣，和氣時生聖人，聖人生於衰世，衰世亦有鳳驎也。
> 孔子生於周之末世，騏驎見於魯之西澤，光武生於成衰之際，鳳驎集於濟陽之地。（〈講瑞〉）

凡此諸例，在在足以證明「瑞物」不必應「太平」。其出於衰世，正同於盛世，不過無爲之「逢遇」而已，王充曰：

> 和氣生聖人，聖人生於衰世，物生爲瑞，人生爲聖，同時俱然，時其長大，相逢遇矣。（〈講瑞〉）

「瑞物」之生於太平之世，是無爲之「逢遇」，其出於衰亂之世，亦是無爲之「逢遇」，則瑞物之出生與否，與世之治亂，根本不相牽涉。「瑞物」不應治世而至，治世不以瑞物爲稱，百姓安樂，天下無爭，斯則眞正之「祥瑞」也，何必騏驎鳳凰，異草靈物之爲稱哉？故〈宣漢〉曰：

> 太平以治定爲效，百姓以安樂爲符。
> 雖無瑞物，百姓寧集，風雨調和，是亦瑞也。

至此，則漢儒所謂「天以祥瑞應善政」之說，已不攻而自破矣。

第三節 駁五行

漢儒既說災異，尤好五行，每取日常事物，凡數五者，悉以配之，舉凡四時，方位，五常、五聲、五色、五臭、五味、五臟、五事十干，十二支，無不可配。（詳見第二章第一節），甚而以五行徵驗人事之休咎吉凶，而預爲趨避。此種思想，至董仲舒而得系統之歸納，董仲舒非特重行組織傳統五行說，更進而推演其生剋循環之理，而得所謂「比相生」與「間相勝」。董仲舒即以此「比相生」、「間相勝」之理，解說萬物萬象之演化遞變與相服相勝（參見第二章第二節），其他漢儒亦然。故曰：

> 寅、木也，其禽虎也；戌、土也，其禽犬也；丑、未亦土也，丑禽牛，未禽羊也；木土，故犬與牛羊爲虎所服。亥，水也，其禽豕也；

> 巳、火也，其禽虵也；子亦水也，其禽鼠也；午亦火也，其禽馬也；
>
> 水勝火，故豕食虵。火為水所害，故馬食鼠屎而腹脹。（〈物勢〉）

當時論五行者莫不如此。王充則以為：天物之勝負，當決定於自然律而非「五行之生剋」。何謂自然律？宇宙萬物之競爭豪奪，強者勝弱，巧者伏拙，勇者制儒，此萬物勝服之自然規律也，王充曰：

> 天物之相勝，或以筋力，或以氣勢，或以巧便。（〈物勢〉）

「巧便」、「氣勢」、「筋力」三者，王充以為此所以真正決定天物勝負之因素也。〈物勢〉又曰：

> 凡萬物相刻賊，含血之蟲則相服，至於相啖食者，自以齒牙頓利，
> 筋力優劣，動作巧便、氣勢勇桀，若人之在世，勢不與適，力不均
> 等，以力相服，則以刃相賊矣。……力強角利，勢烈牙長則能勝，
> 氣微爪短誅、讙小距頓則服畏也。（〈物勢〉）

天生條件之優越：或因「筋力強」，或以「動作便」、或由「氣勢勇」，均足以致勝。唯依王充「自然天道觀」與「機械宿命論」之說法：天物筋力之強、弱，動作之巧、拙，氣勢之勇、怯，自是稟之於先天，得之於自然，換言之：其「強」其「弱」，其「巧」其「拙」，其「勇」其「怯」，一皆來自「稟氣之厚泊」，稟氣厚者「強」、「巧」，稟氣泊者「弱」、「拙」，要皆大自然機械作業下之自然結果。而三者之決定勝負，又非有一成不變之絕對性，筋力強大者，固足以勝弱小，然使筋力強大而行動不便，或失勢，則亦不能取勝。反之，使得氣勢巧便之利，則反能以小而制大。王充曰：

> 小有氣勢，口足有便，則能以小制大。大無骨力，角翼不勁，則以
> 大而服小。鵲食蝟皮，博勞食虵，蝟虵不便也。蚊虻之力，不如牛
> 馬，牛馬困於蚊虻，蚊虻乃有勢也。鹿之角足以觸犬，獼猴之手足
> 以博鼠，然而鹿制於犬，獼猴服於鼠，角爪不利也。故十年之牛為
> 牧豎所驅，長仞之象為越僮所鉤，無便故也。故夫得其便也，則以
> 小能勝大，無其便也，則以疆服於贏也。（〈物勢〉）

牛羊之筋力強於牧豎越僮，而為牧豎越僮所驅鉤者，「不便」故也。由是言之，則巧便氣勢之功，竟有大於筋力者矣。

夫以天生筋力之強大，尚不能穩操勝券，而謂一刻板之「五行公式」，足以道盡天下勝負之理，此又不通之論也。

何況，五行生剋之說本身既乏可資信賴之依據，又常顧此而失彼，頗難

圓賅。如：

　　△午屬火，其禽馬；子屬水，其禽鼠；水固當勝火，然鼠何故不逐馬？

　　△酉屬金，其禽雞；卯屬木，其禽兔；金固當勝木，然雞何不啄兔？

　　△未屬土，其禽羊；丑屬土，其禽牛，亥屬水，其禽豕，土當勝水，牛
　　　羊何不食豕？

　　△巳屬火，其禽虵，申屬金，其禽猴，火當勝金，然虵何不食獼猴？

　　△鼠、水也；獼猴、金也，水不勝金，獼猴何故畏鼠？

　　△犬、戌也土也，土勝金，猴何故畏犬？

凡此諸疑，皆足以明五行之說，根本無甚道理，既無甚道理，而強以相配，
則所配者不過出於五行家「想當然爾」之臆度而已，五行說之不足信，亦可
見矣。

第四節　斷鬼神

　　王充於掃蕩五行感應說之餘，再乘勝餘威，轉論「鬼神」。世俗多謂人死
為鬼，能為禍作祟，加害於人。王充則為徹底之「無鬼論」者。〈論死〉曰：

　　　世謂人死為鬼，有知，能害人，試以物類驗之，死人不能為鬼，無
　　　知，不能害人。

「死人不能為鬼，無知，不能害人。」此王充「無鬼神論」之中心思想，《論
衡》全部「非鬼神論」即在剖析此一思想。

一、「鬼」「神」之正確定義

　　首先，王充由字義上矯正世俗之「鬼神」觀念。王充曰：

　　　鬼神，荒忽不見之名也。人死，精神升天，骸骨歸土，故謂之鬼，
　　　鬼者，歸也，神者，荒忽無形也。（〈論死〉）

以「歸」釋「鬼」，以「無形」釋「神」，此推求其命名原意，以說明「鬼神」
之正確觀。大抵，人死之後，就其「形骸還土」而言，稱為「鬼」，就其「消
失無形」而言，謂之「神」。因此，所謂「鬼神」，不過用以名狀人死後，一
切復返自然之現象而已，除摹狀意義外，原不含帶任何詭異怪誕色彩。為加
強此一論點，王充甚而進一步分析人死形骸轉化問題，曰：

　　　或說鬼神，陰陽之名也，陰氣逆物而歸，故謂之鬼，陽氣導物而生，
　　　故謂之神，神者伸也，申復無已，終而復始。人用神氣生，其死復

歸神氣，陰陽稱鬼神，人死亦稱鬼神。（〈論死〉）

此就萬物遷化循環之理，以說明「鬼神」之含義。夫萬物之所以生成，本因天地之氣交和凝聚，此交和生物之天地之氣，王充偶亦承襲舊說，稱之曰「陰」、「陽」。天地陰陽之氣，因凝聚成形而生物，逮物死骸朽，還歸入土，其氣亦復返原貌，發揚颺散於大自然，故《易・繫辭》曰：「精氣為物。」《禮記・祭義》亦云：「眾生必死，死必歸土。」、「骨肉斃於下，陰為野土，其氣發揚於上為昭明。」要皆說明此種「氣」、「物」轉化之現象。

唯此發揚游散之氣，苟得再度交和凝聚，勢必轉生他物，而再度循環。天地萬物之遷化演變，皆不出此一循環規律。因此，所謂「陰氣逆物而歸者」，蓋即〈祭義〉所謂「死必歸土」、「骨肉斃於下，陰為野土。」之情狀，此之謂「鬼」。所謂「陽氣導物而生」「申復無已，終而復始」者，實即「發揚於上」之「昭明氣」，再度凝聚生物之情況，此之謂「神」。因而，所謂「鬼神」，不過用以稱呼天地陰陽二氣，變轉離合之狀況而已。故王充曰：

鬼神，陰陽之名也。（〈論死〉）

陰陽二氣之「歸」、「申」，稱「鬼神」；人死之後，形、氣之轉化，一依此理，故亦稱「鬼神」。

依王充此種說法，則「生」之與「死」，「人」之與「鬼」，同為一氣之變轉，就其本質而言，並無差異，所不同者，乃在其所呈現之狀態，生則精氣凝聚而有形，死則形解氣散而發揚，此種同質異態間之轉化現象，王充以為最似「冰」、「水」，故又舉「冰」、「水」之變態，以說明之。王充曰：

人生於天地之間，其猶冰也，陰陽之氣，凝而為人，冰釋為水，人

死復神，其名為神也，猶冰釋，更名水名。（〈論死〉）

「水」之與「冰」，不過異態下之異稱，「人」之與「鬼神」，何異於此？因此，「鬼神」二字本不當有任何神祕色彩，世俗謂能為禍作祟，誤也。「鬼神」之真義既明，然後王充再依常理之分析推論，以駁世俗之「鬼神論」。

王充以為，人與物，同稟一氣而生，天地生萬物，人亦天地所生，亦一物也，物死既不能為鬼，人死何獨能為鬼。〈死偽〉曰：

人生萬物之中，物死不能為鬼，人死何故獨能為鬼？

〈論死〉亦云：

人、物也，物亦物，物死不能為鬼，人死何故獨能為鬼？

此其一。其次，人之所以能操持動作者，以有精神、血氣與筋力也。方其羅

病、臥夢之時，精神恍惚，筋力衰弱，雖血氣尚存，猶不能省人事，禦傷害。況人死，血脈竭，精氣散，何能有知，為祟於人？王充曰：

> 人夢，不能知覺時所作，猶死不能識生時所為矣。人言談有所作於臥人之旁，臥人不能知，猶對死人之棺，為善惡之事，死人不能復知也。夫臥，精氣尚在，形體尚全，猶無所知，況死人，形體朽敗乎？（〈論死〉）

又曰：

> 人之所以勇猛能害人者，以飲食也，飲食飽足則疆壯勇猛，疆壯勇猛，則能害人矣。人病不能飲食，則身羸弱，羸弱困甚，故至於死，病困之時，仇在其旁，不能咄叱，人盜其物，不能禁奪，羸弱困劣之故也。夫死，羸弱困劣之甚者也，何能害人？

此其二。何況，使人死，誠能為鬼，自古至今，死者多矣，則堂庭巷路，豈非盡鬼？故王充曰：

> 如人死則為鬼，則道路之上，一步一鬼也，人且死見鬼，宜見數百千萬，滿堂盈廷，填塞巷路，不宜徒見一兩人也。（〈論死〉）

此其三。又：設如世俗之言：鬼乃死人精神，則人之見鬼，宜皆裸袒，何則？按衣服者，絲絮布帛也，人有精神，布帛無精神，一旦歸土，必與形骸同其腐朽，何能自若為衣服之形也？（亦見〈論死〉）此其四。

然而，世又何以有見鬼之事？王充以為斯則「人思念存想之所致也。」〈訂鬼〉曰：

> 凡天地之間有鬼，非人死，精神為之也，皆人思念存想之所致也。
>
> 致之何由？由於疾病，人病則憂懼，憂懼見鬼出……得病寢衽，畏懼鬼至，畏懼則存想，存想則目虛見。

鬼神之出現，由於思念之極致，心有所思，則神有所注，神注之極，氣虛目疲，故顧盼之間，恍見所思。昔伯樂學相馬，顧玩，無非馬也，庖丁學解牛，三年之間，目無全牛，何者？用精至深，思念存想，自見異物也，今病者之見鬼，亦猶是也。大抵困劇之餘，身乏體痛，心自畏懼，意因妄萌，以為鬼魂箠毆，若實論之，不過存想虛致，未必有其事也。〈訂鬼〉曰：

> 病者困劇，身體痛，則謂鬼持箠杖毆擊之，若見鬼把椎鏁繩，纏立守其旁，病痛恐懼，妄見之也。

然則，「鬼神」之生，實自我心，使心不懼而意不迷，則虛影幻像自然不起，

又何「作崇爲禍」之事？

　　世又謂抱恨死者，雖死，目常不瞑，傳稱楚成王不瞑於諡「靈」，而瞑於諡「成」。晉荀偃不瞑於宣子之撫，而瞑於懷子之說，要皆死者有知之驗也。王充則不以爲然，首先就成王一事而言，古今惡諡，非「靈」即「厲」，依竹帛所載，諡爲「靈」、「厲」者，無代不有，然皆未聞不瞑之事，豈「世之死君不惡，獨成王恨之哉？」（〈死僞〉）

　　至若荀偃一事，傳以爲恨於伐齊不卒，故不瞑。其實天下之人，各有所欲，未遂而死，莫不有恨。志士恨德未立，學士恨學不及，商人恨貨未殖，農夫恨穀未畜，必謂有恨則「不瞑」，是天下之死者，盡不瞑也。

　　實則，成王非不瞑於「靈」而瞑於「成」也，諡「靈」之時，方死，氣尚盛，新絕，目尚開也。諡「成」之時，少久，氣衰，目故自瞑，觀者見改諡而目瞑，因謂成王有知矣。實則，目之視瞑與諡之爲靈，偶應也。」循此以度荀偃之瞑，當亦如是。非荀偃恨於齊事而不瞑，實由「新死氣盛，宣子撫之早，故目不瞑，口不闔。少久氣衰，懷子撫之，故目瞑，口受唅。」目之視瞑，與二子之撫適適相應也。然則所謂「死不瞑目」者，不過一場巧合之誤會而已。（以上見〈死僞〉）

　　夫「鬼神」之事既無所驗，則祭祀、解除之效，可不待言喻而自明。王充曰：

　　　世信祭祀，謂祭祀必有福，又然解除，謂解除必去凶。（〈解除〉）

若實論之：「盛解除，驅鬼神，不能使凶去而命延。」（〈解除〉）何以知其然？今世人之所以謂祭祀有效者，皆謂鬼神能歆享也，然鬼神本無知，世人又未曾親見鬼神之歆享，何謂其能享也？王充以爲：此不過「推己以度鬼神」，所得「想當然耳」之結論而已。〈祀義〉曰：

　　　或難曰：「祭則鬼享之，何謂也？」曰：言其修具謹潔，粢牲肥香，
　　　人臨見之，意飲食之，推己意以況鬼神，鬼神有知，必享此祭，故
　　　曰鬼享之。

因此，所謂「祭祀」，不過緣生人之意，以盡思勲而已，除有「人事」意義而外，當無其他任何效力，王充曰：

　　　祭祀之意，主人自盡恩勲而已，鬼神未必欲享之也。（〈祀義〉）

又曰：

　　　今所祭者報功，則緣生人爲思義耳，何歆享之有？

是故，王充以爲：祭祀之眞義有二，然降神，解禍、去凶、延命不與焉。〈祭意〉曰：

> 凡祭祀之祭有二：一曰報功，二曰修先，報功以勉力，修先以崇恩，
> 力勉恩崇，功立化通，聖王之務也。

祭祀之義一在報功，一在修先。報功者，述功德以勵來者，使起效仿，然後功得立也。修先者，緣生事死，示不忘本。「生時有養親之道，死亡義不可背，故修祭祀，示如生存。」（〈祭意〉）所以崇生養之恩也，生養之恩崇，然後風淳而化通，是祭祀者，聖王所以化民之制也，非有鬼神之驗也。

第五章　影　響

　　自王充以後，此種正視現實事物之科學實證精神，或以違俗背儒之故，竟不多見，是以蔡邕得之，雖知其曠世奇論，亦只祕玩以爲助談而已，未敢遽然公諸大眾。數百年之後，至於晉代，始得細微之共鳴。晉人楊泉著《物理論》，亦以天爲無知之自然，視風、雨、寒、暑爲自然現象，更加一番科學之實證與分析，楊泉曰：

　　　　夫天，元氣也，皓然而已，無他物焉。（輯佚本據《太平御覽・天部》
　　　　所引）

又曰：

　　　　風者，陰陽亂氣激發而起者也。……方士異氣，疾徐不同，和平則
　　　　順，違逆則凶，非有使之者也。氣積自然，怒則飛揚砂礫，發屋拔
　　　　樹，喜則搖枝動草，順物布氣，天地之性，自然之理也。（輯佚本據
　　　　《太平御覽・天部》及《事類賦・天部》注所引）

此外，楊泉亦反對「人死爲鬼」之說，《物理論》曰：

　　　　人含精氣而生，精盡而死，死猶漸也，滅也，譬如火焉，薪盡而火
　　　　滅，則無光矣，故滅火之餘，無餘炎矣，人死之後，無遺魂矣。（輯
　　　　佚本據《初學記・禮部》，《太平御覽・禮儀部》所引。）

其著既名爲「物理論」，所言雖不盡合現代物理原則，然類此進步之科學思想，當不止此二、三端，惜其書亡佚，後人無從得窺全貌，唯由輯佚拾得吉光片羽，以爲斯道之繼無餘響，重增浩歎而已。

　　中國以優越之文化，矗立於東亞數千年，科學上之成就，反遠落人後，充其量，僅能勉強步隨，何也？要在沈醉於歷史與傳說！換言之，過於迷戀

「悠久之文化」，因而缺乏面對自然、懷疑自然，乃至探究自然之精神與魄力，以其過於迷戀歷史文化，故從未懷疑，亦不敢懷或否定傳統之謬誤。對遠古聖賢之言，尤每每產生過高之估量，視爲定理，因而不思反省、求進；亦以其缺乏正視現實之精神，故往往視平凡之自然爲神妙莫可測，而忽略其神妙中之「平凡性」與「可探性」，雖有老莊與荀卿倡之於前，聽者猶藐然若無所聞，至王充始以萬鈞雷霆之姿，橫掃千年虛妄之網，重予無限生機，惜繼起乏人，竟使此清新之妙音幾成絕響，中國科學落於人後，誠可歎也。

結 評

　　生於陰陽五行瀰漫，儒家學術獨尊之東漢，王充以其「實事求是」、「無徵不信」之科學精神，發人所不敢發，疑人所未曾疑，其摧毀傳統迷信，反抗時代思潮之見識與勇氣，對迷醉於讖緯與五行感應說下之漢儒，不啻一劑醒腦液。其後，雖以繼起乏人，幾成絕響，然其倏爾散發之光豔，與震耳驚心之巨鳴，已成漢代思想史上，唯一不染之奇葩，特異之妙音。今苟加分析，則王充之所以成為一代奇葩與妙音者，實有其不可抹煞之成就：

　　一、揭舉科學懷疑精神，摧毀傳統迷信。王充生於兩千年前，政治一統、學術一統、思想一統之漢代，陰陽迷信最為濃烈之社會中，首先有計劃、有始終，以駁五行、難感應、非鬼神、反迷信，並以長篇巨著為其言論之支柱，其大膽懷疑之精神，與勇敢反對傳統迷信之魄力，確屬前無古人，後鮮來者。

　　二、樹立進步之宇宙論，打破人對於上天之盲目信仰與崇拜。王充以宇宙為一自然無為之大機械，視萬物萬象之生成演化為一「無為之機械作業」，風、雨、寒、暑只是「無為機械作業」下「不故」而生之自然現象而已。此種「無為自化」、「不故適偶」之宇宙論，以天道為無知，較之傳統以天為萬能偶像之神祕觀念，實已明朗多矣，不可不謂為進步。

　　三、其次，王充以「宇宙機械無為」為出發點，推論出古今同一作業，同一循環，以證明「今不遜古」，甚或「過古」，標舉進化之歷史觀，打破世人貴古賤今之奴隸觀念，提高世人對今世之自信自自尊，亦屬卓見。

　　四、尤可貴者，王充雖曾無情地揭發數千年來，人心所憑式「天」之真象，並一再否定「災異譴告」、「天人感應」之說，與禱求、祭祀之效；然於聖人立教之苦衷，則甚能諒解，並表支持。是故，一方面強調，「災異」僅是

自然現象,「禱請求福,終不能愈,變操易行,終不能救。」(〈順鼓〉),另方面則又反覆闡明「雩祭」之不可廢,〈明雩〉曰:

> 何以言必當雩也?……雩祭,祀禮也,雩祭得禮……得禮無非,當雩一也。……效事社之義,復災變之道……推生事死,推人事鬼……推祭社言之,當雩二也。……歲氣有變,水旱不時,人君之懼,必痛甚……冀復災變之虧,獲豐穰之報三也。……玉帛鐘鼓之義四也,……惶懼之義五也。

一方面非鬼神,否定祭祀之能降福除禍,另方面則又反覆補述祭祀之有「修先、報功」之義。由此可知:王充雖自稱「違儒家之說,合黃老之義」(〈自然〉),其實言談之間,不失敦厚可敬,其問孔、刺孟、非漢之論,特就事論事,豈好辯哉?自非一般矯情干譽,憤世嫉俗者所可與較也。

就其淵源而論,王充此種見解,或者來自荀子,荀子曰:

> 日月食而救之,天旱而雩,卜筮然後決大事,非以為得求也,以文之也,故君子以為文,而百姓以為神;以為文則吉,以為神則凶。
>
> (〈天論〉)

王充之非感應而是雩祭,正為荀子精神之再度發揮。

雖然,王充之理論仍未能免於偏失:

一、能否定天人因果,而未能免於命運窠臼

王充雖能以機械無為之天道,破除漢人「人事足以動天」之天人因果迷信,然本身則又因過度強調機械無為,納一切人事禍福於宇宙機械規律中,因而演成其無可奈何之「宿命論」。今詳觀其「宿命論」,雖亦一再以精明之剖析,強調命運之獨立性與主動性,破除古來「禍福報應」與「命運相剋」之說;他方面偏又過分強調命運之絕對性與必然性,以「命」為「宿成而不可移易」,過於篤信命運之權威,信其說,則命善者固不必能自持,命惡者難免自傷棄,是其論命太過消極,與其一貫之積極「科學精神」不無牴牾。

其實,人苟能修善德,養善性,則必能戒懼謹慎,謂以此免禍或得福,亦極符合科學原則,未始不為可能,王充偏要堅定其不相關,未免過激。

二、非鬼神而不能破妖孽,仍有陰陽家色彩

王充雖能直接以物理眼光,揭開人死、形骸轉化問題,以破除鬼神迷信,然他方面,偏又妄生妖孽之說,作〈紀妖〉,強為解釋經傳上一切非鬼非神之詭異傳聞。

王充曰：

> 天地之間，妖怪非一，言有妖，聲有妖，文有妖，或妖氣象人形，
> 或人含氣爲妖，象人之形，諸所見鬼是也。人含氣爲妖，巫之類是
> 也。（〈訂鬼〉）

又曰：

> 凡妖之發，或象人爲鬼，或爲人象鬼而使，其實一也。（〈紀妖〉）

濮水出音，是聲之妖也，黃石爲叟，是妖氣象人也。乃至，白蛇阻徑，老嫗
哭道，龍漦流庭，褎姒化生等載籍所言之鑿鑿者，王充以爲皆是「妖」也。

然而問「妖」從何而生？王充進一步斷言：「起自太陽之氣。」〈訂鬼〉
曰：

> 凡世間所謂妖祥、所謂鬼神者，皆太陽之氣爲之也。太陽之氣，天
> 氣也，天能生人之體，故能象人之容。夫人所以生者，陰陽氣也，
> 陰氣生爲骨肉，陽氣主爲精神。人之生也，陰陽氣具，故骨肉堅，
> 精氣盛，精氣爲知，骨肉爲強，故精神言談，形體固守，骨肉精神，
> 合錯相持，故能常見而不滅亡也。太陽之氣，盛而無陰，故徒能爲
> 象，不能形，無骨肉，有精氣，故一見恍惚，輒復滅亡也。

王充以爲：萬物本由天地陰陽二氣交感而成，陽氣成神，陰氣爲形，二氣具，
形神合，然後成人成物。苟有陽氣而無陰氣，則所成之物，將爲有神無形之
「怪胎」，此之謂「妖」。唯其無形，神無以依附而永存，故僅能恍惚暫現，
輒趨滅亡。凡此之論，怪誕離奇，仍未脫詭異氣氛，殊爲可惜。

最遺憾者，其時科學知識尚未萌芽，王充雖有積極之懷疑精神，然於物
理知識仍少認識，故其駁論精彩處常在實地之觀察，或常理之推斷，一涉及
物理知識，則時生誤謬。加上過度相信「大氣能化生萬物」之理，竟有「蝦
蟆化爲鶉」、「雀入水爲蜃蛤」「龍蛇入水爲鼈」之說，皆由缺乏物理知識所致
也。

參考書目

甲　書

（一）

1. 《王充哲學》，謝無量，上海中華書局，1928 年。
2. 《論衡集解》，劉盼遂，世界書局，1962 年。
3. 《論衡校釋》，黃暉，商務印書館，1964 年。
4. 《論衡校證》，田宗堯，台大文學院印文史叢刊之十三，1964 年。
4. 《王充思想評述》，陳拱，東海大學，1968 年。
6. 《王充評論》，黃聖生，高雄三信出版社，1975 年 6 月。

（二）

1. 《中國哲學史》，馮友蘭，香港太平洋圖書公司，1956 年。
2. 《中國哲學史》，謝无量，中華書局，1967 年。
3. 《中國古代哲學史》，胡適，商務印書館人人文庫，1968 年。
4. 《國學概論》，發軔，正中書局，1968 年。
5. 《中國中古思想小史》（手稿本），胡適，南港中央研究院，1969 年 4 月。
6. 《中國中古思想史》，韓逋仙，正中書局，1960 年 10 月。

（三）

1. 《春秋繁露》，董仲舒，世界書局。
2. 《新序》，劉向，世界書局。
3. 《說苑》，劉向，世界書局。
4. 《太玄》、《法言》，揚雄，中華書局。
5. 《白虎通》（漢魏叢書本），班固，新興書局。

6. 《鹽鐵論》，桓寬，世界書局。

7. 《老子道德經注》，王弼，世界書局。

8. 《物理論》，楊泉，商務印書館（叢書集成初編）。

9. 《淮南鴻烈集解》，劉文典，商務印書館。

10. 《尚書今古文注疏》，孫星衍，中華書局。

11. 《莊子集解》，王先謙，世界書局。

12. 《荀子集解》，王先謙，藝文印書館。

13. 《墨子閒詁》，孫詒讓，商務印書館。

14. 《鄒衍遺說考》，王夢鷗，商務印書館。

（四）

1. 《史記》（〈孟荀列傳〉、〈武帝本紀〉、〈封禪書〉、〈郊祀志〉），司馬遷，藝文印書館。

2. 《漢書》（〈王莽傳〉、〈藝文志〉、〈武帝紀〉、〈五行志〉、〈郊祀志〉），班固，藝文印書館。

3. 《後漢書》（〈王莽傳〉、《光武帝紀》、〈桓譚傳〉、〈鄭興傳〉、〈鄭玄傳〉、〈賈逵傳〉、〈循吏傳〉、〈儒林傳〉），范曄，藝文印書館。

4. 《論衡通檢》，中法漢學研究所編印。

乙　文

（一）

1. 〈王充思想述評〉，葉祖灝，《東方雜誌》二卷 3 期，頁 19～23，1908 年 9 月。

2. 〈從論衡看王充〉，江行，《中央日報》，民國 35 年（1946 年）11 月 24～25 日。

3. 〈王充的迷信──命定論〉，劉甲華，《中央日報》，民國 36 年（1947 年）6 月 9 日。

4. 〈王充論〉，徐道鄰，《東海學報》三卷 1 期，頁 197～215，1961 年 6 月。

5. 〈東漢王充的懷疑精神〉，魯文，《省立台北圖書館刊》2 期，1965 年。

6. 〈王充論衡〉，陶希聖，《中央月刊》四卷 6 期，頁 135～140，1968 年 9 月。

7. 〈王充論〉，徐復觀，《國魂》320 期，頁 22～25，1972 年 7 月。

8. 〈王充論〉，徐復觀，《國魂》321 期，頁 23～28，1972 年 8 月。

9. 〈王充論〉，徐復觀，《國魂》322 期，頁 23～27，1972 年 9 月。

10. 〈王充論〉，徐復觀，《國魂》323 期，頁 42～43，1972 年 10 月。

11. 〈王充論〉，徐復觀，《國魂》324 期，頁 39～41，1972 年 11 月。
12. 〈王充論〉，徐復觀，《國魂》325 期，頁 29～31，1972 年 12 月。
13. 〈王充論〉，徐復觀，《國魂》326 期，頁 29～33，1973 年 1 月。

（二）

1. 〈陰陽五行之來歷〉，梁啟超，《東方雜誌》二〇卷 10 號，1923 年 5 月。
2. 〈辯梁任公陰陽五行說之來歷〉，呂思勉，《東方雜誌》二〇卷 20 期，頁 75～85，1923 年 10 月。
3. 〈讖緯考〉，陳延傑，《東方雜誌》二一卷 6 期，頁 56～66，1924 年 3 月。
4. 〈漢代講五行者之異同〉，王煥鑣，《史地學報》二卷 8 號，頁 89～102，1924 年 2 月。
5. 〈梁任公五行說之商榷〉，欒調甫，《東方雜誌》二一卷 15 號，頁 92～98，1924 年 8 月。
6. 〈漢儒〉，德之，《國魂》265 期，頁 18～22，1967 年 12 月。

（三）

1. 〈道家中心思想之分析及對後世之影響〉，林耀曾，《國文學報》第二期。
2. 〈人理學研究讀後〉，林耀曾，《國魂》325 期，頁 41～46，1972 年 12 月。